思想的・睿智的・獨見的

經典名著文庫

學術評議

丘為君　吳惠林　宋鎮照　林玉体　邱燮友
洪漢鼎　孫效智　秦夢群　高明士　高宣揚
張光宇　張炳陽　陳秀蓉　陳思賢　陳清秀
陳鼓應　曾永義　黃光國　黃光雄　黃昆輝
黃政傑　楊維哲　葉海煙　葉國良　廖達琪
劉滄龍　黎建球　盧美貴　薛化元　謝宗林
簡成熙　顏厥安（以姓氏筆畫排序）

策劃　楊榮川

五南圖書出版公司 印行

經典名著文庫

學術評議者簡介（依姓氏筆畫排序）

經典名著文庫 195

山中來信

Lettres écrites de la montagne

讓—雅克・盧梭 著
Jean-Jacques Rousseau

李平漚 譯

經典永恆・名著常在

五十週年的獻禮・「經典名著文庫」出版緣起

總策劃 楊榮川

五南，五十年了。半個世紀，人生旅程的一大半，我們走過來了。不敢說有多大成就，至少沒有凋零。

五南忝爲學術出版的一員，在大專教材、學術專著、知識讀本出版已逾壹萬參仟種之後，面對著當今圖書界媚俗的追逐、淺碟化的內容以及碎片化的資訊圖景當中，我們思索著：邁向百年的未來歷程裡，我們能爲知識界、文化學術界做些什麼？在速食文化的生態下，有什麼值得讓人雋永品味的？

歷代經典・當今名著，經過時間的洗禮，千錘百鍊，流傳至今，光芒耀人；不僅使我們能領悟前人的智慧，同時也增深加廣我們思考的深度與視野。十九世紀唯意志論開創者叔本華，在其〈論閱讀和書籍〉文中指出：「對任何時代所謂的暢銷書要持謹愼的態度。」他覺得讀書應該精挑細選，把時間用來閱讀那些「古今中外的偉大人物的著作」，閱讀那些「站在人類之巔的著作及享受不朽聲譽的人們的作品」。閱讀就要「讀原著」，是他的體悟。他甚至認爲，閱讀經典原著，勝過於親炙教誨。他說：

「一個人的著作是這個人的思想菁華。所以，儘管一個人具有偉大的思想能力，但閱讀這個人的著作總會比與這個人的交往獲得更多的內容。就最重要的方面而言，閱讀這些著作的確可以取代，甚至遠遠超過與這個人的近身交往。」

爲什麼？原因正在於這些著作正是他思想的完整呈現，是他所有的思考、研究和學習的結果；而與這個人的交往卻是片斷的、支離的、隨機的。何況，想與之交談，如今時空，只能徒呼負負，空留神往而已。

三十歲就當芝加哥大學校長、四十六歲榮任名譽校長的赫欽斯（Robert M. Hutchins, 1899-1977），是力倡人文教育的大師。「教育要教眞理」，是其名言，強調「經典就是人文教育最佳的方式」。他認爲：

「西方學術思想傳遞下來的永恆學識，即那些不因時代變遷而有所減損其價值的古代經典及現代名著，乃是眞正的文化菁華所在。」

這些經典在一定程度上代表西方文明發展的軌跡，故而他爲大學擬訂了從柏拉圖的《理想國》，以至愛因斯坦的《相對論》，構成著名的「大學百本經典名著課程」。成爲大學通識教育課程的典範。

歷代經典．當今名著，超越了時空，價值永恆。五南跟業界一樣，過去已偶有引進，但都未系統化的完整舖陳。我們決心投入巨資，有計劃的系統梳選，成立「經典名著文庫」，希望收入古今中外思想性的、充滿睿智與獨見的經典、名著，包括：

- 歷經千百年的時間洗禮，依然耀明的著作。遠溯二千三百年前，亞里斯多德的《尼各馬科倫理學》、柏拉圖的《理想國》，還有奧古斯丁的《懺悔錄》。
- 聲震寰宇、澤流遐裔的著作。西方哲學不用說，東方哲學中，我國的孔孟、老莊哲學，古印度毗耶娑（Vyāsa）的《薄伽梵歌》、日本鈴木大拙的《禪與心理分析》，都不缺漏。
- 成就一家之言，獨領風騷之名著。諸如伽森狄（Pierre Gassendi）與笛卡兒論戰的《對笛卡兒沉思錄的詰難》、達爾文（Darwin）的《物種起源》、米塞斯（Mises）的《人的行爲》，以至當今印度獲得諾貝爾經濟學獎阿馬蒂亞．

森（Amartya Sen）的《貧困與饑荒》，及法國當代的哲學家及漢學家朱利安（François Jullien）的《功效論》。

梳選的書目已超過七百種，初期計劃首爲三百種。先從思想性的經典開始，漸次及於專業性的論著。「江山代有才人出，各領風騷數百年」，這是一項理想性的、永續性的巨大出版工程。不在意讀者的眾寡，只考慮它的學術價値，力求完整展現先哲思想的軌跡。雖然不符合商業經營模式的考量，但只要能爲知識界開啓一片智慧之窗，營造一座百花綻放的世界文明公園，任君遨遊、取菁吸蜜、嘉惠學子，於願足矣！

最後，要感謝學界的支持與熱心參與。擔任「學術評議」的專家，義務的提供建言；各書「導讀」的撰寫者，不計代價地導引讀者進入堂奧；而著譯者日以繼夜，伏案疾書，更是辛苦，感謝你們。也期待熱心文化傳承的智者參與耕耘，共同經營這座「世界文明公園」。如能得到廣大讀者的共鳴與滋潤，那麼經典永恆，名著常在。就不是夢想了！

二〇一七年八月一日　於

五南圖書出版公司

導讀

《山中來信》——給自私自利的民主公民的政治提案

中央研究院人文社會科學研究中心副研究員　陳嘉銘

在一七六二年，盧梭發表了兩部他思想的顚峰之作，一部是探討自由教育的經典《愛彌爾》，一部是提出人民主權理念的革命性著作《社會契約論》。這兩本書一出版就被日內瓦共和國的總檢察長特龍香（Jean-Robert Tronchin）下令公開焚毀，並驅逐盧梭。幾位不滿的日內瓦公民，向日內瓦政府提出意見書，要求這件事情該由普遍議會（Conseil général）處理。特龍香以匿名著作回應，主張政府有最終權威處理所有意見書，不需經過普遍議會。當時的日內瓦普遍議會由一千五百位男性公民組成，它名義上是共和國的主權者，可以立新法、選舉某些公職和決定稅收，但是其實日內瓦眞正的政治權利都集中在貴族家族掌控的政府（也就是二十五人組成的小議會）手上。

爲了捍衛自己，也爲了回應特龍香，盧梭在一七六四年出版了《山中來信》。書中仔細詮釋了日內瓦的基本法，探討了日內瓦政治生活和衝突中最重要的議題，包括：普遍議會的憲法地位、它擁有請願權的意義、它和擁有行政權的政府之間的關係。這本書很快在許多歐洲城市也被燒了。

研究盧梭的學者常常忽略《山中來信》，他們或者認爲盧梭的政治理念已經完整呈現在《社會契約論》，或者認爲這只是一部討論日內瓦體制的歷史作品，不是重要的政治哲學著作。但是《山中來信》其實是我們了解盧梭提出現代商業社會的民主政治該怎麼運作的關鍵作品。這也是閱讀盧梭的政治學著作的讀者最關切的問題。

許多讀者認爲盧梭的《社會契約論》假設了共和國公民有強烈的愛國心，像古羅馬公民一樣，把共善遠置於私人利益之上。但是歐洲的現代商業社會不可能產生這樣的公民。因此《社會契約論》的共和國，或者只是用來批判現代社會的烏托邦，或者只有在歐洲遇到未來的革命浪潮才有可能實現，只寫給未來的立法家。如果是這樣，《社會契約論》對我們當代民主政治就沒有太大重要性了。當代民主社會或許偶爾有大規模的群眾運動，但是愛好共善的愛國公民顯然不是當代民主的常態。

但是盧梭其實深刻認知絕大多數歐洲社會已經是商業社會，回不了頭。商業社會的個人的主要心力在追求私利。《山中來信》中的日內瓦公民，就是商業社會中追求私利的個人。他在書中對日內瓦的公民說：

你們不是羅馬人，不是斯巴達人，甚至不是雅典人。遠離這些不適合你們的偉大名字。你們是商人、工匠、布爾喬亞，無時無刻不投入自己的私人利益、自己的工作、自己的交易、自己的利得。對你們來說，所有的自由只是讓你們沒有阻礙地去獲得〔利益〕的工具，或者安全地擁有〔利益〕的工具。

日內瓦公民因爲關心私務，不可能經常關注公共事務，只有在私利被攻擊時，才會注意公利。他們後知後覺，因此政府可以很輕易欺騙這樣溫和的公民，奪走他們的自由和權利，這就是日內瓦歷史的寫照。因此盧梭主張日內瓦的政治制度必須要設計出和古代民主共和國相反的民主制度，讓公民可以很容易看出政府的伎倆和濫權，而且相對輕鬆地完成公共事務。

熟悉《社會契約論》的讀者肯定會對《山中來信》中對日內瓦公民的描述非常震驚。關鍵的問題是《山中來信》是否違反了《社會契約論》提出的民主共和國原理？盧梭在討論實際政治議題的時候，例如當他討論波蘭和科西嘉的憲法時，經常偏離他的《社會契約論》。許多讀者解釋，這些國家離《社會契約論》的理想情境太遠，又有其特殊的歷史、文化和地理脈絡，因此《社會契約論》不太適用。這樣的解釋有問題，特別是日內瓦共和國是盧梭撰寫《社會契約論》時的參照對象。因此我們最好的讀法是，《山中來信》中的提案，不僅沒有違背《社會契約論》的共和國原則，而且就是共和國原則落實在商業社會的基本樣貌。也許《社會契約論》根本沒有假設公民必須是積極關心公共利益的愛國者。如此閱讀，《山中來信》可以說是除了《社會契約論》之外，盧梭有關民主政治最重要的作品。

盧梭在《山中來信》提出了幾個修改日內瓦憲政運作的主張，其中最重要的是請願權。當公民認為政府沒有適當地依據法律治理、逾越法律、偏離主權者意志時，他們可以提出意見書，要求政府必須做出回應。政府不能單方面拒絕意見書，如果公民不滿意政府的回應，政府必須把意見書交給普遍議會。普遍議會是最高的仲裁者，仲裁政府是否適當回應公民的意見書。盧梭認為，如果政府可以單方面拒絕意見書，會帶來兩個嚴重後果，第一，所有法律具備的莊嚴性都會消失，因為國家沒有法律，只剩下政府的意志；第二，公民所有的抱怨都被政府漠視和打壓，這些個別抱怨會演變成公共怨憤，這會持續帶來憲政危機。

這裡的關鍵問題是，普遍議會作為意見書的最高仲裁者，它等於是裁斷政府違法的最高仲裁者。這樣的仲裁權是否違背了主權者的權力？盧梭在《社會契約論》中說主權者只有立法權，只能通過具有普遍性的法律，不能對個案表示意見。一切的個案必須交給政府（行政權）處理。但是公民的意見書都是針對個案，如果普遍議會擁有仲裁意見書的權力，那它不就逾越了主權者的職責，而僭取了政府的權力？這不就違背了《社會契約論》中立法權屬於主權者和行政權屬於政府的分離原則？

這裡盧梭最精彩和最奧妙的設計，其實正是來自《社會契約論》。司職立法權的主權者，在某些關鍵時刻有必要轉身成爲司職行政權的政府。例如公民議會投票選出政府首長，這其實是對個案投票，這時公民議會行使的是政府權（行政權），而不是立法權。同理，當普遍議會仲裁意見書時，它搖身成爲了政府，而不再是主權者。我們可以稱呼這個時刻爲「民主時刻」。共和國絕大多數時候不需要「民主時刻」，因爲要維持立法權和行政權分離。但是在「民主時刻」，共和國的立法權會搖身成爲行政權，制衡原來正常狀態的行政權（原來的政府）。這是盧梭避免行政權總是壓制和削弱立法權最具有原創性的設計。

《山中來信》承認民主公民根本上自私自利，這無疑會顚覆多數人對盧梭的想像。盧梭規劃的請願權，讓這些平常不關心公共事務的自私公民，仍然可以參與政治、確保自由。由個別公民對政府違法進行提案、政府負責回應、立法權（在民主時刻搖身成爲行政權）仲裁政府回應是否恰當，這是一種權力分散在多元機構的相互制衡和合作的設計。提出這樣的民主設計的盧梭，遠比一般理解的盧梭——公民大會作爲主權者，積極地決定所有政治事務——來得更豐富、更有啓發性，也和我們的當代社會更有相關性。《山中來信》是一部值得我們自私的現代人仔細閱讀的作品——或許自私不是這麼令人羞愧的民主特質。

譯者前言

盧梭（Jean-Jacques Rousseau）的《山中來信》（*Lettres écrites de la montagne*）共九封信，信中講述的，不是山中景色，而是「涉及全國人民利益的大事」。[1]這九封信，實際上是九篇政治論文，是十八世紀論戰類文章中的一部傑作，其筆法之明快和產生的效果之巨大，讀之往往令人想起十七世紀同類文章中的另一傑作：《致一位外省友人書》。[2]

《致一位外省友人書》是一六六五年帕斯卡爾（Blaise Pascal）[3]爲支持冉森派（Jansenism）教士而在一六五六年至一六五七年間撰寫的十九封書信；在冉森派與耶穌會的論戰中，冉森派屢落下風，直到帕斯卡爾的《致一位外省友人書》發表後，才扭轉戰局，反敗爲勝。關於此事，拙譯帕斯卡爾《覃思集》（*Pensées*）的譯後記中有這樣一段話：「想當年，一病弱之帕斯卡爾孤身與教徒遍布全法國的耶穌會作戰，僅幾封信，就好似幾顆重磅炮彈，不僅打蒙了學問淵博的神學院經師，而且還驚動了法國政府，甚至炮聲還傳到了羅馬教廷，竟致後來法國一個地方的高等法院只好下令將書焚毀。下令焚毀，就是此書取得轟動效應的證明。」[4]

同樣，一七六四年，盧梭也以一多病之軀[5]孤軍作戰，在日內瓦（Genève）的公民和有產者們爲一方與日內瓦的政教兩界權威人士爲另一方的論戰中，他爲支持前者而發表的《山中來信》也像幾顆重磅炮彈，在日內瓦的公民和有產者們屢遭敗北的時候，僅幾封信，不僅扭轉了戰局，而且還在日內瓦引發了一場政治大地震，使實際掌握日內瓦政府權力的小議會（petit Conseil）幾乎倒臺，以致不得不下令將此書當眾焚毀。[6]

一本薄薄的《山中來信》爲什麼會產生如此大的效果？它的作者採取了哪些戰略和戰術？它在哪一點上擊中了對方的要害？書中有哪些論點值得我們今天深思？所有這些，都將成爲我們深感興趣的話題。

一、《山中來信》的寫作起因

盧梭爲什麼要寫《山中來信》這本書？這要從他的《愛彌兒》（*Émile: ou De l'éducation*）一書談起。

一七六二年五月，《愛彌兒》問世不久，巴黎警察局就奉命查禁此書；六月九日，巴黎高等法院簽發逮捕令捉拿盧梭，逼得盧梭不得不連夜逃離法國；六月十九日，巴黎高等法院下令將《愛彌兒》當眾焚毀。六月十九日，日內瓦小議會也步上巴黎的後塵，將《愛彌兒》連同《社會契約論》（*Du contrat social ou Principes du droit politique*）一起撕成碎片焚燒，並下達命令：「只要《愛彌兒》的作者一踏上日內瓦的領土，就立即逮捕。」

盧梭是日內瓦的公民。日內瓦的公民和有產者們認爲，不經過審訊就下令逮捕一位公民，是不符合法律程序的，是踐踏法律的違法行爲。法律受到踐踏，就不只是事關盧梭一個人的問題，如果容許小議會開此惡劣的先例，則全體人民的自由和人身安全就無法保障。於是紛紛表示抗議，在短短的兩個月內就有三次派代表團向小議會鄭重提出《意見書》（Représentations），要求撤銷對盧梭的逮捕令，而小議會則利用手中的「否決權」，對公民和有產者們的《意見書》，不是三言兩語加以駁斥，就是乾脆置之不理，最後由總檢察長（Procureur-Général）特龍香匿名發表一本題名爲《鄉間來信》的小冊子作爲對公民和有產者們《意見書》的總體答覆。果然，特龍香的《鄉間來信》一發表，公民和有產者們就被打得「啞口無言」。關於當時公民和有產者們陣腳大亂的情形，盧梭後來在《懺悔錄》（*Les Confessions*）中有如下一段描述：

> 爭吵的雙方都發表了許多小冊子，大打筆墨仗。正當雙方打得難分難解之時，《鄉間來信》這本支持小議會的小冊子突然問世，一下子就把反對派打得啞口無言，有一段時間幾乎潰不成軍。這本小冊子寫得實在好；……它出自總檢察長特龍香之手。此人聰明幹

練，對共和國的法律和重大國策十分精通。大地一片沉寂。

反對派消沉一段時間之後，……把眼睛轉過來望著我，認爲只有我才能與那樣的對手較量，並把他打倒在地。……在他們的敦促下，我便答應了承擔這個批駁《鄉間來信》的工作。首先，我要在文章的標題上與他們唱對臺戲，我針鋒相對地用《山中來信》作爲我的文章的標題。[7]

《山中來信》這本書，就是在這樣的背景下產生的。

從盧梭的這段話中可以看出，他承擔的這一工作是很艱巨的，因爲對方是日內瓦政法部門的一位高官，對日內瓦的法律和重大國策十分精通；相反地，盧梭只是一介平民，自一七二八年還不滿十六歲時就離開了日內瓦，在國外漂泊了大半生，不僅對日內瓦的政治、宗教和社會等各方面的情況已有隔閡，而且正在逃亡途中，手中沒有相關的資料可查，僅憑反對派即書中所說的持不同意見者們提供的一點資料，想與官居總檢察長的特龍香對壘，其困難之多和風險之大可想而知；萬一勝不過對方，則日內瓦的公民和有產者們必將全軍覆沒，從此墜入萬劫不復的深淵。較量的結果，盧梭勝利了。他選好時機，在一七六五年一月日內瓦舉行選舉前夕發表此書，爲日內瓦的公民和有產者們提供了一個有力的理論武器，成功地反擊了《鄉間來信》和它所支持的小議會的圖謀。

二、全書的文字布局

全書分兩個部分：第一部分和第二部分。第一部分論述的是神學和法學問題；第二部分論述的是政治問題。第一部分計六封信，前五封信集中爲他自己的宗教信仰和他的著作《愛彌兒》辯護。他認爲，在有關他的信仰問題上，只有日內瓦教會戒律議會（Consistoire）[8]才有權審理，小議會在日內瓦教會戒律議會未審理前對他發布的逮捕令，是不符合法律程序的，是非法的、無效的。至於說到他的《愛彌兒》中的那篇「信仰自白」，他認爲其中講述的都是有益世人的言論。他說：「只要稍微觀察一下在我這本書出版時的歐洲的宗教狀況，你（指收信人——引者）就會發現這本書定將到處大受歡迎……一本不指摘誰和不排斥誰的書，誰讀起來會不高興呢？……它讓每個人都誠心遵奉自己的信仰而且不干擾別人的信仰，人們到處都敬奉上帝，愛鄰人，服從法律；這樣一本把良好的宗教的種種要義全都講得詳詳細細的書，誰不喜歡讀呢？」[9]

在第二封和第三封信中，他用了很長的篇幅談論《聖經》中所說的「奇蹟」問題。他說：耶穌基督宣講的是眞理，不需要用什麼奇蹟來證明他的使命；把《聖經》中的那些關於奇蹟的荒誕不經的話都通通刪去，則全世界的人都會對耶穌基督頂禮膜拜了。

第六封信是全書文字最短的一封信；信中談論的是他的《社會契約論》。由於《鄉間來信》的作者沒有對這本書提出明確的指摘，所以盧梭無從對這位作者做出具體的反駁，只簡述了一下《社會契約論》的要點，並提出一個令他感到十分奇怪的問題。他說他的書探討的是一般的政治問題，而日內瓦的小議會卻說它是旨在推翻各國的政府。他問：如果這本書眞的像小議會所說的那樣的話，爲什麼它「沒有遭到任何一個國家的禁止」呢？他說他在書中「只宣揚了一個政府，把這個政府作爲楷模，然而就唯獨我所宣揚的這個政府下令把它燒了，……這豈不是很奇怪嗎？」[10]

第二部分的三封信講的是兩個主題：一個是著重剖析日內瓦的公民和有產者們當前的處境及改變此種處境的途徑；另一個是詳細揭露小議會破壞法律的手段及如何防止小議會竊奪普遍議會[11]的立法權力。

他告訴日內瓦人：「既然已經知道你們的處境已壞到不能再壞的地步，你們就應當起來果斷行動。……當前的問題不是空談而是行動；如何選擇對策，這不是什麼大問題，即使所選的對策不好，你們也要大家共同執行。只要你們共同執行，它就會變成好對策；只要你們齊心協力去做，你們就會把一切該做的事情做得非常圓滿。以上就是我的忠告。我以提忠告開始寫這幾封信，也以提忠告結束這幾封信。」[12]

一本書的謀篇布局，是與作者要達到的目的分不開的。盧梭從他個人談起，他說他「談論的問題雖小，但想達到的目的卻很大」。[13]他談他個人，但他不是爲他個人的利益辯護；他談他個人的時候，也想起了日內瓦人。他說：「在談及我個人的時候，我想到了你們。你們的問題和我的問題是如此緊密地聯繫在一起，以致，只要解決了其中的一個，也就解決了另一個。」[14]

這段言簡意賅的話，概括了作者的目的。《山中來信》就是爲達到這一目的而作的。

三、十八世紀的日內瓦

最後，簡要回顧一下十八世紀的日內瓦，看一看《山中來信》是在怎樣一個歷史背景下發表的，這對我們了解它對當時日內瓦的政治生活和社會生活產生的影響，是有用的。

關於十八世紀的日內瓦，首先要數達朗貝爾（Jean le Rond d'Alembert）一七五七年發表在《百科全書》第七卷中的詞條「日內瓦」對它講述得最詳細；他說：

這是一件非常奇怪的事情：一個僅有兩萬四千公民的城市，在它零零散散的土地上總共不到三十個村莊，也公然是一個主權國家，是歐洲最繁榮的城市之一。它以享有自由和善於經商而成爲富國。在它的周圍，戰爭從來沒有間斷過，但它一點也不感到戰火紛飛之苦；那些震撼歐洲的大事件，在它看來只不過是一場戲，它袖手旁觀，從來不參加。它和法國有條約和貿易關係，它和英國有宗教和貿易關係，但它十分明智，在這兩個大國互相攻打的時候，從來不站在任何一邊。它不偏不倚地給它們主持公道，評判各國的君王，既不吹捧誰，也不傷害誰，更不怕誰。……

達朗貝爾對這個地處歐洲中心的小共和國的內政和外交是如此的高度讚揚，以致認爲：

我們對其他比日內瓦大的君主國，也許還寫不出這麼長的條目。在哲學家看來，蜜蜂的共和國的歷史之引人入勝，並不次於大帝國的歷史。也許正是在小國身上，我們可以找到一個完善的政府施政的模型。如果宗教不允許我們說日內瓦人沒有很好地爲他們的天堂生活積福的話，理智卻使我們不能不認爲他們在這個世界上享受到了人間可能享受到的幸福。[15]

是的，一五三六年加爾文（Calvin）在日內瓦推行宗教改革，擺脫了主教派教會和薩瓦公國的統治後，便建立了一個城邦式的共和國，城市一天比一天繁榮，儘管一七五五年伏爾泰（Voltaire）到日內瓦定居之後，給這個信奉加爾文教義的城市帶來了自由主義的哲學思想，但日內瓦依然是一個政教合一的貴族制（Aristocratie）國家。城中的居民「分成好幾等人，只有出生在日內瓦而且其父親已經是公民即有財產的人，才夠資格被稱爲公民。這一等人享有公民權和其他政治權利，有權從事各式各樣的職業和當選爲主要的官員。在公民之後，是有產者；這一等人是靠他們的財力取得這種資格的；他們雖不能謀得一官半職，但在普遍議會中有投票權。……在這兩等人以外，民主的範圍就縮小了」。一般的普通人，如士兵、僱傭軍和耕種日內瓦人經營的土地的農民，都不享有公民和有產者享有的政治權利。

「然而，即使是公民與有產者享受的權利也是有限的。是的，他們在普遍議會都有一個席位，從理論上說都是主權者，但他們享受的特權也只不過是由他們在小議會提名的八位候選人中選四位行政官即主要的官員而已。眞正的政府是小議會，成員有二十五個人，是由二百人議會中推選出來的，而這二百人議會的人選是由小議會指定的。這叫『民主』嗎？至少從『民主』這個詞的現代意義上說，日內瓦的『民主』不是民主；它做的那一套，實際上是幾個富有的家族的寡頭政治。」[16]

面對這樣一個政治體制的國家，盧梭將如何爲日內瓦人指出一條走出困境的道路呢？一七三四年，日內瓦發生了一場嚴重的內部紛爭，紛爭持續了三年多，直到一七三八年才由法國、蘇黎世（Zurich）和伯恩（Berne）三國的全權代表從中斡旋，按自然法學家主張的權力均衡原則制定了一部《調停法》，與日內瓦的憲法同爲國家的基本大法。盧梭一條一條地分析了這部《調停法》的優點和缺點與文字表述含混不清的地方。他說：「我絕不冒冒失失地批評那個《調停法》，相反地，我非常讚賞它的明智和公允；《調停法》是共和國的救星，只要沒有人阻撓它的實施，它必能保持共和國的存在。」[17]

盧梭爲日內瓦人指出的這條道路是否暢通？有哪些困難和障礙需要克服？這要等我們把《山中來信》全書讀完以後，才能做出評論。

四、結語

盧梭是一位政治哲學家，一生著述甚多，但他爲某一特定國家撰寫的著作，只有三部。一部就是這本爲日內瓦人寫的《山中來信》，另外兩部是：一七六五年爲科西嘉人（Corsicans）寫的《科西嘉制憲意見書》，和一七七一年爲波蘭人寫的《論波蘭的治國之道》。我們期待這兩部書能相繼有中文譯本問世，屆時，把這三部書合起來研究，將有助於我們更深入地了解盧梭的政治思想和他如何把他的《社會契約論》運用於不同國情的國家。

李平漚
二〇一一年五月

◆注　釋◆

【1】見本書第三三〇頁。
【2】《致一位外省友人書》是簡稱，其全題是《就索爾邦神學院當前爭論的問題致一位外省友人書》（一六五六—一六五七）。
【3】帕斯卡爾（一六二三—一六六二），法國哲學家和物理學家。
【4】帕斯卡爾：《單思集》，李平漚譯，百花文藝出版社二〇〇二年版，第三二六頁。
【5】盧梭身體虛弱，歷來多病，他在《懺悔錄》中曾多次談到他的病情，此次在《山中來信》的序言中也提到這一點，他說：「我的身體狀況不允許我接連不斷地成天工作。」
【6】在日內瓦之後，巴黎、海牙等地當局也下令焚燒此書。下令將此書當眾焚毀，就是此書取得轟動效應的明證。

【7】盧梭：《懺悔錄》，李平漚譯，商務印書館二〇一〇年版，下冊，第七九四—七九五頁。

【8】這裡指的是卡爾文創建的日內瓦共和國特殊的宗教議會，它的成員不只是神職人員組成，也包括非神職人員代表。其每周四聚會，主要功能是執行教會戒律，召喚信仰和行為不符基督教意旨的教徒，要他們悔罪，最大的懲罰權力包括了驅逐出教會。——編輯

【9】見本書第二一二頁。

【10】見本書第二三二頁。

【11】此處盧梭原來所用的詞彙是「Conseil général」，英文翻譯為「General Council」，全書統一翻譯為「普遍議會」。普遍議會為日內瓦共和國的正式議會體制的一部分，是日內瓦共和國不同大小議會中最大的一個，其組成有一千五百位男性公民，且必須是超過二十五歲的一家之主。普遍議會名義上是共和國的主權者，可以立新法、選舉某些政治公職和對稅收制度投票。——編輯

【12】見本書第三六二和三六四頁。

【13】見本書第二七頁。

【14】見本書第二四一頁。

【15】達朗貝爾的這篇「日內瓦」長約一萬字，對日內瓦的政治、宗教和社會生活描述極詳，盧梭對它也十分欣賞，他說：「關於你們的政治體制，在達朗貝爾先生的那篇「日內瓦」中已經談得很詳細了，如果我為你們另外再寫一篇文章的話，那是多餘的。」關於這個詞條，請參見本書第一九二頁譯者注。

【16】雷蒙．特魯松（Leimeng Telusong）：《盧梭傳》，李平漚、何三雅譯，商務印書館一九九八年版，第三—四頁。

【17】見本書第二五二—二五三頁。

序

我覺得，現在再來談論一個已有人多次談論且幾乎已被遺忘的老問題，實在是爲時太晚了。我的身體狀況不允許我接連不斷地成天工作，再加上我對論戰之類的事情已感到十分厭煩，因此我遲遲沒有動筆寫這幾封信，更不願意把我寫的這幾封信公開發表。如果問題只涉及我，我也許把這幾封信完全銷毀了，或者說得更確切一點，我根本就連一封信也不該寫。然而，我的祖國並未變得與我如此的毫無關係，以致我可以眼睜睜地看著它的公民遭受壓迫而無動於衷，尤其是在他們完全是爲了我的事情奔走呼號才使他們的權利遭到侵害的時候，我就更不能坐視不管了。在這件事情上，如果我抱著一種比袖手旁觀更糟糕的膽小怕事的心態撒手不管的話，我就會成爲人類當中最可鄙的人。

我承認，對公眾來說，這幾封信中提到的事情並不那麼重要。一個小共和國的憲法、一個小人物的命運，對某些不公正的事情的申訴、對某些似是而非的論調的駁斥：所有這些，它們的本身並不是關係重大到非要許多讀者都知道不可的。不過，我談論的問題雖小，但我想達到的目的卻很大，值得一切正直的人們的關心。如果日內瓦獨斷專行就讓它獨斷專行，盧梭蒙受冤屈就讓他蒙受冤屈，這樣下去，我們的宗教、我們的自由和正義，豈不堪慮！問題的關鍵就在這裡。不論你是誰，都不能對它們等閒視之，說它們與你無關。

但願人們不要以爲這幾封信是想以文筆的流暢來彌補它們所談論的事情的枯燥無味。被我的尖銳筆鋒激怒得暴跳如雷的人，也可以在信中找到足以使他們感到寬慰的詞句。如果我是爲別人仗義執言的話，那麼，單單是爲一個受壓迫的人辯護，這一光榮的事情就會使我的心中燃起一團烈火，口誅筆伐，毫無顧忌；可是這一次，不幸的是爲我自己辯護，所以，我只能採取講說道理的辦法。如果我情緒衝動、口不擇言的話，那反而有損於我的爲人。有些人認爲：談論眞理的時候，重要的是說話要冷靜，要我討某些人的好感；這一點，我實在難以苟同。

當雙方都唇槍舌劍的時候，怎麼能讓人使用冷冰冰的語言呢？阿基米德（Archimède）之所以欣喜若狂地光著身子在敘拉古大街上狂奔，[1]難道不正是因爲他喜歡眞理而又發現了眞理嗎？凡是發現眞理的人，就沒有一個不對眞理表示熱愛，而有些人之所以對它態度冷漠，是因爲他們還沒有發現它。

不論情況如何，我都要懇請各位讀者先別欣賞我的筆調之美，[2]而要把注意力集中於看我講的道理是對還是錯，因爲，歸根結底，一個作者除了用明確的詞句講述他所論證的問題以外，我就看不出他還可以用其他的辦法來表明他對他講述的事情知道得很清楚。

◆注　釋◆

【1】阿基米德，古希臘數學家和科學家，西元前二八七年生於敘拉古。據說，有一次他洗浴完畢，跨出浴盆時，突然發現液體的浮力原理*，於是，欣喜若狂，連衣服都來不及穿，便赤身裸體跑出家門，在街上一邊狂奔，一邊大聲叫喊：「我發現了，我明白了！」——譯者

*浮力原理，即後來人們所說的「阿基米德原理」：浸在液體裡的物體被液體浮力向上撐托的浮力的大小，等於物體排開的液體的重量。——譯者

【2】「我的筆調之美」這句話，並不是盧梭自誇之語，而是針對特龍香而發的。特龍香在其《鄉間來信》中說：正是由於「這兩本書*的筆調很美，所以更容易迷惑人。」盧梭不贊成特龍香的這個看法；他認為，他的書之所以有影響力，不是由於筆調很美，而是由於他的書中講述的是真理。——譯者

*「這兩本書」，指盧梭的《愛彌兒》和《社會契約論》。——譯者

目錄

第一部分

第一封信

與本書的作者有關的問題。這個問題是否屬於民事法庭權限管轄的範圍。不公正的解決辦法。[1]

不，先生，我一點也不責怪你沒有和那些持不同意見者們，一起去爲我的事情多方呼籲。我本人也不贊成他們的做法；對於他們的做法，我是完全反對的。現在，我的親友們在我的懇求下，已不再繼續那樣做了。

他們在該發表意見的時候不發表，而在不該發表意見的時候卻一再發表。我早已料到，不論遞多少《意見書》都是沒有用的；其結果如何，我也早已預見到了。我認爲，其後果必將擾亂公眾的安寧，甚或改變國家的憲法。事態的發展，完全證實了我的擔憂。現在，他們迫不得已而採取的另一做法，使我更加感到驚異。目前，你們已陷入危境，所以必須另外想一個不再以我爲事由的辦法來處理這件事情。你根據過去採取的步驟問今後應當採取什麼步驟；你認爲這些步驟涉及整個有產階層，其後果不僅對採取這些步驟的人產生影響，而且對那些沒有採取這些步驟的人也同樣產生影響。因此，不論開始的時候意見多麼分歧，但共同的利益必然會把大家聯合在一起。你們現在所要求的權利和此前受到侵害的權利，是無可懷疑的；它們要麼是得到承認，否則就會被取消。正是由於事情是如此明顯，所以現在才非常緊迫。在狂風呼嘯的時候固然不應當迎風高舉火把，然而今天，我們的房子已經著火了，我們就應當有所作爲。

儘管我的利益不受影響，但此事始終涉及我的榮譽；這一點，你非常清楚，而你卻把我當作中立的人來與我商量問題：你以爲我不會受偏見的影響，以爲我不會因受感情的牽制而行事不公。我本人也希望如此。不過，在如此複雜的情況下，誰能保證自己做到這一點呢？我認爲，在一場由我引起的爭論中，要我看問題處處客觀，這是不可能的，何況引起這場爭論的第一個原因是我遭遇到了不幸。先生，我應當怎樣做，才能不辜負你對我的信任和無負於你對我的敬重呢？由於我對我自己的行事是對還是錯都沒有把握，所以我對你只能少講我的意見，而多談我對事情的分析，由你去衡量，去比較和加以選擇。你處處都要問「爲什麼？」不過，你要注意的不是我想達到的目的（上天知道，我的目的是光明正大的），而是我做出的判斷。最公正的人在心情憤懣的時候也是很難看清楚事實的眞相。我當然不會欺騙你，但我很可能把事情弄錯。我在任何事情上都是很可能出錯的，尤其是在這件事情上更是十之八九會出錯的。因此，你千萬要當心：我錯了，你就指出我錯了，切莫說什麼我大部分是對的，只有一小部分是錯的。

先生，你要注意的就是這一點；而我在這一點上，也要十分小心。我首先從我自己談起，接著談我受到的傷害，談你們官員的武斷作風。談了這些之後，我的心情也許就會稍微感到輕鬆，忘記我自己。再往後，我就談你們，談你們的處境，也就是說，談共和國當前的形勢。按照這樣的安排，如果我能秉公論述你向我提出的問題的話，我敢毫不誇口地說，我是能把它們解說清楚的。

我受到了侮辱；當我自信我應當受到祖國的感謝時，[2]竟受此侮辱，就更加令人寒心。如果我的行爲確實需要得到人們的寬恕，我當然是希望人們寬恕我的。然而他們事前不告知，不待我本人到庭申辯，就用惡毒的語言斥責我的書；這做得太過分了。更有甚者，他們公然不顧我的困難處境和健康狀況，就匆匆對我發出逮捕令，甚至不惜用辱罵壞人的詞句辱罵我。這些先生們即使沒有寬宏的器量，難道說連一點公正的心都沒有嗎？我想和你一起探討的，就是這一點。請你別擔心，我是迫不得已才把我的信寫得既長而又涉及更廣泛的範圍的。雖然出現的問題這麼多，但我在談論的時候，是自然會用心平氣和的語言的。不過，先生，儘管我的語言平和，但道理是要一點不漏地講清楚。

他們對他們爲什麼要採取這一辦案程序，說了許多理由，因此有必要在這裡把他們所說的理由摘錄出來公之於眾。需要指出的是，我所摘錄的，不是他們在起訴書中所說的理由，也不是他們在暗中祕密[3]發出的逮捕令中所說的理由，而是小議會對公民和有產者的《意見書》所做的批覆中所說的理由，說得更確切一點，是《鄉間來信》中所說的理由。《鄉間來信》是他們的宣言書，也只有在這本書中，他們才稍許願意和你們講說道理。現在，讓我把我摘錄他們所說的理由原文照錄如次：

他們說我的書[4]是「褻瀆宗教的、誘人為惡的和語言放肆的；書中通篇充滿了詆毀神明和汙衊宗教的言論。作者表面上說他只是質疑，而實際上處處都流露出他眞正的意圖是要破壞、動搖和摧毀基督教教義的基本原則。」

「這兩本書攻擊各國的政府。」

「尤其是由於這兩本書都是用極富煽動性的筆調，以一個日內瓦公民的名義用法文撰寫，所以就更加具有危害性。而且，作者還公然想把《愛彌兒》作為每個家庭的家長和教師教育孩子的指南。」

「在審查這兩本書的時候，小議會不能不思考被認為是這兩本書的作者，究竟是何許樣人。」

他們還說，對我發出的逮捕令「既不是判決書，也不是監禁令，而只是臨時拘留，既不影響我申訴和抗辯的權利，又同時是爲了此後按照政府的法令和《教會法》規定的程序進行審理做準備」。

對以上這些，持不同意見者們在反駁中沒有提到我那兩本書中的論點，而只是指出：「小議會沒有經過預審就下結論，這種做法是與《教會法》第八十八條相違背的；一五六二年，根據這條規定對讓・莫雷里（Jean Morelle）採取的審判程序，非常清楚地表明它已成爲公認的判例，告訴人們千萬不可無視司法原則；小議會所採取的新的處理方式，顯然侵犯了各國人民一致承認的自然權利，即：法庭在未聽取當事人的申辯之前，不得做出任何判決；一個被宣布爲寫了一本褻瀆宗教並誘人爲惡和語言放肆的書的人，還怎麼能進行申訴和辯護呢？對他的書已經做出並執行了判決，他的書怎能不蒙受罵名？被一個劊子手點火焚燒的書，其火焰怎能不噴向作者？然而誰也不能因此就可以剝奪一個公民最珍貴的財富——他的榮譽；不先聽取他的辯護，就不能做出有傷害他的榮譽和身分的事情；他那兩本受到譴責和焚燒的書，至少應當像那些諷刺宗教並在日內瓦城中廣爲印刷和散發的作品一樣，受到寬容；最後，就政府而言，一直是允許在日內瓦對這類普普通通的事情自由談論的，任何一本談論這類問題的書都沒有遭到過禁止；對於在書中談論這類問題的作者，不論他的看法如何，都沒有進行過惡毒的抨擊；盧梭不僅沒有攻擊過共和國政府，而且還從來沒有放過一次可以歌頌它的機會。」[5]

對於這些意見，小議會反駁說：他們是在「經過仔細閱讀和研究之後」才「譴責那本書」，所以他們的做法「沒有違背不經過審訊就不能判處的規定；《教會法》第八十八條只適用於那些誤講教義的人，而不適用於一本試圖摧毀基督教的書；譴責一本書，並不等於譴責該書的作者，除非該作者行事不謹慎或胡作非為，才會受到譴責；至於說到那些被容許在日內瓦流傳甚至印刷的荒謬著作，人們切莫以為政府只要有一次睜隻眼閉隻眼聽之任之，以後就次次都如此；嘲笑宗教的書，固然應當受到懲罰，而用毫不掩飾的語言攻擊宗教的書，就更應當嚴加懲處；為了保持基督教的純潔，為了公眾的利益，為了法律的尊嚴和政府的榮譽，政府既然對該作者做出了決定，就決不容許更改，也不容許減輕」。

以上所引，並不是論辯雙方批駁和反批駁的全部內容，而只是其中的要點。單從這些要點就足以看出這個問題所涉及的事實和權利，對我來說是何等重要了。

不過，這樣來陳述，有點太籠統，因此，我將儘量用準確的詞句和事例來闡明我的目的，以免你把我的敘述引申去解釋我不打算說明的問題。

我是一個人，我寫書當然會犯錯誤；[6]我本人已經發現我的錯誤是相當多的；我深信，由別人發現的錯誤，那就更多了，而我本人和他人尚未發現的錯誤，那就一定還有許許多多。如果他們說我只有那麼幾點錯誤的話，我也沒有異議。

哪一個作者不是和我一樣犯錯誤？哪一個作者敢自詡他不會和我一樣出錯？所以，在這一點上是沒有什麼可爭議的。如果人們批評我，並批評得有道理，改正了我的錯誤，我什麼話都不說；如果人們批評我，而又批評得沒有道理，我就更加要什麼話都不說，難道要我對別人說的話負責嗎？不論情況如何，在聽完了雙方的陳述以後，公眾自會做出判斷，表明他們的意見。那時，我的書不是大獲全勝，就是一敗塗地，這場公案也就結束了。

作者們的錯誤往往是無關緊要的，但也有一些錯誤是有害的，甚至是和犯錯誤的人的本心相違背的。這類錯誤既有損於公眾的利益，也有損於作者自己的利益；不過，這都是無心造成的。在法學、倫理學和宗教學方面的爭論，往往就是如此。在爭論的雙方中，必然有一個是錯的。在這些重要的問題上稍有差池，往往就會鑄成大錯。不過，只要人們認爲它不是故意造成的，人們就不會懲罰它。一個人如果因爲本心想幫助人而結果反損害了他人的話，人們大可不必責怪他。如果人們因爲一個作者無心或粗心犯了錯誤，或者從他的著作中隨便找出幾句不妥當的話，就無情地迫害他，請問，還有哪一個作者可免於不受迫害？必須有聖靈的啓示，才能成爲作家；只有受過聖靈啓示的人，才能當法官。

如果人們只責備我有這點錯誤，我也就只把它們當作小小的失誤，而不會花許多力氣爲自己辯護。我不敢保證我沒有犯過這類錯誤，因爲我不是天使。然而人們自以爲在我的著作中發現的那些錯誤，壓根在我的書中就一個也沒有，因爲發現那些錯誤的人也不是天使。請問那些像我這樣容易出錯的人，根據什麼硬要用他們的觀點來評判我的觀點？請問他們根據什麼就可以因爲我的想法和他們的想法不一樣，便說我應當受到懲罰？

公眾也是這類錯誤的評判者；公眾的譴責，才是這類錯誤應當受到的懲罰。誰也逃不過他們的評判。他們譴責我，我是無話可說的。如果官員們眞的在我的書中發現了有害的錯誤言論，他們當然可以查禁我那兩本含有錯誤言論的書，不過，我重說一遍，他們不能因此就懲罰犯這些錯誤的作者。如果他們那樣做的話，就等於是懲罰一個並非出自本心而犯錯誤的人。他們只能懲罰明知故犯的人，而我不是這種人。

事實上，一本含有錯誤論點的書與一本毒害公眾的書之間，是大有區別的。書中提出的原理和一連串論據與由此而得出的結論，將非常清楚地表明作者的意圖。這種以作者的意志爲轉移的意圖，是要受法律的裁判的。如果這一意圖明白無誤地是壞的，那就不是什麼過失或錯誤的問題，而是犯罪。在這種情況下，一切都變了，就不再是公眾根據一般的道理就能評判的文字上的爭論，而是應當嚴格按照法律的規定提交法院審理的刑事案件了。那些自以為正確的官員們一心想使我陷入的，就是這種危險的境地，而有些幸災樂禍的作家還認爲官員們這樣來處理我，是相當寬大呢！在我面臨牢獄、劊子手和鎖鏈的情況下，誰再攻擊我，誰就是一個落井下石者，因爲他明明知道他攻擊的，不僅只是一個作者，而是我這個人；他明明知道他寫的文章將影響我的命運；[7]他試圖毀滅的，不僅是我的名聲，還有我的榮譽、我的自由和我的生命。

這樣一分析，先生，事情的關鍵何在，我們立刻就明白了；對於這一點，我覺得公眾尚不了解。如果我的書中確實有一些有害的東西，人們當然可以譴責我，並銷毀我的書，而要攻擊我這個人，那就需要有更多的理由；只以我書中的錯誤為由，那是不夠的。還需要指出我犯了什麼錯，犯了什麼罪；還需要證明我確實是懷著惡意寫這本有害的書；還需要拿出證據證明——不是像某個作者那樣舞文弄墨地證明我錯了，像一個控訴者在法官面前把被告說得啞口無言那樣證明我心懷惡意。如果要把我當作一個惡人來審理，就要有足夠的證據使我認識到我確實是一個惡人，這是我們需要研究的第一個問題。需要研究的第二個問題是：單單說我犯了錯，這還不夠，還需要說明我所犯的錯誤的性質和犯錯誤的地方、把我交由什麼法庭審理、根據什麼法律判我什麼刑。只有把這兩個問題解決了，才能斷定對我的審判是公正還是不公正。

爲了弄清楚我寫的書是不是有害的書，就需要研究書中的理論和如果採納了這些理論就會產生什麼結果。由於我在書中探討的問題甚多，因此，在這裡我只討論人們據以迫害我的問題，即宗教問題和政府問題。讓我們按照那些閉口不談第二個問題的法官的例子，先談第一個問題。

他們在《愛彌兒》中發現了一個天主教神父的「信仰自白」，[8]在《新愛洛伊斯》（*Julie, ou la nouvelle Héloïse*）中發現了一個虔誠的女信徒的臨終遺言。[9]這兩處文字的內容大致上是一致的，因此兩者可以互相闡發，用這一個說明那一個；而且，正是由於這兩者是那樣的一致，所以人們可以在某種程度上看出寫作這兩本書的作者即使沒有完全做到按這兩篇文字表述的原則行事，但他至少是衷心贊同的。在這兩篇表述信仰的文字中，以第一篇表述得最全面，而且人們所說的作者的罪過全都集中在這篇文字裡，因此我們應當先研究這篇文字。

爲了要達到這項研究工作的目的，還必須做一個必要的說明；因爲，請注意，把那些指摘我的人雜亂無章地提出的問題分門別類地講說明白了，就等於是回答了他們的指摘。由於他們爭論的是事實，只要把事實一個一個地闡述清楚，就可以把他們駁得啞口無言了。

在宗教問題上，我把有關宗教的事情分成兩部分；這兩部分是：教義和道德。我還把教義再細分成兩部分，一部分是有關我們的義務的教義，這一部分教義是道德的基礎；另一部分只涉及一些純屬思辨性質的問題的教義；它討論的是信仰問題。

這樣的分法，我覺得很恰當。按照這樣的分法，就產生了對宗教的看法問題：有些看法是正確的、錯誤的或值得懷疑的，另外一些看法是好的、壞的或無關緊要的。[10]

對涉及教義這一部分宗教問題的判斷，純屬理智的範圍。神學家們之所以要以從事這一判斷爲己任，是因爲他們都是善於推理的人，是講授在信仰問題上如何分辨眞僞的教師。雖說這一部分的錯誤是有害的，但它們只害及那些誤入歧途的人，只對他們的來生有害，而來生的禍與福，是不屬於人間的法院管轄範圍。如果人間的法院硬要去過問這件事情的話，那他們也不能以裁決是與非的法官的身分去過問，而只能以督導敬拜儀式這一外在形式的民法監察員的身分從事這一工作。這個問題不在此處討論之列，留待以後來談論。

至於涉及道德的那一部分宗教問題，也就是與正義、公共的福祉和對自然法與人爲法的服從、對社會道德及個人與公民的義務的履行有關的問題，那是由政府去負責的事情。只是在這一點上，宗教才直接歸政府權限的管轄。政府應當過問的，不是錯誤的教義（因爲政府不是審理錯誤教義的法官），而是各種必將割斷社會聯繫的有害言行。

先生，如果你們要把那篇「自白」提交法庭（不是教士的法庭，而是政府官員主持的法庭）去審理的話，就一定要先弄清楚這個區別。當然，這個區別並不是百分之百的正確，其中也有一些不妥當和值得商榷的地方。不過，即使有不妥當和值得商榷的地方，但它絕大部分是正確的；在有關公民的宗教信仰的基本問題上，它的論述是正確的，條分縷析非常清楚的。在一切對永恆的上帝以及對鄰人的愛、對正義與社會的安寧、對個人的幸福和國家的法律與種種道德問題的表述上，它的論斷是如此的明確無誤，以致它不妥和值得商榷的地方也有它們的可取之處。我敢向任何人挑戰，請他向我指出，在我陳述的理論中，有哪一條理論的本身或它不可避免地產生的後果是有害於人的。[11]

宗教是有用的，甚至是人民必需的，這一點，在那篇「自白」中不是已經說了嗎？不是已經論證過了嗎？「自白」的作者不僅沒有攻擊眞正的宗教教義，反而盡力對它們進行闡發。他所抨擊的、他所批判和他認爲必須駁斥的，是盲目的宗教狂熱和迷信與愚蠢的偏見。可是他們說：「這一切都應當遵行。」爲什麼呢？他們回答：「因爲，只有這樣，才能引導人民。」他們說得太對了：這樣來引導人民，必然會把人民引入萬劫不復之地。迷信是人類最可怕的災禍；它把頭腦簡單的人變成蠢人、它迫害賢哲之士、它束縛各國人民的思想、它製造千百種可怕的禍害。它給人民帶來了什麼好處？一點好處也沒有。如果說它能帶來好處的話，那也只是對暴君有好處。它是暴君手中最厲害的武器。在它釀成的禍害中，要數這一禍害是最大的。

他們說我表面上是在抨擊迷信，而眞實的目的是要破壞宗教信仰。請問：他們是怎麼知道我有這個目的的？他們爲什麼要把我已經詳加區別的信仰和迷信混爲一談呢？難道他們沒有發現他們的這番論調將反過來抨擊他們自己嗎？他們豈不是在搬起石頭砸自己的腳？因爲，正是那些替迷信辯護的人，才是宗教最大的敵人。當需要花許多力氣證明一個人的意圖是好的時候，他們卻如此草率地對一個人的意圖妄加指摘；這做得太過分了。事實上，只要沒有充分的證據證明一個人的意圖是壞的，就應當說它是好的，否則，誰能免於不遭受敵人的任意指摘呢？他們籠統的一句話，就能說明他們了解他們根本不懂的事情嗎？我的話，再加上我的行爲，反而不能說明我自己的言論是正確的嗎？我要用什麼辦法才能使他們了解我的內心呢？我沒有做到充分表述我心中感到的善；這我承認。然而，哪一個惡人敢誇口說他看見了我心中根本就不存在的惡？

達朗貝爾先生說得對，他說：散布不信宗教的言論，固然有罪，而誣陷沒有散布這種言論的人散布了這種言論，其罪過就更大之。那些公開議論我是否眞的信奉基督教的人，只說他們信奉的是何種基督教；他們翻來覆去地說他們和我信奉的不是同一個宗教。[12]正是這一點，使他們感到十分惱恨。我覺得，他們在我的書中發現的那些所謂的惡使他們感到的不快，其程度，遠不如他們在我的書中發現的善使他們感到的不快那樣大。他們在我的書中發現的善，使他們十分生氣、十分著急，因此不得不把好的也說成是壞的。結果，他們自己也覺得這樣做，太過於暴露他們的眞面目。如果我的書不是寫得那麼好，他們要對付我，就容易多了！

他們不是根據我公開發表的意見來評判我，而是根據他們想當然地以爲我打算發表的意見來評判我。他們試圖在我的言行中發現我的文章中根本就不存在的惡。他們硬要這樣做，叫我怎麼辦呢？他們硬說我口頭上講的是一套，而心裡想的是另一套。我說的是「白」，他們硬說我心裡想說的是「黑」。他們裝扮成神的樣子來做這種只有魔鬼才做的勾當。我的腦袋怎麼才能躲過他們從天上打來的棍棒呢？

爲了證明作者沒有他們所說的那些邪惡的意圖，我認爲只有一個辦法；這個辦法是：根據他的作品來論證其意圖。啊！這樣來論證，我完全同意。不過，這個工作，我本人不願意做；要我這樣來論證，我認爲，這對我來說是很不恰當的。[13]不，先生，不論遇到多麼大的困難和挫折，我都不去做。因爲，如果只草率地胡亂評說幾句，我認爲那是有辱作者、編者甚至讀者的。如果說這樣做並無不妥之處，那是有違良心的；如果說這種做法是對的，那是不符合事實的。不，還是由你自己去讀我的著作，由你自己去判斷爲好。如果在閱讀過程中，你的心不千百次稱讚這個敢如此教導世人的道德高尚的作者，你一定會後悔不迭的！[14]

啊！我怎麼能讓我自己去替這部作品辯護呢？我認爲，正是因爲有了這部著作，我一生的過錯才完全洗刷了；我把它給我招來的災禍看作是對我所做的壞事應得的懲罰。我充滿了信心，希望有朝一日能在最高的審判者面前說：請你以慈悲之心來評判這個弱小的人；我在世上做了惡，但我終於公開發表了這部作品以贖前愆。

親愛的先生，請允許我的心有時發出幾聲嘆息，然而，請你相信，在我的陳述中，我絕不說任何一句誇張或憤懣之言；我也不會像我的對手那樣尖酸刻薄地話中帶刺。我自始至終都要心平氣和地講說道理。現在，讓我回頭來談我的主題。

現在讓我們假定一個既能使你感到滿意，也不使我感到不便的環境；假定在某個時候，那篇「信仰自白」在基督教世界的某個角落被採納了，讓我們看它產生的效果是好還是壞。這樣做，既不是對它進行批評，也不是爲它進行辯護，而是根據它的效果來評判它。

我首先看到的是：到處都出現了許多沒有任何新奇外表的新事物。在敬拜的儀式上雖沒有什麼變化，但人們心裡的變化卻很大：人們誠心皈依宗教而不大肆宣揚，人們篤守信仰而不互相爭論，對教義衷心奉行但不狂熱盲信，行事理智而不乖張；空談教條的人少，而力行美德的人多；到處都洋溢著哲學家的寬容和基督徒的仁愛。

我們的新皈依者有兩個信條，即：遵行理性和《福音書》的教導（這兩個信條可以合併成一個信條）。後者愈是與前者相結合，便愈是放之四海而皆準，不過，它並不與某些事物相混同，因爲那些事物需要加以論證，從而使宗教需要受人的權威的制約。

他們和其他基督徒的全部區別在於：後者全都是一些誇誇其談而不實踐的人，而我們的人則重實踐而不放言空論。

那些誇誇其談的基督徒對他們說：「你們自稱是基督徒，但實際上不是，因爲，作爲基督徒，就應當信奉耶穌基督的教導，可是你們並沒有聽從他的教導。」對於這番話，心氣平和的基督徒回答說：「我們不知道我們在你們的心目中是不是信奉了耶穌基督的教導，因爲我們不明白你們所說的『信奉』是怎樣一個信奉方法。不過，耶穌基督對我們的要求，我們都照著做了。我們都是基督徒，讓我們各人按各人的方式行事：我們著重的是聽從他的教導，而你們著重的是相信他這個人。他有一顆憐憫世人的心，他希望我們都親如兄弟，我們按照他的教導把你們視爲我們的兄弟。既然你們愛他，你們就不要不讓我們享有這個十分光榮的稱號；[15]這個稱號，對我們和你們都是十分珍貴的。」

那些誇誇其談的基督徒肯定會繼續爭論的。他們說：「你們以耶穌的名義說了那麼多話，請問你們有什麼資格這樣做？你們說你們按照他的教導行事，請問你們能讓他的教導具有何種權威？你們承不承認神的啓示？你們不承認嗎？對於《福音書》，你們是全部接受，還是只接受其中的一部分？你們根據什麼這樣區別對待？你們這些可笑的基督徒竟敢和主[16]討價還價，竟敢對他的教義挑挑揀揀：你們對你們喜歡的教義，就奉行；對不喜歡的，就拋棄！」

對於那些誇誇其談的基督徒的這番話，我們的基督徒用非常平和的語氣回答說：「我的兄弟，我們從來不討價還價，因爲我們的信仰不是做生意。你們想當然地說我們奉行或不奉行耶穌的教義，全看我們喜歡或不喜歡。你們說得不對，因爲我們的理智是不服從我們的意志的；想把假的說成是眞的，那是辦不到的。不管我們願意或不願意，假的就是假的。唯一能由我們做主的，是我們心裡怎麼想的就怎麼說呢，還是違心地另外說一套。我們唯一的罪過是，我們不願意欺騙你們。」

「我們尊重耶穌基督的權威，因爲我們的心完全接受他的教導。我們發現他的教導的寓意是非常深刻的。我們認識到：人們應當按照他的教導行事，不過，若要人們完全理解，那是人的智力難以做到的。我們雖然承認神的啓示是來自聖靈，但不知道它是怎麼來的，因此我們不想花力氣去探索它。既然我們知道它是神說的，我們就用不著去思考它應當怎樣講說，才能使我們明白。我們就是這樣來理解《福音書》中的神的權威性的。我們相信耶穌基督具有這種權威；我們承認他的行爲中有一種超人的力量，他的教導中有一種超人的智慧。[17]這一點，在我們看來是確定無疑的。爲什麼呢？這很難回答，我們一時還說不清楚。要是你們能說清楚，那就太好了，我們將衷心感謝你們。你們的理論也許比我們高明，但不能因此就說你們的理論是我們應當遵循的法律。我們承認你們是無所不知，不過，也請你們別責怪我們對某些事情確實不知道。」

「你們問我們是不是接受《福音書》的全部內容，我們回答說：我們全部接受，我們全部接受耶穌基督給我們的教導。他給我們的教導大部分是有用的，是我們需要的；我們將盡力按照他的話去做；只是其中有一些話超出了我們的理解力；它們顯然是對那些比我們聰明的人說的。我們不相信我們已經達到了人類理智的極限，而只有悟性更強的人才需要研究更深奧的教義。」

「《福音書》中講的事情，有許多超出了我們的理性，甚至與理性相背離，不過，我們並不因此就拋棄它們。對於我們不理解的事情、對於我們認識到非我們的智力所能達到的事情，我們也是相當尊重的。爲了做一個聖潔的人而需要知道的事情，在《福音書》中全都講得很清楚了，既然如此，我們有什麼必要去知道其他的事情呢？對於那些事情，我們雖然不知道，但可使我們免於謬誤，而且，我們並不因此就不是好人。這種謙卑的態度，其本身就完全符合《福音書》的精神。」

「我們並不把《聖經》只當作一本書來看待；我們認爲它是耶穌基督一生言行的紀錄，書中的眞理、智慧和聖潔的教導，表明書中的論述基本上沒有改動，[18]但我們認爲書中並不是一點篡改的地方也沒有。誰知道我們不明白的地方不是他人塞進去的錯誤言論呢？誰知道那些比耶穌差得多的信徒是不是眞的懂了他的話，並一字不漏地明白他的意思呢？對於這些問題，我們不回答，甚至連推測都不推測。我們只不過是因爲你們問我們，我們才這樣提出來，讓你們去琢磨。」

「在我們的看法中也可能有錯，在你們的看法中同樣也可能有錯；你們也是人，怎麼會不出錯誤呢？你們也許和我們有同樣多的好的信條，但只是同樣多，而不是比我們更多；你們也許比我們知識淵博，但你們並不是永遠不犯錯誤。誰來當我們雙方的評判官呢？由你們來當嗎？這不公平。更不能由我們來當，因爲我們對我們自己是否正確都無把握，所以不能當。因此，只好由那個對我們雙方都了解的共同的評判官去決定。既然我們在我們相互遵守的規則上的看法是一致的，那麼，在其他方面就請你們也像我們寬待你們那樣對我們多幾分寬容。讓我們都成爲愛和平的人，讓我們都情同手足，團結起來愛我們共同的主，實踐他給我們的教導和美德；這樣做，才是眞正的基督徒。」

「在竭盡全力想與你們和睦相處以後，如果你們還是固執己見，拒不讓我們享有這個珍貴的稱號的話，我們對你們這麼武斷的做法也不介意；我們認爲『稱號』並不重要，耶穌的開頭幾個門徒都未擁有『基督徒』這個稱號；爲殉道而死的司提反[19]就沒有這個稱號；當保羅皈依基督的時候，在地球上還沒有任何一個人稱作基督徒呢！」[20]

先生，你是否認爲這樣一場爭論將十分激烈和花費許多時間呢？如果雙方當中的一方不願意再爭論了，另一方是否就會閉口不作聲呢？

如果我們新皈依的教徒是他們國家的主人，他們就會規定一種與他們的信仰同樣簡單的敬拜形式。從這一切產生的宗教，正因爲它簡單，所以將成爲對人類最有益的宗教。如果把他們用來代替美德的種種空話通通拋棄，不舉行帶迷信色彩的敬拜儀式，在教義中不摻雜任何神祕的語言，則宗教就會百分之百地達到它的眞正目的，即：履行我們應當履行的義務。「虔誠的信徒」和「正統的教徒」將成爲兩個毫無用處的詞；某些人的高昂聲調，並不表明他們是眞的虔誠；只有惡人才不信宗教，只有好人才是宗教忠實的信徒。

這種宗教一建立，所有的人都必須按照法律的規定切實信奉，因爲它不是由人的權威建立的，它完全符合自然的秩序；它沒有任何一個信條無助於社會的福祉，它的教義全都有助於增進人的道德，沒有任何一點只涉及純屬思辨性的事物。

我們的新教徒是不是因此就不寬容呢？不，恰恰相反；由於教義的教導，他們對人總是持寬容態度的。他們比那些按照其他教義行事的人都更寬容。他們認爲，即使那些互不承認的宗教忽視了這一主要的教義，把不是主要的教義當作主要的教義來奉行，它們也是好宗教。我們的新教徒始終遵行這一主要的教義；如果別人把這一主要的教義當作次要的教義，他們也讓別人這麼做，只要這些人不拋棄這主要的教義就行了。他們讓別人去解釋他們不能解釋的事物，讓別人去解決他們不能解決的問題。他們讓每一個人採取他願意採取的敬拜儀式和信條。他們說：只要你們和我們一樣盡人和公民應盡的義務，除此以外，你們願意信奉哪種宗教，就信奉哪種宗教。但對於那些本質上是壞的宗教和導人行惡的宗教，他們是一點也不寬容的，因爲無原則的寬容和眞正的寬容是背道而馳的。眞正的寬容的目的是敦進人類的和平；眞正的寬容絕不寬容罪惡；對任何唆使人們成爲壞人的教條，他們是不寬容的。

現在讓我們做一個相反的假定，假定我們的教徒淪陷在其他國家的人民的統治之下；

作爲愛好和平的人，他們將服從他們主人的法律，甚至在宗教方面也服從他們主人的宗教，除非他們主人的宗教本質上是壞的。如果他們主人的宗教是壞宗教，他們也不冒犯那些信奉那個壞宗教的人，而只是他們自己不信奉就是了。他們將對他們的主人說：既然上帝要我們爲你們效力，我們就盡力做一個好僕人，而你們的信條是有礙於我們成爲好僕人的；我們知道我們有哪些義務，我們將忠實履行我們的義務，而不聽從那些將使我們背離我們義務的教條；正是爲了忠實於你們，我們才如此堅決地不採用那些荒謬的法規。

如果那個國家的宗教本身是好的，只是在個別教義的解釋上或純思辨性的信條的推理上是不好的，我們的教徒也將本著尊重法律和愛好和平的天性，順從該國宗教的主要部分，並寬容其餘不好的部分。當他們被要求明確表明他們的信仰時，他們會明確表明的，因爲他們從來不口是心非地說假話，甚至在必要的時候他們將斬釘截鐵地表明他們的觀點。如果人們批駁他們，他們將據理陳述自己的論點，不過，他們絕不會和他人發生爭吵，也不堅持硬要說服對方。他們將懷著美好的願望和他們的主人生活在一起，參加主人們的集會，採納主人們的宗教儀式，其態度之眞誠，並不亞於他們的主人。只要不損害良知，不影響他們的靈魂得救，他們看大多數人怎麼做，他們就怎麼做。

你也許會說我講的這些是好的一面，可是也應當看到壞的一面。壞的一面，簡單說來就是：上帝不再是懲罰人類惡行的神，宗教不再成為教士們獨斷專行和篡權者施行報復的工具。宗教將只被用來引導信徒成為正直善良的人；這對那些以引導信徒為職司的人來說，是不利的；如果宗教一無用處的話，那對他們是很糟糕的。

可見，我在前面所講的教義，是有益於人類，而不利於那些壓迫者的。這種教義，我們應當把它歸入哪一種絕無僅有的門類呢？我已經如實地把有利的一面和不利的一面都陳述清楚了，現在應由你自己去比較和選擇了。

經過這樣一番詳細論證之後，我相信你將對兩件事情深信不疑。這兩件事情，第一件是，我所假想的那些人將非常堅決地按照那位牧師的話行事[21]；另一件是，他們的行為不僅無可指摘，而且是真實地符合基督徒的身分的；誰再拒絕稱這些虔誠的人為基督徒，誰就會犯極大的錯誤，因為從他們的行為上看，他們完全無愧於這個稱號。他們的觀點與許多擁有這個稱號的人的觀點並不矛盾，何況他們並不與那些人爭奪這個稱號，更不批評那些教派中有幾個教派的觀點是互相衝突的。可以說，我所假想的那些人，不是聖保羅式的基督徒；聖保羅[22]是天生的迫害者，他不聽從耶穌基督的教導。我所假想的那些人，是聖雅各式[23]的基督徒。聖雅各是主耶穌親自挑選的；他聆聽了耶穌基督的親口教導，並把耶穌基督的教導傳達給我們。我在這裡講的這番話，雖然非常簡單，但我認為是無可辯駁的。

你也許會問我：怎麼能把這種看法與一個認為《福音書》是荒謬的並對社會是有害的人的看法協調起來呢？我坦率地承認，要想把這兩種看法協調起來，的確是很困難的。不過，讓我反過來問你：誰曾說過《福音書》是荒謬的並對社會是有害的？你的那些先生們[24]說這句話是我說的，請問我在哪裡說過這種話？他們說我是在《社會契約論》中談論公民的宗教信仰問題那一章說的。這太奇怪了！事實上，在這本書裡，在這本書的這一章裡，我說的話恰恰相反：我說《福音書》是崇高的，是社會最強而有力的紐帶。[25]我雖不責怪那些先生們的謊言，但你得承認：在這本書和這本書的這一章中有兩個如此相反的論調，是萬萬不可能的。

你難道沒有發現他們的話裡有某些意思不清楚的地方嗎？你難道沒有發現他們想利用這些意思含糊不明的論點把我說成是罪人或瘋子嗎？而事實上，我何罪之有？我在哪一點上說了瘋話？人們須知：「社會」這個詞的意思是相當籠統的；在這個世界上有許多種社會；對某個社會有利的事物，也許對另一個社會就有害，這種情況不是不可能的。你看，那些攻擊我的人最常用的手法就是這樣巧妙地提出一些意思不明確的論點；現在讓我們把他們說得不明確的地方詳細講述清楚。

從我所說的那一章的標題就可以看出，它是專門討論宗教事務何以會納入國家體制的，因此，它談論的重點不是評說各種宗教是眞的還是假的，更不是評說它們本身是好的還是壞的，而只是談論它們與政治體的關係和它們如何構成立法的組成部分。

從這個觀點出發，我在該章指出，所有一切古老的宗教（連猶太教也不例外）起初都是民族的，然後納入國家的體制，形成立法體系的基礎，或者說構成立法體系的組成部分。

相反地，基督教本質上是一種普遍的宗教，它沒有任何排他性、沒有地方性、沒有任何一點只適合於這個國家而不適合於另一國家；它的神毫無界限地接納所有的人，讓所有的人都得到他的慈愛。他將打破那些把各個國家分開的壁壘，讓全人類都團結成一個親如兄弟的民族：「各國中那敬畏主行義的人都為主所悅納。」[26]這是《福音書》的眞正精神。

有些人想使基督教成爲某一個國家的宗教，並使之成爲立法體系的一部分。他們這樣做，犯了兩個錯誤：一個有害於宗教，另一個有害於國家。他們背離了耶穌基督的精神（耶穌基督治理的不是這個世界），他們把宗教的利益與地上的利益混爲一談，他們玷汙了宗教神聖的純潔性，使宗教變成了暴君手中的武器和壓迫者手中的工具；他們還傷害了美好的政治原則，因爲，他們不僅沒有簡化政府的機構，反而使之愈來愈複雜，給它增加了許多多餘的部分，使它聽從兩個不同的，而且經常是互相衝突的動力的驅使。他們在那些把宗教納入政治體系的基督教國家裡製造了許多麻煩和糾紛。

純粹的基督教是普遍的社會團體；爲了論證它不是一個政治團體、論證它不與其他的特殊團體奔向同一個目標，就必須駁斥那些把宗教和其他團體混爲一談的人的詭辯，因爲他們實際上是把宗教當作他們篡奪一切利益的敲門磚。人們須知，所有一切由人組成的團體，都是建立在人的欲望的基礎上的，並由欲望的驅動而得以存在。凡是阻礙和摧殘欲望的事物，都是不利於這種團體的加強的。那些使人的心脫離塵世的論調，怎麼能使我們更加關心今生的事情呢？那些使我們獨一無二地只關注天國的教義，怎麼能使我們更加關注地上的國家呢？[27]

民族的宗教，作爲國家的組成部分，對國家是有用的，這一點是無可爭議的；但對人類來說，民族的宗教就是有害的了。從另外一個角度來說，它甚至對國家也是有害的。它爲什麼對國家是有害的和它對國家有哪些害處，我已經論證過，這裡就不重複了。

相反地，基督教使人變得正直和謙遜、愛和平，因此，它對普遍的社會是有利的。然而它將削弱政治機構的力量、妨礙機構的運轉、破壞政治體的統一。由於它不適合於政治體，因此，它必將日趨衰落，成爲國家中的一個有害無益的團體。

由此可見，宗教對政治體是有害處和諸多弊病的。然而一個國家又不能沒有宗教，這涉及許多重要的理由；對於這些理由，我已多次著重說明了。[28]不過，我認爲：寧可一個宗教也沒有，也不可要一個野蠻的和以迫害人爲能事的宗教，因爲它將使法律變得十分專橫和暴虐，並有礙於公民盡他們的義務。在日內瓦發生的一切有關我的事情，正可成爲這一章[29]的論點的證明，用我的經歷來證明我闡述的論點是十分正確的。

明智的立法者在面臨這種有選擇餘地的辦法時，應當怎麼辦呢？他可以二者取其一。第一個辦法是：確立一套純粹的公民宗教信仰，把所有一切好的宗教信條即眞正有益於社會（不論它是普遍的社會還是特殊的社會）的信條都包括在內，把其他一切雖涉及信仰但無益於立法者唯一要達到的目的信條，即無益於地上的幸福的信條都通通捨棄，[30]例如「三位一體說」[31]怎麼能有助於建立國家的良好體制呢？國家的成員如果背離良好行爲的準則，怎麼能成爲好公民呢？「原罪說」[32]對聯繫政治社會的紐帶將產生什麼影響？儘管眞正的基督教是和平的宗教，但由於其僵化的或神學的教義太多，而且意思含混不清，因此它將永遠是人與人互相攻打的戰場；這種情況，難道不需要對教義詳加解釋和做出裁決，才能防止對所做的裁決發生新的爭吵嗎？

另一個辦法是：基督教的眞正精神是怎麼樣，就讓它是怎麼樣；它的精神是自由的，擺脫了一切肉欲的羈絆，除了聽從良心的聲音以外，便不聽從其他的聲音；除了風俗和法律以外，便不受任何其他教義的束縛。這樣的基督教，由於其道德的純潔性，只要人們不使它成爲國家體制的一部分，並在國家中只被看作是一種宗教，一種觀念和信仰，它在國家中便始終是好宗教。從政府法律的角度看，死守教條的基督教是一種壞宗教。

先生，我們從這一章中得出的明確結論，就是如此。我在這一章中不僅沒有說純潔的《福音書》是有害於社會的，[33]相反地，我還指出它太過於社會性了，太過於想把整個人類都接納在基督教裡，以致給一個國家的排他性的立法工作帶來不便；它向人們灌輸的是人道主義，而不是愛國主義；它著力於培養人而不是培養公民。[34]我這些看法即使是錯誤的，我犯的是政治錯誤，怎麼能說我褻瀆宗教呢？

靈魂的拯救和政府的拯救是大不相同的。以爲前者可以包括後者，這實在是無知的人的一種幻想；這和煉金術士一樣，以爲煉出了黃金，就可以找到一種包治百病的藥；這也和伊斯蘭教徒一樣，以爲在《古蘭經》中什麼知識都可找到。《福音書》的教義只有一個目的，那就是：召喚所有的人，使所有的人都得救，至於他們的自由和在塵世的幸福，在書中並無一語道及。這一點，耶穌已經說過千百次了。[35]如果把塵世的目的摻和進這個目的，那就會破壞它的崇高的純樸性，就會以人世的利益玷汙它的神聖性；這才是眞正的褻瀆宗教。

這些區別無論在任何時候都是存在的，而他們只是對我一個人不這樣區分。我認爲，只要不介入國家的體制，基督教就是人類最好的宗教。《論法的精神》的作者[36]走得更遠，他說：伊斯蘭教是亞洲地區最好的宗教；他是以政治學家的身分談論這個問題的，我也是以政治學家的身分談論這個問題的。他在哪個國家與人發生過爭吵？我的意思不是說這位作者，而是說他那本書在哪個國家引起過爭論？[37]爲什麼我有罪，爲什麼他就沒有罪？

先生，一個公正的評論家應當忠實地根據一本書的原文下斷語，才能正確評介該書作者的眞正思想和寫作目的。但願人們用這個方法來檢驗我的書；我毫不懼怕一切正直的人們對我的著作做出的評斷。然而，那些先生們對我的著作的評語不是這樣做的；他們過去沒有，將來也不可能在我的書中找到他們想找的東西。他們按照他們不惜一切代價詆毀我的計畫，一方面避而不談我那本書的眞正的寫作目的；另一方面卻把書中每一個失誤和疏忽的地方說成是它的寫作意圖。當他們偶爾發現一些意思不明確的句子時，他們便揪住不放，使勁加以曲解。在出產豐碩的土地上，他們不去尋找美好的果實，反而千方百計去尋找稗子和莠草，以此來指摘耕種這塊土地的人，說他是一個壞農夫。

我書中的話，從上下文連起來看，沒有一句是錯的；按照我賦予它們的意思，它們都是對世人有益的論述。是他們的曲解和篡改，才使我的論述變成該受指摘的。我的那些論述，在他們的書中讀起來，就該批駁；而在我的書中讀起來，就該受表揚。

對於這種閹割、篡改和斷章取義地歪曲他人著作的醜惡行徑，對於那些本人就是散布謬論和別有用心地攻擊他人著作的指摘者，受他們傷害的作者和憤怒的公眾不是已經對他們聲討過多次了嗎？如果把拉布呂耶爾（Jean de La Bruyère）[38]或拉羅希福可（François de La Rochefoucauld）[39]的驚世良言孤立起來看，那才妙不可言，不知道要鬧出多少笑話呢。然而，把他們的文章和實際情況一加比較，方知他們講的話都是正確的。在一本理論著作中，同一句話，不是由於作者表述的方法和人們理解的方法的不同，便很可能產生許多不同的意思嗎？在他們指摘我的論點中，也許沒有一個不會在我陳述這個論點的前面一頁或後面一頁找到我對該論點的進一步闡發，也沒有一個論點不是我賦予它的意思與那些指摘我的人所理解的意思完全不同。這一點，你用不著讀完這幾封信，就可以見到許多使你感到驚訝的例子。

即使一本書中有一些話說錯了，該受批評和譴責，難道單單憑這一點就可以說這本書是壞書嗎？一本好書，並不是沒有一點錯誤的書，也不是一本沒有任何一點可以被人誤讀的書；如果不這樣看，那麼世上就沒有任何一本書是好書了。一本書只要其內容好的地方多於壞的地方，就是好書；只要它總體效果是有益於人的，雖然其中也有一些不好之處，也是好書。唉！我的上帝呀！在一本充滿了許多有用的眞理和導人於善與爲人虔誠正直的大部分著作裡，我們能讓某些人雞蛋裡挑骨頭似地去挑毛病，挖空心思去尋找作者疏忽的地方與話說得不夠明確和欠妥的地方嗎？能讓他們去任意指摘一個集中精力思考和滿腦子有許多論點想闡述的作者的有些話是節外生枝，對不上茬兒嗎？他心中要發揮的思想是那麼多，哪能沒有一句該說的話由於疏忽而沒有說呢？我們能讓他們一方面把作者說得欠妥的話收集起來，把孤立的或分散在不同章節的文字串聯起來，以便使它們的意思令人看起來是互相矛盾的；另一方面卻隻字不提作者爲了闡明和印證其觀點而條分縷析地詳盡陳述嗎？我們能把他們那一堆雜亂無章的鬼話說成是作者寫作的眞正目的嗎？我們能讓他們這樣來歪曲作者的言論和評判作者嗎？他們表面上說是在懲罰壞書，實際上是在懲罰好書；他們不顧作者的用心良苦和正確的意圖，把作者無心而犯的小小過錯說成是彌天大罪，請問：要到哪個荒野藏在哪個山洞，才能逃脫這幫人的迫害呢？在這個世界上，哪有一本書（即使它寫得非常出色）能逃脫他們這種專橫武斷的審查？沒有，先生，一本也沒有，甚至連《福音書》也逃不過他們的審查，因爲書中原本不錯的話，經過他們斷章取義的曲解，也會被說成是錯話和壞話。

他們竟敢這樣說：「我們提請你們審查的，是一本膽大妄爲的褻瀆宗教的書，此書公然主張讓富人愈富、窮人愈窮，[40]並教唆孩子不認他們的母親和弟兄，[41]鼓勵人們要毫無顧忌地去搶奪別人的財產，[42]不要去教育壞人，以免他們悔過自新和得到寬恕，[43]要憎恨父親、母親、妻子、孩子和一切親屬。」[44]另外，此書還「到處煽風點火，唯恐天下不亂，[45]並教兒子如何拿起武器與父親搏鬥，[46]挑撥親友們互相攻訐和彼此辱罵，[47]暗中教僕人如何與主人作對，[48]允許人們破壞法律，[49]並強迫他人，[50]把人民培養成強盜，把永恆的幸福賜與暴徒，作爲他們巧取豪奪的獎賞」。[51]

你看，一個心懷惡意的人竟公然用這麼一種胡亂閹割和篡改的方法，寫了一本令人憎惡的《福音全書講義》，而那些法利賽式的信徒們還得意揚揚地宣稱此書是耶穌基督訓喻的精選本。可見，他的手段之惡劣，簡直到了無以復加的地步。將來，凡是讀過我的書的人，若再去讀那些指摘我和迫害我的人的書的話，他們將發現，那些人就是這樣對待我的著作的。

我認爲我已經向你充分證明了那些先生們沒有按照理性的原則評判我；現在，我還要向你證明他們也沒有按照法律的規定裁判我。不過，請讓我暫時停筆休息一下；到了我這樣的年紀，難道還要我來寫令人氣惱的文章嗎？我已到了垂暮之年，還要來替我自己辯護嗎？人們不是常說萬事開頭難嗎？

◆注　釋◆

【1】這個提要及以後幾封信的提要，均為原編者所加。——譯者

【2】盧梭在這裡所說的：「我自信我應當受到祖國的感謝」指他一七五五年在《論人與人之間不平等的起因和基礎》中寫了一篇長達數千言的「獻詞」歌頌日內瓦共和國，一七五七年在《致達朗貝爾的信》中對日內瓦政府的官員及宗教界人士說了許多為他們辯護的話。盧梭認為他如此熱愛祖國，如今竟遭到日內瓦政教兩方面的迫害，因此感到「令人寒心」。——譯者

【3】我的親友曾正式去信要求告知逮捕令的內容。他們的回答如下：

一七六二年六月二十五日

在小議會的例行會議上討論了這封來信，認爲沒有必要把該逮捕令的內容告知提出這一要求的人。

呂南

巴黎高等法院的命令，一經簽署，便立即印發，告知公眾。沒有料到：一個自由國家竟公然把這種傷害公民榮譽和自由的命令祕而不宣！——作者

【4】指《愛彌兒》和《社會契約論》。——譯者

【5】這幾段話，摘自公民與有產者們遞交的《第二次意見書》（一七六三年八月八日）；最後一句摘自《第一次意見書》（一七六三年六月二十五日）。——譯者

【6】也有沒有錯誤的，例如幾何課本和它們的作者就不出錯誤。不過，即使它們的命題本身沒有

錯，但誰能保證它們推理的步驟和方式方法沒有錯呢？歐幾里得（Euclide）證明了他提出的命題，達到了他的目的，然而他是採取什麼途徑達到的呢？他在論證的過程中不也是出了許多錯誤嗎？任何一門學科要想一點錯誤都不出，是不可能的，而從事科學研究的人出錯，那是常有的事。——作者

【7】幾年前，當那本有名的著作*剛剛出版的時候，我就準備批駁我在這本著作中發現的一些很危險的論點。然而，我動筆不久，便得知它的作者正受到人們的圍攻，於是，我立刻把我已經寫好的文章扔到火裡燒掉了；因為我認為，不論從哪個角度說，我都不該卑劣到和那夥人一起去攻擊一個遭受迫害的人的榮譽。在事情完全平息之後，我才找機會在我的其他著作中發表我對該書的一些危險論點的看法。不過，我只是就事論事，而沒有提該書的書名和作者的名字。我認為，我既然一貫敬重他這個人，就應當體恤他艱難的處境。我相信，不只是我才有這種想法：一切正直的人都是有這種想法的。任何一件事情，只要一提交刑事法庭，除了被傳喚去作證以外，正直的人們都會對該事情三緘其口，什麼話都不說的。——作者

*指一七五八年愛爾維修發表的《精神論》。——譯者

【8】這篇「信仰自白」見《愛彌兒》第四卷，李平漚譯，商務印書館二〇〇七年版，第三七七頁。——譯者

【9】這篇「臨終遺言」見《新愛洛伊斯》，第六卷，書信十一，李平漚、何三雅譯，譯林出版社二〇〇二年版，第七一七頁。——譯者

【10】盧梭在一七六二年十一月《致博蒙大主教的信》中有一段話也闡發了他在這裡表述的見解。他說：「我認為研究和比較各種不同的宗教的方法有兩個：一個是看它們的教義哪些是真的和哪些是假的，看它們的教義是建立在自然的事物之上還是建立在超自然的事物之上，看它們對至高的存在的概念和要求我們對至高的存在的敬拜儀式是否合乎我們的理性；另一個方法是根

據它們在這個世界上產生的物質效果和精神效果，看它們對社會和人類是有益還是有害。」（盧梭：《致博蒙大主教的信》，巴黎，「七星叢書」，《盧梭全集》，第四卷，第九六九頁）——譯者

【11】盧梭在《致博蒙大主教的信》中再次對這篇「信仰自白」的正確性說了這樣一段話：「在宗教問題上，（「信仰自白」的）第一部分的文字是至關重要的，因此我行文甚為直率，甚至有些武斷，但我對其中表述的論點是深信不疑、毫不動搖的。我的良心和我的理智促使我非把它寫出來不可；我相信，而且敢肯定，這部分文字是很有說服力的。」（盧梭：《致博蒙大主教的信》，巴黎，「七星叢書」，《盧梭全集》，第四卷，第九九七頁）——譯者

【12】對於這一指摘，盧梭在《致博蒙大主教的信》中反駁說：「主教大人，我是基督徒，是《福音書》中所說的虔誠的基督徒；我是基督徒，但我不是教士們的門徒，而是耶穌基督的門徒。」——譯者

【13】一七六三年二月二十六日盧梭在《致博夏多的信》中說：「我現在不，將來也不為「信仰自白」做什麼辯護，因為，我認為，正如你所說的，沒有這個必要。」（盧梭：《通信全集》，第十五卷，第二三九頁）——譯者

【14】盧梭對他的著作之有益世人，是非常自信的，一七六二年十二月二十八日他在《致瑪律澤爾布先生的信》中說：「當一個人體力衰弱到不能勞動的時候還能從他隱居之地向世人講述真理，這是好的。我提醒世人不要上那些坑害他們的人的言論的當，是為世人做了一件好事。」（盧梭：《一個孤獨的散步者的夢》（*Les rêveries du promeneur solitaire*），李平漚譯，商務印書館二〇〇八年版，第二〇二頁）——譯者

【15】這個稱號指「基督徒」。——譯者

【16】「主」，指耶穌。——譯者

【17】對於這段敘述，請參見「信仰自白」中這樣一段有助於理解此處這句話的意思的評論：「《聖經》是那樣的莊嚴，真使我感到驚奇；《福音書》是那樣的神聖，簡直是說服了我的心。你看哲學家的書儘管是那樣的洋洋大觀，但和這本書比較起來，就太渺小了。像這樣一本既莊嚴又樸實的書，是人寫得出來的嗎？」（盧梭：《愛彌兒》，李平漚譯，商務印書館二〇〇七年版，下卷，第四四六頁）——譯者

【18】如果必須經過詳細的討論或教士們的權威解釋才能懂得的話，那些頭腦簡單的信徒怎麼能真的懂得呢？誰敢那麼大膽竟公然使宗教信仰要依靠他誇誇其談的講解，才能樹立起來呢？——作者

【19】關於基督教第一個殉道士司提反的故事，見《聖經·新約全書·使徒行傳》，第八章，第一節。——譯者

【20】幾年之後在安提阿才第一次給耶穌的門徒這個稱號。*——作者

*關於耶穌的門徒第一次被稱為「基督徒」的故事，《使徒行傳》是這樣記載的：「門徒稱為基督徒是從安提阿起首」（《聖經·新約全書·使徒行傳》，第十一章，第二十六節）——譯者

【21】「那位牧師」，指《愛彌兒》中的那位「薩瓦省的牧師」；參見盧梭：《愛彌兒》，李平漚譯，商務印書館二〇〇七年版，下卷，第三七七頁的「一個薩瓦省的牧師的信仰自白」。——譯者

【22】聖保羅（西元五—六十七），猶太人，早年與耶穌的門徒為敵，對他們大加迫害。據《聖經·新約全書·使徒行傳》第八章第三節說：「掃羅*卻殘害教會，進各人的家，拉著男女下在監裡。」後來，在一次去大馬士革的途中突得靈感，受耶穌的感召，遂痛改前非，一心傳播《福音書》的教義，被稱為「好人的使徒」，在小亞細亞、馬其頓和希臘等地傳道，並最後在羅馬

以身殉道。——譯者

*掃羅，聖保羅的猶太名字。——譯者

【23】聖雅各，指耶穌基督的十二使徒之一的雅各。——譯者

【24】指特龍香等日內瓦政教兩界那些攻擊盧梭的「先生們」。——譯者

【25】見《社會契約論》，第四卷，第八章，八開本，第三二〇—三二一頁。——作者

【26】《使徒行傳》，第十章，第三十五節。——作者

【27】盧梭在這裡所說的這番話，實際上是他在《社會契約論》第四卷第八章「論公民的宗教信仰」的論點的補充。——譯者

【28】特別是在《社會契約論》第四卷第八章，盧梭講得尤為詳細。——譯者

【29】指《社會契約論》第四卷第八章。——譯者

【30】這一點，盧梭在《社會契約論》第四卷第八章「論公民的宗教信仰」中講得很清楚，他說：「對國家來說，重要的是，必須每個公民都信奉一種宗教，才能使他熱愛他的天職。不過，這種宗教的信條只是在它們涉及道德和涉及信奉該宗教的人必須盡他對他人的義務時，才與國家和國家的成員有關。」——譯者

【31】三位一體說是基督教的教義之一；按這個教義的說法是：主宰宇宙的神只有一個，稱為「上帝」。但上帝有三個稱謂：在天上稱為聖父（耶和華），降臨人間稱為聖子（耶穌），聖父和聖子共有的神性稱為聖靈。這三個稱謂指的是同一個主體的同一個神，故稱「三位一體」。——譯者

【32】原罪說，按基督教的說法是指亞當和夏娃在伊甸園偷吃禁果而犯的罪，據說，他們犯的罪，禍及他們的子孫，是後來人類一切罪惡的根源。——譯者

【33】見《鄉間來信》，第三十頁。——作者

【34】看見人們把一些好的句子收集起來編排成書，這的確是一件很好玩的事情。不過，他們收集的也只是一些文字，而紙上的嘉言雋語是沒有什麼價值的，是不能銘刻在人的心裡的；圖畫和現實之間是有很大的距離的。例如愛國主義和人道主義在效果上是兩種互不相容的情操，尤其就一個國家的人民而言更是如此。立法者如果想把這兩者都得到的話，其結果必然是既得不到前者，也得不到後者。這兩者互相協調的情形，過去沒有，今後也不可能出現，因為這是違反人的天性的。人們不可能用同一種激情去同時達到兩個目的。——作者

【35】例如《約翰福音》第十章第九節說：「我（耶穌——引者）就是門，凡從我進來的，必然得救。」又如《使徒行傳》第四章第十二節：「除他（耶穌——引者）以外，別無拯救，因為在天下人間沒有賜下別的名我們可以靠著得救。」——譯者

【36】指孟德斯鳩。——譯者

【37】需要指出的是，《論法的精神》的首版是在日內瓦印刷的，那些大學者們並未在書中發現任何一點可指摘之處，而且擔任該書審校工作的，是一位牧師。——作者

【38】拉布呂耶爾（一六四五—一六九六），法國文學家，早年在大孔代（即路易二世）家中當塾師時，發現常來親王府的客人中，「美的醜的，忠的奸的，賢愚混雜，良莠不齊，遂擇其優者，為之速寫，分十六章，編纂成書，題名《眾生相，或本世紀的風氣》……從一六八八年到一六九四年短短的六年間，連續八版。」（見《法國散文精選》，李平漚選編，北岳文藝出版社一九九九年版，第五十一—五十二頁）——譯者

【39】拉羅希福可（一六一三—一六八〇），法國文學家，著有《警句集》一書，「反映了絕對君主專制統治下的社會日趨腐敗和人們思想普遍悲觀的現象。」（同上書，第二十二—二十三頁）——譯者

【40】參見《馬太福音》，第十三章，第十二節；《路加福音》，第十九章，第二十六節。——作者

（原書此處的十二個注，作者只標注了《聖經》中的篇名和章次與節次，沒有引錄原文，現照錄原文，以供參考。《馬太福音》第十三章第十二節：「凡有的，還要加給他，叫他有餘；凡沒有的，連他所有的也要奪去。」《路加福音》第十九章第二十六節：「凡有的，還要加給他；沒有的，連他所有的也要奪過來。」——譯者）

【41】參見《馬太福音》，第十二章，第四十八節；《馬可福音》，第三章，第三十三節。——作者

（《馬太福音》第十二章第四十八節：「他（指耶穌——引者）卻回答那人說，誰是我的母親？誰是我的弟兄？」《馬可福音》第三章第三十三節：「耶穌回答說，誰是我的母親？誰是我的弟兄？」——譯者）

【42】參見《馬可福音》，第十一章，第二節；《路加福音》，第十九章，第三〇節。——作者

（《馬可福音》第十一章第二節：「對他們說：你們往對面村子裡去，一進去的時候，必看見一匹驢駒拴在那裡，是從來沒有人騎過的，可以解開，牽來。」《路加福音》第十九章第三十節：「你們往對面村子裡去，進去的時候，必看見一匹驢駒拴在那裡，是從來沒有人騎過的，可以解開牽來。」——譯者）

【43】參見《馬可福音》，第四章，第十二節；《約翰福音》，第十二章，第四十節。——作者

（《馬可福音》第四章第十二節：「叫他們——（指一般的普通人——引者）看是看見了，卻不曉得，聽是聽見了，卻不明白，恐怕他們回轉過來，就得赦免。」《約翰福音》第十二章第四十節：「主叫他們瞎了眼，硬了心，免得他們眼睛看見，心裡明白，回轉過來，我就醫治他們。」——譯者）

【44】參見《路加福音》，第十六章，第二十六節。——作者

（《路加福音》第十六章第二十六節：「在你我之間有深淵限定，以致人要從這邊過到你們那邊是不能的；要從那邊過到我們這邊，也是不能的。」——譯者）

【45】參見《馬太福音》，第十章，第三十四節；《路加福音》，第十二章，第五十一、五十二

節。——作者

（《馬太福音》第十章第三十四節：「你們不要想我來是叫地上太平；我來並不是叫地上太平，乃是叫地上動刀兵。」《路加福音》第十二章第五十一、五十二節：「你們以為我來，是叫地上太平嗎？我告訴你們，不是，乃是叫人紛爭。從今以後，一家五個人將要紛爭：三個人和兩個人相爭，兩個人和三個人相爭。」——譯者）

[46] 參見《馬太福音》，第十章，第三十五節；《路加福音》，第十二章，第五十三節。——作者

（《馬太福音》第十章第三十五節：「因為我來是叫人與父親生疏，女兒與母親生疏，媳婦與婆婆生疏。」《路加福音》第十二章第五十三節：「父親和兒子相爭，兒子和父親相爭；母親與女兒相爭，女兒和母親相爭；婆婆和媳婦相爭，媳婦和婆婆相爭。」——譯者）

[47] 同上。——作者

[48] 參見《馬太福音》，第十章，第三十六節。——作者

（《馬太福音》第十章第三十六節：「人的仇敵就是自己家裡的人。」——譯者）

[49] 參見《馬太福音》，第十二章，第二節。——作者

（《馬太福音》第十二章第二節：「法利賽人看見，就對耶穌說：看哪，你的門徒做安息日不可做的事了。」——譯者）

[50] 參見《路加福音》，第十四章，第二十三節。——作者

（《路加福音》第十四章第二十三節：「主人對僕人說，你出去到路上和籬笆那裡，勉強人進來，坐滿我的屋子。」——譯者）

[51] 參見《馬太福音》，第十一章，第十二節。——作者

（《馬太福音》第十一章第十二節：「從施洗約翰的時候到如今，天國是努力進入的，努力的人就得著了。」——譯者）

第二封信

論日內瓦的宗教。宗教改革的原則。作者開始討論奇蹟問題。

先生，我在上一封信中做了這樣一個假定，假定我確實犯了人們所說的違背宗教信仰的罪，而我同時也論證了我的那些罪過對社會是毫無危害的，因此，在人類的法庭面前是不該受到懲罰的。上帝自己會替他自己辯護，對只傷害他的錯誤，如果要懲罰的話，也由他自己來懲罰。有些人口口聲聲說要替神雪恨，這無異於褻瀆神靈，無異於說神還需要他們來保護。只要人在世界上遵守社會的法律，則官員和國王對人的靈魂便不擁有任何權威；人們來生變成什麼樣子，官員和國王根本就無法過問；另一個世界裡的事情，官員和國王是管不了的。如果人們無視這個道理，則爲人類的幸福制定的法律就會變成對人施加的苦刑；可怕的宗教裁判所如果不根據人的行爲，而根據人的信仰來審判人的話，則它想迫害誰，就可以迫害誰。

既然在只與宗教信仰有關的事情上，法律無權過問人們的看法，那麼，對闡述有關宗教信仰的書，法律也是無權過問的。如果這類作品的作者該受懲罰的話，那也不是因爲這些作品散布了謬誤，因爲法律和執行法律的人不審判純屬信仰錯誤的問題。《鄉間來信》的作者[1]似乎同意這個觀點，[2]說不定他甚至還贊同政治家和哲學家應支持寫作的自由，[3]放手讓人寫作呢；[4]不過，我在這裡想論述的，不是這個問題。

可是現在，那些先生們及《鄉間來信》的作者竟改口說什麼要對我的書和我這個人進行審判，而且不把我當作基督徒來審判，而要當作一個公民來審判；不把我當作褻瀆上帝的罪人，而要當作違反法律的犯人來審判。他們說我犯的不是褻瀆宗教罪而是觸犯法律的刑事罪，是宣揚異端邪說而不只是不信宗教。按照他們的說法，我攻擊了國家的宗教，因此應當像制裁攻擊法律的人那樣依法懲辦我。我認爲，他們在爲他們的做法辯解方面講的那些話，讓人聽起來就是這個意思。

我認爲，在這件事情上，首先有三個小小的疑點需要弄清楚。第一個疑點是，必須弄清楚這個國家的宗教究竟是什麼宗教；第二個疑點是，必須弄清楚我是怎樣攻擊它的；第三個疑點是，必須弄清楚按照什麼法律審判我。

這個國家的宗教是什麼宗教呢？這個國家的宗教是新福音教；這是一個無可辯駁的美好名稱。不過，這個新福音教今天在日內瓦是什麼樣子呢？先生，你知道嗎？想必不知道吧？如果不知道的話，我反倒爲你感到慶幸。至於我，我是不知道的。我以前以爲我知道，可是我和許許多多其他人一樣，完全錯了。他們在其他問題上都比我聰明，但在這個問題上，卻和我一樣無知。

當宗教改革家們[5]斷然與羅馬教會劃清界限時，他們便明確指出了它的許多錯誤。爲了從源頭上糾正那些錯誤，他們賦予了《聖經》一個嶄新的意義；這個意義，與羅馬教會賦予《聖經》的意義是完全不同的。若問他們根據什麼理由拋棄過去的教義，他們回答說是根據他們自己的認識，根據他們的理性。他們認爲，在拯救靈魂的問題上，《聖經》中的話已經講得非常清楚了，人人都懂得了，因此，每個人都可做這個教義的合格裁判者，按照每個人的心去理解作爲這個教義的指標的《聖經》中的話。[6]這樣，大家就可以在主要的問題上協調一致；而不能協調一致的，就只不過是一些並不重要的問題了。

只有獨一無二地按照這種精神來理解《聖經》，才是正確的（天主教的主張之所以遭到否定，就是因爲它不承認這一點）；每一個人都應當按照這種精神對教義做出自己的判斷。新教的兩個基本觀點是：承認《聖經》是衡量人們信仰的標準；除自己的理解以外，其他任何人對《聖經》的解釋，都是不被認可的。這兩個觀點合併起來就構成基督教新教的原則；新教徒就是根據這個原則而與羅馬天主教徒分道揚鑣的。不這樣做，他們就會陷入矛盾，因爲，在否定了天主教的權威之後，還能有什麼其他的權威呢？

也許有人會問：按照這樣一個原則，新教徒怎麼能團結起來，聯合一致呢？既然每一個人都有他自己的思想方法，他們怎麼能步調一致地與天主教這個鐵板一塊的團體相對抗呢？他們能與天主教相對抗，他們在這一點上是齊心協力的。他們認爲，他們當中的每一個人都是他自己合格的裁判官。他們對各式各樣的理解方法都持寬容態度；只是對一種方法不寬容：那就是一切不允許自由理解的論調。他們所否定的，正是天主教的這種對《聖經》要統一解釋的主張。他們齊心協力抵制羅馬，而羅馬也使勁抵制他們。他們的思想方法的多樣性，是把他們團結在一起的共同紐帶。許多小國就是這樣結成聯盟對抗大國的：小國結成的聯盟並不損害其中任何一個國家的獨立。

新教之所以能建立，其原因就在於此；它之所以能持久不衰，其原因也在於此。是的，大多數人信奉的教義，可以被看作是所有的人都信奉的教義，被看作是好的或最有權威的教義。當權者甚至可以把它編寫成書，交給他派去當教師的人宣講。[7]當然，在公立教育機構裡是需要有一定的秩序和一定的教規的，不過，不能因此就限制任何人的自由，不能強迫人非講授這種書不可；更不能因此就得出結論說每個人都必須接受這種教育，都必須遵行向他講授的教義。相反地，在信仰問題上每個人都依然是他自己唯一的裁判官；除了他自己的權威以外，他不承認任何其他人的權威。良好的教育方法應當少定一些刻板的規定，而多想方設法使人們具有做出正確判斷的能力。這才是宗教改革的眞正精神，這才是它賴以前進的眞正基礎。只要從共同遵循的教義中去尋求信仰，每個人的理性都會大聲宣告：信奉《福音書》。理性的精神是如此的自由，以至於即使它想屈從他人的權威，那也是辦不到的。只要對這個原則有一丁點的破壞，則《福音書》的全部教導都立刻會失去其意義。如果有人今天能向我證明我在信仰問題上必須服從某一個人的決定，那麼，我明天就去當天主教徒，而且一切言而有信的人都會像我這樣做。

對《聖經》的自由解釋，不僅包括每個人都有按照自己的理解來解釋書中各個段落的權利，而且允許每個人有權對他認爲可疑的地方保持懷疑，對他不明白的地方表示不明白。這是每個信徒應有的權利。無論是牧師或政府官員都不能侵犯這個權利。只要人們尊重《聖經》，奉行《聖經》中的主要之點，就是按照《聖經》的教導行事了。日內瓦的有產者們的誓言沒有超過這一點。[8]

現在，我發現那些博士們表現得相當神氣，以爲他們在幾個主要的問題上做得很正確，而我全錯了。且慢，先生們，別急著下結論。因爲，現在要保持頭腦冷靜的，不是我，而是你們。首先，你們要弄清楚那幾個主要的問題是什麼問題，要弄清楚你們憑什麼權利硬要我在不明白的地方（也許連你們自己也不明白）說我明白了。請你們千萬記住：

如果你們要我把你們的決定當法律來執行，那麼，你們就背離了神聖的《福音書》的精神，動搖了它的基礎；你們該受到法律的懲罰。

無論是從新教建立之後的日內瓦共和國的政治狀況來看，還是從早先的法令在宗教方面所定的條文來看，人們發現，新教與羅馬的天主教是對立的，而法律早有明文規定，要取締羅馬天主教的教義和敬拜儀式，因爲無論從哪方面來說，這兩者都是有害於自由的。

處在這樣一個特殊的形勢下，可以說，不將兩個教會徹底分離，國家就不可能存在；如果讓「唯教皇之命是從」的天主教捲土重來，那麼，共和國就必然會被消滅。因此，法律明文規定：取締天主教的敬拜儀式，而按《福音書》上的教導敬奉上帝。這一點，一聽民間流行的罵人語或髒話，就可以得到證明，而且，在你們的第一部《宗教法》中也使用了那些罵人語來抨擊天主教的敬拜儀式，只是後來在危險已經過去之後，才將那些髒話刪除。此外，從日內瓦教會戒律議會的誓詞中也可得到證明：該誓詞獨一無二地要著重申明的，就是嚴禁「一切偶像崇拜；對一切褻瀆宗教及其他各種有損上帝和新教榮譽的言行，都要嚴加禁止」。這是一五六二年通過的《教會法》的原話；在一五七六年修訂這部法律的時候，在誓詞的前面還加了一句「嚴厲防範各種壞事和壞言行。」[9]這充分表明第一個誓詞的目的只是宣告與羅馬的天主教分道揚鑣，而修訂後的誓詞則表明要進一步從純正風尙的角度來考慮問題。一個教會開始鞏固以後，自然就會這樣做的。需要指出的是：無論在前一個誓詞或後一個誓詞中，還是在政府官員的誓詞、有產者的誓詞和牧師的誓詞中，都隻字未提錯誤觀點和異端邪說的問題。沒有把這兩者作爲宗教改革和法律制裁的對象，因爲，如果把這兩者作爲制裁的對象的話，教會就會陷入自相矛盾的境地。由此可見，你們的《宗教法》中的「改革」一詞所指的，全都是從前與羅馬的天主教相爭論的問題。

我知道，在你們國家的歷史和宗教改革運動的歷史中，充滿了許多表明宗教裁判非常嚴酷的事例。原本是受迫害的改革者，後來都變成了迫害者。這一矛盾的現象，在基督教的歷史中到處都有，而就你們的國家而言，它所表明的，不是別的，乃是人的浮躁情緒和強烈欲望戰勝了理智。正是由於和天主教教士相辯論，新教教士才養成了好爭論和愛吹毛求疵的習氣。他們企圖主宰一切，裁決一切，凡事都由他們一錘定音。他們每個人表面上都很謙遜，但最後都把他們提出的意見當作最高法律，硬要別人服從。這不是大家和平相處的辦法。加爾文無疑是一個偉大的人物，但他畢竟是一個人，而更糟糕的是，他是一個神學家。他自以爲他的天才勝過其他一切人的天才，不喜歡別人和他爭論，而他的大多數追隨者也是這樣。在這一點上，他們愈強詞奪理，便愈應受到譴責。

他們的這種做法，豈不是給天主教徒提供了一個大好的批評機會嗎？看見這些飽學之士、聰明人，在其他問題上講得頭頭是道，而在為他們自己辯護時，卻如此言不由衷地胡說一氣，豈不令人痛心嗎？若問何以會出現這種矛盾的現象，其原因不是別的，而是由於他們更多地是從他們的欲望和情緒出發，而不是從他們的教義出發。他們僵硬的正統觀念，本身就是一種異端。這是宗教改革家的思想方法，但不符合宗教改革運動的精神。

新教是持寬容態度的宗教，它的本質決定了它不排除異己；正是由於它有成為持寬容態度的宗教的可能，所以它才成了寬容的宗教。它唯一不能寬容的是不寬容。這一不可克服的障礙，使我們和天主教徹底決裂，並把所有其他的教派聯合在一起。每一個教派雖都認為其他教派有謬誤，但任何一個教派都不把也不應當把它看作是靈魂得救的阻力。[10]

我們今天的新教徒（至少是今天的牧師們）不了解或不喜愛他們的宗教。如果他們了解和喜愛他們的宗教的話，他們就會在我的書出版之時異口同聲地發出歡呼之聲；他們就會和我這個抨擊他們的敵人的作者團結在一起。可是，他們寧可放棄他們自己的申訴，也不支持我的申訴。從他們可笑的傲慢態度和廢話連篇與不容異己的做法就可看出，他們根本就不知道他們的信仰是什麼，也不知道他們想說些什麼和已經說了些什麼。我只能把他們看作是教士們的走卒；他們不是由於愛教士，而是由於恨我才反對我。[11]不過，在他們使勁爭辯，大聲嚷嚷吵鬧一番之後，正當他們慶祝他們小小的勝利時，站在一旁冷笑的羅馬天主教等他們鬧夠了之後，便拿出無可辯駁的有力論據，把他們駁得體無完膚，並以其人之道還治其人之身，大聲告訴他們：「你們幹得好嘛；你們這些瞎摻和者，別再鬧了，你們鬧了半天，得益的是我們。」現在，讓我們回過頭來談我的主題。

由此可見，日內瓦的教會沒有，而且也不可能像新教那樣有一個明確的、爲它的成員共同遵行的信仰宣言。如果日內瓦人想有這樣一個宣言的話，那就必然會傷害《福音書》中所說的自由，就會背離宗教改革的原則，甚至破壞國家的法律。所有一切訂立了某些信條的新教教會，所有一切公布了某些教義的教區大會，都只告訴牧師們應當講授些什麼教義。這種做法，是好的和恰當的。如果這些教會和教區大會試圖透過這個辦法達到更多的目的，並規定信徒們非信仰某些教義不可，那麼，這種做法的本身不表明別的，只表明它們不了解它們自己的宗教信仰。

日內瓦的教會很久以來就表現得似乎不像其他教會那樣背離基督教的眞正精神。正是根據這個虛假的表面現象，我才對日內瓦的牧師們做了我以爲他們應當受到的稱讚；[12]（不過，我當初稱讚他們，並不是爲了欺騙公眾）然而在今天，從前是那麼平易近人的牧師們竟一下子變得成天板著面孔，說話十分生硬，而且愛挑毛病，隨意指摘一個在俗教徒[13]講的話不符合正統教義，甚至信口開河地把他們的教義亂講一通；今天出現的這些情形，誰能料到呢？人們問他們：耶穌基督究竟是不是神？他們不敢回答；人們問他們：宗教究竟有哪些奧義？他們不敢回答。他們能回答什麼呢？在他們要求人們奉行的信條中，有哪些主要的信條和我的主要信條是不同的？他們的信條能否包括我的信條？

有一位哲學家[14]匆匆把他們瞅了一下，他一眼就看出他們是阿里烏斯派（Arianism）教徒，是索齊尼派（Socinianism）教徒。他這樣評論他們，以爲是在稱讚他們，殊不知這正好暴露了他們是看重世俗利益的人。在這個世界上，人的信仰通常都是由這個因素決定的。

一受到驚嚇，他們便立即集合起來開會，你一言我一語地亂成一團，不知如何是好。[15]經過翻來覆去的商討和研究之後，[16]才發表了一個含糊其辭的聲明，既不說「同意」，也不說「不同意」，就像拉伯雷（François Rabelais）書中的那兩份辯護書[17]一樣，根本就看不懂。其實，該怎麼辦，他們的教義中不是已經講得很清楚了嗎？他們不是已經把它熟記於心了嗎？

他們當中有一個人[18]爲了批駁我的基督教信仰，竟不惜踐踏他自己的基督教信仰，寫了一本雖文字通順但通篇充滿了戲謔之言的小冊子來攻擊我。日內瓦的牧師們對這位同行的學問，尤其是對他那本小冊子的文筆大加讚賞，認爲它是一本大才子的作品，還派了一個代表團去祝賀他。日內瓦的牧師先生們眞是怪人！人們不知道他們究竟信仰什麼和不信仰什麼，更不知道他們假裝信仰什麼。他們表達他們信仰的唯一手段是：攻擊別人的信仰。他們像耶穌會教士那樣強迫他人遵行那道《教皇聖諭》，[19]而他們自己卻不遵行。他們不僅不解釋人們認爲他們所宣揚的教義，反而欺騙其他教會，一再和他們自己的辯護人發生爭吵，試圖以他們這種忘恩負義的行爲來證明他們今後已不再需要我來爲他們辯護，以爲以迫害我的姿態出現，就可表明他們是相當正統的基督徒。

從以上所說，我可以得出這樣的結論，即：今在日內瓦，神聖的宗教改革應包括哪些內容？這個問題一時還很難說清楚。不過，可以確信無疑的是：它應當把主要的精力，放在消除早期的宗教改革家，尤其是加爾文與羅馬天主教爭論的那些問題產生的影響上。這是你們國家的憲法精神；你們之所以能成爲一個自由的民族，靠的就是這種精神；宗教之所以能納入國家法律的組成部分，也單單靠的是這種精神。

現在讓我從第一個問題轉到第二個問題。在一本書中儘量把宗教的眞理、用途和必要性詳加論證，並表明不排除其他任何宗教[20]後，作者[21]宣稱他寧願信奉基督教而不信奉其他宗教，寧願信奉按《福音書》的教導行事的新教，而不信奉其他宗教：作者這樣信仰新教，怎麼還說新教受到了我的攻擊呢？這眞是令人難以想像。你看，天下竟有這等謬論。

我在前面已經大致論證，而且此後還要詳細論證，在我的書中，基督教一點也沒有受到攻擊。在不攻擊一般的教義的情況下，而要專門攻擊任何一個教派的教義的話，就只能用兩種方式進行；一種是，用支援它的對立教派特有的教義的方法而間接攻擊它；另一種是直接攻擊它特有的教義。

請問：我在哪裡贊同過天主教特有的教義？恰恰相反，我唯一攻擊的，就是它特有的教義，而且，正是由於這個緣故，所以才惹得天主教徒全都反對我；天主教徒不反對我，基督教徒肯定也不會反對我。我認爲，這種情形的確是人們從來沒有聽說過的怪事之一，然而，這的確是眞的。我在此重申：我在巴黎曾明確表明我信的是新教，我在日內瓦也明確表明我信的是新教。

我怎麼會攻擊新教的教義呢？恰恰相反，我曾竭盡全力支持他們的教義。在信仰問題上，我不斷主張要服從理性，不斷主張對《聖經》可自由理解，主張按《福音書》的教導持寬容態度，並服從法律，即使在敬拜儀式上也不要違反法律的規定。所有這些，都是新教特有的基本教義；沒有這些基本的教義，新教不僅不能牢固地建立，甚至根本就不能存在。

不僅如此，單單這部作品的寫法，就對新教的論點是多麼有利啊！說話的人是一個天主教教士；他既不是褻瀆宗教者，也不是不信教者，而是一個極其虔誠的人。他為人十分正直和忠厚，儘管他心中有一些疑難不解的問題和不同的看法，但在他的心靈深處，對他所信奉的宗教是非常尊重的。他的話，全都是發自內心的肺腑之言；他說，既然被召喚來為這個宗教服務，他就一定要盡可能準確地履行他應盡的職責；即使在微小的事情上稍有怠慢，他也會受到良心的譴責。對於違背他的理性的宗教奧義，他只靜心沉思，並依然在舉行祝聖儀式的時候，按照教會和聖潔的聖事的要求行事，而不亂發議論。他懷著敬重的心情朗讀祝聖的頌詞，對它的效果深信不疑，而且，不論這種不可思議的奧義將產生什麼效果，在最後審判之日他都不懼怕，因為在他的心中曾對它持懷疑態度而受到懲罰。[22]

這個眞正善良的和令人敬佩的聰明人，這個眞正的基督徒，世上罕見的最虔誠的天主教徒，就是這樣思考問題和講述他心中的想法的。

現在讓我們聽這位道德高尚的教士對一個已經皈依天主教的年輕新教徒是怎樣講的，是怎樣勸告他的：「回到你的故鄉，再信奉你的祖先所信奉的宗教，誠心誠意地信奉它，再也不要脫離，因為它非常的樸實和神聖；我相信，在舉世所有的宗教中，只有它的道德最純潔，它的教理最能自圓其說。」[23]

歇了一會兒以後，他又繼續說道：「只要你願意傾聽你的良心，即使有千百種虛幻的障礙，也是阻擋不了它的聲音的。你將感覺到，像我們這樣懷疑，寧願信奉其他的宗教而不信奉我們生來就隸屬的宗教，那才是一種不可原諒的冒失行爲，是一種虛僞的行爲：口頭上說信奉那種宗教，實際上又不忠實地照那種宗教的話去做。如果你自甘墮落，你就會剝奪你自己在最高的審判面前受到寬恕的巨大權利。難道你不知道他能原諒我們在別人的教唆之下誤入歧途，而不能原諒我們自己存心選擇錯誤的道路嗎？」[24]

在這段話的前面幾頁，他說：「如果在附近或我的教區中有新教徒，我在基督徒的慈善事業方面，對他們也跟對我本教區的教徒一樣，一視同仁。我將教他們平等地互相親愛，教他們彼此看作是弟兄，教他們尊重一切宗教，教他們在各自的宗教中安寧地生活。我認爲，勾引一個人離開他生來所屬的宗教，無異於勾引他去做壞事，因此也無異於我們自己在做壞事，在期待更無限光明到來的時候，我們要保守公共秩序；我們在所有的國家中都要尊重法律，不能擾亂法律規定的崇拜形式；我們絕不能叫那個國家的公民不服從它的法律，因爲我們一方面不知道，叫他們拋棄自己的見解而採納別人的見解，對他們是不是有好處；而另一方面我們又十分確切地知道：不服從法律是一件很壞的事情。」[25]

先生，你看，這就是一個天主教教士在這本書中所說的原話。他們指摘我在這本書中攻擊新教，然而事實上，我什麼攻擊的話也沒有說。也許，他們可以責怪我的是：我太偏向他們了，我犯了一個不該犯的錯誤，讓一個天主教教士用從來沒有任何一個天主教教士用過的那種語言說這番話。可見，在這些問題上，我所說的話，與他們硬說是我講的話，恰恰是相反的。看來，日內瓦的官員們也有點舉棋不定；如果他們明知我講的話是眞的，還硬說不是的話，他們是不會成功的。

不過，在這本書中也確實提出了許多反對的意見和疑難問題。請問：爲什麼不能提呢？一個基督教徒對他認爲值得懷疑的事情提出疑問，對他認爲不妥當的事情表示反對，這有什麼錯？如果你們認爲很清楚的問題而我認爲不清楚，如果你們認爲已經論證的問題而我認爲還沒有論證，你們有什麼權利硬要我的理智屈從於你們的理智，把你們的話當法律？難道你們自以爲像教皇那樣永遠正確嗎？用一副天主教徒的口吻指摘我攻擊新教，這豈不是很可笑嗎？

還有，我提的那些反對意見和疑難問題，是針對信仰的基本觀點提的嗎？怎麼能說我表面上是在提出疑問，而實際上是在收集一切割裂、動搖和摧毀基督教的基本教義的論點呢？如果眞是這樣的話，問題的性質就變了，我就是有罪的了。可見，他們的指摘全是一派謊言，是那些連自己都不知道自己的基督教基本教義是什麼的人的彌天大謊。至於我，我對於我的基督教基本教義了解得非常清楚，而且已經講得明明白白。朱莉[26]的信仰自白幾乎全篇都是肯定的意見；牧師的信仰自白[27]第一部分也全都是肯定的意見，第二部分有一半也是肯定的意見；「論公民的宗教信仰」[28]那一章也有一部分是肯定的意見；《致巴黎大主教先生的信》[29]中表述的意見，也是肯定的。先生們，你們先看一看我的基督教基本教義，然後再看一看你們的基督教基本教義。

這些先生們的鬼點子多得很。他們爲那幫迫害者制定了一套新的和最便利的論戰方法，對所有一切含糊不清的教義三言兩語，一筆帶過，然而當一個作者一不小心觸犯了他們的時候，他們就會在他的書中逐字逐句地查找他的論點。當他們以爲找到的時候，他們就從反面去解釋該作者的言論，說它們是他攻擊宗教信仰的鐵證，並大聲嚷嚷說他褻瀆宗教，辱罵神靈，指摘他在書中無一語道及他們所制定的信條，因此，對該作者必須大加撻伐。

在他們攻擊我的那一大堆論點中，要怎樣才能弄清楚他們究竟攻擊了我什麼呢？要怎樣才能把他們的無恥讕言分門別類地加以閱讀呢？誰願意跑到日內瓦的破爛王那裡或納沙泰爾（Neuenburg）的舊貨市場上去淘那些破銅爛鐵和舊衣服舊襪子呢？面對他們的那些荒唐語，我愈看愈糊塗，不知道怎麼辦才好。現在，僅從其中挑選一個他們最得意的問題做例子，來說明他們那幫說教者[30]吵吵嚷嚷鬧得天翻地覆的問題是：如何看待奇蹟。

我將詳細探討這個問題；請你原諒我的文章寫得很長，使你看起來很累。要不是爲了省得你去思考他們爲什麼對有些問題不願意深談的話，我是不會談論這個可怕的問題的。

他們說：「儘管讓—雅克・盧梭自稱是基督徒，但他不是。我們這些眞正的基督徒，從來不像他那樣看問題。儘管讓—雅克・盧梭聲稱他相信『啓示』，但他從來不相信。舉一個例子如下。」

「上帝並不直接向每個人都表露他的意志；他透過他的使者告訴人們，而他的使者行奇蹟作爲他們的使命的證據。因此，誰否定奇蹟，就等於是否定上帝的使者；誰否定上帝的使者，就等於是否定神的啓示，而讓—雅克・盧梭公然否定奇蹟。」

首先，讓我們認爲他們講的道理和事實都是對的，然後再回過頭來進行分析。如果這個假定成立的話，則前面那段話便只有一個缺點，那就是：它是在直接批駁那些使用這個論點的人；它對天主教徒很有利，而對新教徒則很不利。現在就讓我來證明這一點。

你也許已經發現我經常重複我以前說過的話；不過，這有什麼關係呢？當我覺得同一個論點對不同的問題是有用處的時候，我怎麼能避而不再使用呢？如果硬要避而不使用的話，那是很可笑的。因爲，問題不在於說法要有變化，而在於說的是眞理，要說得正確和說明問題。好了，讓我們接著往下談，集中力量談主題。

當早期的宗教改革家開始向人們講解他們的教義時，全世界的教會都處於和平狀態，人們的看法都是一致的，沒有任何一個教義在基督教中遭到非議。

在這種寧靜的狀態中，突然有兩三個人提高了他們的聲音，在歐洲大聲叫喊：「各位基督徒，你們要當心呀，有人在欺騙你們，想把你們引入歧途，把你們帶入地獄。教皇是反基督者，是撒旦的走卒，他的教會是傳播謊言的溫床。如果你們不聽我們的話，你們就會遭到滅亡。」

對於這些早期的叫嚷者，驚訝的歐洲人有一陣子默不作聲，等待著看究竟會發生什麼事情。後來，教士們終於從驚訝中清醒過來，發現那些新出現者是一些宗派分子，他們的行徑與說話武斷專橫的人是一樣的，於是，教士們覺得必須向他們把事情弄清楚，問他們到底是在和誰這樣大吵大鬧。那些人神氣十足地回答說，他們是傳播眞理的使徒，是上帝派來對教會進行改革，把信徒們從神父使他們走上的沉淪道路拉回到光明之途。

神父們反駁他們說：「是誰派你們來擔任這項擾亂教會寧靜和公眾安寧的差事的？」他們回答說，是他們的良心、理智和內心的覺悟，尤其是上帝的旨意；誰不聽從上帝的旨意，誰就有罪。是上帝召喚他們來擔負這項神聖的使命的，因此，他們要履行他們的天職。

於是，天主教的神父們說道：「看來，你們眞是上帝的使者嘛。在這種情況下，我們認爲你們當然可以進行講道、改革和教化人們等活動。不過，爲了獲得這項權利，請先把上帝給你們的委任狀給我們看一下，然後當眾做預言、給病人治病、啓迪愚頑和顯現奇蹟，以此作爲向我們展示你們確實負有上帝使命的證據。」

宗教改革家們回答的話很漂亮，值得轉錄如下：

「是的，我們是上帝的使者，不過，我們的使命並不特殊，只不過它是在正直的良心和聖潔的理性推動下進行而已。我們沒有給你們帶來什麼新的啓示，因爲此前早已給你們了，只不過你們並未眞正理解罷了。我們到你們這裡來，也不給你們帶來什麼奇蹟，因爲那是騙人的東西，許許多多虛僞的教義都是靠這種東西糊弄人。我們給你們帶來的是永遠不騙人的眞理和理性，我們給你們帶來的是這本聖潔的書；這本書已被你們糟蹋得面目全非，只好由我們來向你們詳細講解，你們才能明白它的眞諦。我們的奇蹟是不可辯駁的論據，我們的預言是陳述事實。我們現在就向你們做這樣一個預言：如果你們不聽我們口中向你們傳達的基督的話，你們就會像不忠實的僕人那樣受到懲罰，因爲，儘管人們向他們傳達了主人的意思，而他們卻不去執行。」

天主教的教士自然是不會認爲這些新的論點是對的，因此他們當中的大多數人都十分小心，生怕漏出一言半語表示支持這些論點。人們發現，這場爭論一形成這個樣子，這場爭論就難以結束，每一方都想旗開得勝，打倒對方，新教的教徒認爲他們講的道理和提出的論據是如此的明白，所以，只有心懷惡意的人才拒不承認，而天主教發現自己這一方某些人的巧妙的論點並不是無可辯駁的，因此不可能讓整個教會都表示信服，何況在許多已爭論許久的問題上，整個教會已表明與他們的看法完全不同。

這場爭論至今仍停留在這個狀態，人們不停地爭論各方論據的說服力，只要人們不是同一個腦袋，這場爭論就永遠不會結束。

不過，對天主教徒來說，問題的關鍵不在這裡。他們的戰術錯了；如果他們對其對手的論據不翻來覆去瞎挑毛病，不做文字遊戲，而始終堅持對對手以理服人的話，我覺得，他們也許會把他們的對手弄得狼狽不堪。

他們應當向他們的對手指出：「首先，你們的論點只不過是一種『預期理由』，[31]因爲，雖說你們的論據的說服力表明你們負有此項使命，但在它們不能使之信服的人看來，你們的使命是假的，因此我們有權把你們當作異端分子和假使徒，當作教會和人類中的搗亂分子，嚴加懲處。」

「你們說你們不是在宣講新的教義，那麼，請問你們在向我們宣講的時候，講的是什麼呢？賦予《聖經》中的話以一種新的解釋，這不是在傳播新的教義，又是什麼呢？這不是硬要上帝另外講一套話，又是什麼呢？他給我們的啓示，不是他說的話的聲音，而是他的話中的含義。改變教會確認的意義，就是改變神的啓示。」

「還有，你們是多麼的不講道理啊！既然你們也認爲要使一項神的使命具有權威性，就需要有奇蹟來證明，而事實上，你們（你們自己也承認你們只不過是普通人）在和我們講話時，卻擺出一副神的使者的架勢。[32]你們甚至說你們的那套胡言亂語具有解釋《聖經》的權威；你們試圖剝奪我們也可自由解釋《聖經》的權利，把我們這些組成教會的人所享有的權利都據爲己有。你們有什麼權利硬要我們大家的意見服從你們個人的意見？你們硬說自己一貫正確，這是多麼不可容忍的狂妄自大啊！你們說只有你們講的道理是對的，而其他人講的道理都是不對的，而且不讓那些不同意你們的意見並認爲自己也是正確的人保留他們的意見。[33]只要你們只是發表你們的看法而不做其他事情，則你們和我們之間的區別是可以容許的；然而事情並不是這樣的。你們向我們公開宣戰，你們到處煽風點火；你們拒不做日課，就是叛逆，就是偶像崇拜者，就該下地獄。你們想把所有的人都改信你們的教，甚至強迫他們信你們的教。你們武斷地按你們自己的意思解釋教義，強詞奪理地批評他人，把不同意你們意見的人逐出教會，甚至懲罰他們，置他們於死地。你們行使先知的權威，把自己看作是特殊的人物。怎麼？你們這些新冒出來的革新家，單單只得到幾百人支持你們的意見，就可以把反對你們的人處以火刑！而我們這個有十五個世紀歷史的教會，在千千萬萬人的支持下，還不能把你們處以火刑嗎？好了，你們趕快住嘴，別再裝腔作勢冒充使徒了。現在，把能證明你們身分的證據給我們看一看，否則，我們就要憑比你們強大的實力，有權把你們當作騙子，加以懲處。」

對於這番話，先生，你看那些宗教改革家能拿出什麼招數來加以對應？我可看不出來。我覺得，他們不是被弄得啞口無言，便是只好施展奇蹟。如果被弄得只好使用奇蹟的話，這在眞理的朋友們看來，以這種辦法來解圍，實在是太可悲了！

我由此得出這樣一個結論：如果要用奇蹟來證明那些宣講新教義的上帝的使者的使命的話，這就徹底推翻了宗教改革運動的主旨，就等於是用對方無中生有地指摘我們的那番話來自己打自己的嘴巴。

先生，在這件事情上，我的話還沒有講完。不過，我要講的話不能中斷，必須寫一封長信一口氣連續地講，才能把它講清楚。好了，這封信就寫到這裡吧！

◆注　釋◆

【1】指特龍香。——譯者

【2】在這個問題上，他在《鄉間來信》第二十二頁說：「我發現我的這些主張已經包含在他們的意見書中了」；在第二十九頁，他還指出：「無可辯駁的是，任何人都不應因為其宗教信仰問題而受到迫害。」——作者

【3】著重號是原有的。——譯者

【4】第三十頁。——作者

【5】指十六世紀以馬丁·路德（一四八三—一五四六）為代表的宗教改革家。——譯者

【6】在這一點上，盧梭後來在他的《懺悔錄》中有一段把天主教徒與新教徒加以比較的話，可以作為此處這個論點的注釋。他說：「在學識方面，新教徒大都比天主教徒高明。這是必然的，因為前者的教義要求教徒們動腦筋思考，而後者的教義要求教徒們全盤服從。天主教徒總是按照上一級教士的決定行事，而新教徒則可以自己決定自己的行動方針。」（盧梭：《懺悔錄》，李平漚譯，商務印書館二〇一〇年版，上冊，第八十四頁）——譯者

【7】據記載：日內瓦於一五三六年開始奉行新教後，於次年（一五三七）便編印了一本《教理問答課本》。——譯者

【8】一七三五年公布的《日內瓦共和國法令彙編》中的《有產者誓言》第一條是這樣說的：「首先，我們承諾並發誓要按照神聖的《福音書》的教義行事。」——譯者

【9】見《宗教法》第三編第七十五條。——作者

【10】在基督教的各個教派中，我覺得路德派是最言行不一的。它好像是出於好玩，把其他各個教派互相攻擊的意見都集中起來往它自己身上扣。它像羅馬的天主教那樣不寬容，但它缺少羅馬天主教的那種大辯才；它排除異己，但又不知道為什麼要排除異己。——作者

【11】我覺得，沒有必要特別說明我這句話沒有把我那位牧師*以及那些在這一點上和他的想法一致的人包括在內的。可是，寫完這個註腳以後，我改變了看法：我要把他們也包括在內。不過，按照我的承諾，依然把這個註腳保留在這裡，以便使那些也許會受教士的假話引誘便稱讚教士的人引為教訓。——作者

*指莫蒂埃的牧師蒙穆蘭。——譯者

【12】盧梭在他的《論人與人之間不平等的起因和基礎》的獻詞中，曾把日內瓦的牧師看作是「神聖的教義的傳播者」，稱讚他們「用生動暢曉的語言把《福音書》中的箴言傳入人心，並且總是以身作則，實踐那些箴言」。（盧梭：《論人與人之間不平等的起因和基礎》，李平漚譯，商務印書館二〇〇七年版，第二十八—二十九頁。）——譯者

【13】在俗教徒，指未擔任神職的教徒。——譯者

【14】指達朗貝爾。——譯者

【15】指一七五七年達朗貝爾寫的「日內瓦」（載《百科全書》第七卷）在日內瓦引起的騷動。奉行加爾文教義的日內瓦是禁止演戲的，而達朗貝爾在「日內瓦」這個詞條中竟公開主張在日內瓦城中修一座劇院上演伏爾泰等人寫的戲劇，因此，引起了日內瓦政教兩界人士的嚴重不安。——譯者

【16】對於這個問題，有一位新聞記者說：在信仰方面，一經決定，便應立即發表一份明確的聲明。——作者

【17】要想在某些事情上更清楚地加以解釋，而又不顯得言行不一，看來，還真有點不好辦。——作者

指法國十六世紀小說家拉伯雷的《巨人傳》第十一和十二章中伯士居爾和於穆弗士納兩人向巨人龐大格呂埃提出的辯護書。——譯者

[18] 指雅各・維爾納（一位日內瓦的牧師）。——譯者

[19]《教皇聖諭》，一七一三年羅馬教皇為反對冉森派教士而頒發的一道「聖諭」。——譯者

[20] 我竭誠希望各位公正的讀者把《愛彌兒》中緊跟在「一個薩瓦省的牧師的信仰自白」之後的那段文字重新閱讀一遍並加以仔細分析；我在這裡講的這番話的意思，在那段文字中也講過。——作者

[21] 指盧梭本人。——譯者

[22]《愛彌兒》，第三卷，第一八五—一八六頁。——作者

[23]《愛彌兒》，第三卷，第一九六頁。——作者

見盧梭：《愛彌兒》，李平漚譯，商務印書館二〇〇七年版，第四五三頁。——譯者

[24] 見盧梭：《愛彌兒》，李平漚譯，商務印書館二〇〇七年版，第一九五頁。——作者

盧梭：《愛彌兒》，李平漚譯，商務印書館二〇〇七年版，第四五三—四五四頁。——譯者

[25] 盧梭：《愛彌兒》，李平漚譯，商務印書館二〇〇七年版，第四五一頁。——譯者

[26] 朱莉，盧梭的《新愛洛伊斯》中的女主人翁。「朱莉的信仰自白」指朱莉臨終時所講的那一大段表明其宗教信仰的話。（參見盧梭：《新愛洛伊斯》，李平漚、何三雅譯，譯林出版社二〇〇二年版，第六卷書信十一，第七一七頁）——譯者

[27] 牧師的信仰自白，指《愛彌兒》下卷中的「一個薩瓦省的牧師的信仰自白」（參見盧梭：《愛彌兒》，李平漚譯，商務印書館二〇〇七年版，第三七七—四五七頁）。——譯者

[28]「論公民的宗教信仰」，指《社會契約論》第四卷第八章「論公民的宗教信仰」。——譯者

[29]《致巴黎大主教先生的信》，指一七六二年十一月十八日在莫蒂埃寫的《致巴黎大主教克里斯托夫・德・博蒙的信》。——譯者

[30]「說教者」是一個貶義詞，日內瓦的小議會在寫給樞機主教弗雷里的信中曾使用這個詞。如果

【31】不是小議會的例子使我知道可以大膽使用這個詞的話，我是絕不會使用這個詞的。——作者
「預期理由」，邏輯學中的一個術語，指在論證過程中，以其本身尚待驗證的判斷作為論據的邏輯錯誤。——譯者

【32】法赫爾明確無誤地在日內瓦的一次主教會議上宣稱他是上帝的使者。這就惹得會中的一個成員引用喀伊夫的原話指斥他「褻瀆上帝，還需要其他的證據嗎？他該死。」談到奇蹟問題，就需要舉出另外一個奇蹟來證明前一個奇蹟確實是奇蹟。然而耶穌沒有這樣做，法赫爾也沒有這樣做。弗洛芒公然向禁止他傳道的官員們宣稱「最好是服從神而不服從人」，並且不顧禁令繼續傳道。這種行為，只有得到上帝的一道特別命令，才敢進行。——作者

【33】無論何人，只要對加爾文稍微提一點點反對的或不同的意見，就會被看作是撒旦的走卒，犯了該處以火刑的罪。這樣一來，世上哪一個人敢說自己比加爾文更英明，更像神那樣隨心所欲地永不出錯？敢於和加爾文持不同意見，因而被處以火刑的，不只是塞爾維一個人。——作者

第三封信

續前題（談「奇蹟」）。簡評對方提出的其他幾項指摘。

先生，現在讓我接著談我在上一封信中談論的奇蹟問題。我已經闡明，如果需要用奇蹟來證明上帝的使者的使命的話，那就無異於摧毀新教的全部教義，現在讓我接著來探討它們在證明神的啓示方面有什麼用處。

人的腦袋的構造各個不同，不可能大家的看法全都一樣，尤其是在信仰問題上更是如此。在這個人看來是非常清楚的問題，而在另一個人看來卻不清楚。這個人由於其特有的思想方法而需要某種證據，他才信服某種事物，而另一個由於其特有的思想方法則需要另外一種完全不同的證據，他才信服某種事物。大家有時候也可能對同一種事物達成一致的意見，但大家都以同樣的理由達成一致的時候，是很少的。順帶一提，從以上所說，我們可以充分看出這方面的爭論的本身就是沒有多大的道理的，正因爲如此，所以我們有時候才強迫別人非要和我們一樣看問題不可。

由此可見，當上帝給人們一種大家都非相信不可的啓示時，他就需要提出大家都認爲是好的證據來證明他的啓示是有用的，而且，由於接受它們的人的看法是不同的，因此他還需要提出讓不同的人認可的不同證據。

根據這個在我看來是又簡單又明瞭的道理，我發現，上帝必須使擔負他的使命的人具有不同特徵，才能使他們的使命讓所有人，無論是大人或小孩，也不論是聰明人還是愚拙人，有學問的還是沒有學問的，都表示承認。而在這些人當中，凡是頭腦相當機靈，能同時識別這些特徵的人，當然是很幸運的，而只能對其中幾個特徵略有感觸的人，則不那麼幸運，只讓他看到幾個特徵，就足以使之信服了。

在這些特徵中，第一個最重要的和最眞切的特徵，是從教義的性質中產生出來的，也就是說，是從教義的用途和教義的美[1]與教義的神聖性、眞實性及其他一切能向人們傳播最高智慧和最佳箴言的教育性中產生的。正如我已經說過的，這個特徵是最眞實的和明確無誤的；它本身就是一個證明；有了這個證明，就無須其他證明。然而這個特徵也是最難識別的。爲了識別它，就需要研究，就需要思考，就需要與其他人一起探討，因此，只有學識淵博的賢者才能做到這一點。

第二個特徵存在於上帝挑選出來傳達他的話的人身上，即他們有像聖人那樣的風範與爲人的眞誠和正直、白璧無瑕的人品、不受人類欲望影響的堅強性格，再加上他們的智力、理性、學識和行事的穩重等令人尊敬的品質的綜合，在無半點可遭人指摘的缺點的情況下，就可構成表明他們負有此項使命的證據，表明他們不是一般的人。他們以這個特徵打動正直的和善良的人們，使他們在有正義的地方看到眞理，從有德之人的口中聽到上帝的聲音。這個特徵還有它永不誤導人們的準確性。騙子愚弄好人，這不稀奇；好人誤把熱情的衝動當靈感，因而做了錯事，這也不稀奇。

上帝的使者的第三個特徵，是他能發射出一種神的威力，使接收到這種威力的人可以隨心所欲地阻止或改變自然的進程。在三個特徵中，要數這個特徵是最明顯、最引人注目和一眼就可看出來的。它的效果來得非常之快，用不著費多大的工夫研究和討論，就可以使人感覺到，因此，這個特徵也是能特別吸引那些無法細心推理的人的注意的，因爲他們的觀察力十分遲鈍，在任何事情上都是憑著自己的感覺行事。然而，正如我們在後面即將看到的：正是這一點使這個特徵令人產生懷疑；不過，只要它能吸引它應當吸引的人的注意，又何必去追問它是假的還是眞的呢？因爲這些人根本就沒有能力去辨別。由此可見，只有從教義中產生的特徵才是眞正確切無疑的特徵，只有頭腦清晰的推理者才有堅定不移的信仰。然而神的恩澤是要普遍惠及智力不高的一般人的；他一心專注的是，要向他們展示他要提供的證據。

這個問題就談到這裡爲止，而不再進一步研究是否可以舉出更多的特徵，因爲它對我們討論的問題沒有用處。很顯然地，當所有這些特徵都具備的時候，那肯定是足以使所有的人，即：除了狂人、沒推理能力的人和本來就對一切持懷疑態度的渾人以外的所有的人，無論他是賢明的人、善良的人或一般的人，都表示信服。

這些特徵，是那些具有這些特徵的人的權威的證據；這是人們必須相信他們的理由。當這一切得到證實以後，他們的使命的眞實性便確立了，他們就有權以上帝使者的身分執行他們的任務了。證據是手段，而使人們信奉教義是目的。只要人們信奉教義，就用不著去爭論證據的數目是多還是少與如何選擇了。只要有一個證據使我相信，人們就休想使我再去採納別的證據了。說一個人不相信他說他相信的事物，這種看法至少是可笑的，何況人們說他不相信該事物的理由，恰恰是和我們說我們相信該事物的理由是一樣的呢！

我認爲這些道理是十分清楚和無可辯駁的；現在來談具體問題。我說我是基督徒，而那些迫害我的人說我不是。他們之所以說我不是基督徒的證據，是因爲我否定神的啓示；他們說我否定神的啓示的證據，是因爲我不相信奇蹟。

要證明他們對我的指摘是對的，就必須要有這兩件事情當中的一件，即：要麼奇蹟的確是神的啓示之獨一無二的證據，否則就是我還否定了其他證明奇蹟的證據。然而奇蹟並不是神的啓示之獨一無二的證據，我也沒有否定其他的證據。恰恰相反，人們可以在他們指摘我否定神的啓示的那本著作[2]中，找到我對它們發表的肯定意見。[3]

爭論的焦點就在這裡，那些先生們只說我否定神的啓示，而閉口不談我要看到令我信服的證據我才相信它，而不能根據不令我信服的證據便相信它；我不這樣做，他們便說我否定神的啓示。天下還有比這更荒謬的道理嗎？

他們因爲我不承認那個不僅不是耶穌給予的，而且還是被耶穌否認的證據，便說我犯了罪，我這樣批駁他們，不算過分吧！

耶穌不是以施展奇蹟而是以講述眞理的方式，開始向人們表明他來到他們中間的目的的。他十二歲時，便能在聖殿與博學的聖師探討問題，時而向他們提出疑問，時而又以他聰慧的對答使他們感到驚訝。他就是以這種方式開始他一生的事業的，這一點，他本人已經向他的母親和約瑟講得很清楚了。[4]他走遍全國都沒有展示奇蹟，而是向人們宣講天上的國。[5]儘管他收了幾個門徒，但他不是由於向他們施展了奇蹟，才使他們拜他爲師的。他說他要到了迦拿之後才施展第一個奇蹟。[6]

當他後來施展奇蹟時，也往往是在特殊的情況下進行的；從情況的選擇上就可看出，他不是爲了使公眾把他施展的奇蹟看作是證據，更不是爲了顯示他的威力，因此從來沒有人問他是不是爲了達到這個目的才施展奇蹟；即使有人問，他也會否認的。所有這些，從他一生的行事就可看出來，尤其他講的話，我們一聽就可聽出他是多麼的眞切，以致沒有任何一點可批駁之處。

耶穌的工作進行得很順利；這時候，那些飽學的聖師眼見他在他們當中行事好像一個先知，便要求他行一件奇事給大家看一看。對於這個要求，那些先生們將以爲耶穌會怎樣回答呢？他們將以爲他會這樣回答：「你們要求我施展一項奇蹟，其實，我已經向你們施展過一百項了。你們以爲我來到你們中間，不先拿出證據來證明我是誰，便以彌賽亞[7]自居，好像我想使你們錯把我當其他人，使你們犯一大錯誤嗎？不，不是這樣的；我在迦拿行的事，我治好了百人隊隊長的僕人的病，我使痲瘋病人恢復潔淨，使盲人重見光明，使癱子能行走，使幾個餅變成許多餅，使全加利利和猶地亞的人都盼望我；這些都是我施展的奇蹟，你們爲什麼假裝說沒有看見呢？」

耶穌沒有這樣回答。先生，他是這樣回答的：

「這世代爲什麼求神蹟呢？我實在告訴你們，沒有神蹟給這世代看。」後來，他又在另外一個地方補充說：「一個邪惡淫亂的世代求神蹟，除了約拿的神蹟以外，再沒有神蹟給他看。」[8]說完這句話，他便離開他們了。

你看他對那種瘋狂追求奇蹟的現象斥責一番之後，他是怎樣對待那些要求他施展奇蹟的人？這種情況不僅只是發生過一次，而是發生過許多次。[9]可是在你們的那些先生們看來，這種要求是很正常的，爲什麼要斥責那些提出這種要求的人呢？

有些人認爲，不承認耶穌施展的奇蹟是證明他的證據，就等於是否定基督教的啓示說，而耶穌本人卻宣稱他根本就沒有說過他要提出什麼證據；這兩者當中，我們應當相信哪一個呢？

他們問先知約拿施展的奇蹟是什麼？我回答他們說：約拿施展的奇蹟就是他對尼尼微人進行了布道；正如耶穌本人所說的，約拿施展的奇蹟，就是他對猶太人施展的奇蹟。[10]我認爲第二段話只有一個與第一段話有關的意思，否則，耶穌就會自相矛盾。在第一段話中，人們要求以一個奇蹟作爲證據，而耶穌很明確地答覆說他不會以任何奇蹟作爲證據。由此可見，第二段話的意思不是指任何奇蹟似的證據。

他們接著說，第三段話的意思是以耶穌的復活爲證據。[11]我不這麼認爲，因爲那頂多也只是以他的死亡爲證，然而一個人的死亡並不是奇蹟；一個人的身體在地裡躺了三天之後被取出來，這也算不上是奇蹟。在這段話中沒有一個字提到復活。何況這是一個人活著的時候對他死後才發生的事情所誇的海口，這能作爲證據嗎？這樣做，等於是送一個話柄給那些不信教的人去批評，也無異於自欺欺人嘛！這種做法是多麼的錯誤；這樣來詮釋耶穌的行事，是多麼的褻瀆耶穌的教導啊！

現在讓我們回過頭來談不可辯駁的論據。第三段話的意思與第一段話的意思並不矛盾。第一段話講得很清楚，耶穌從未提出過什麼證據，一個也沒有提出過。不管怎麼說，我們都可以用耶穌本人的話來證明。即使他生前施展過什麼奇蹟，那也不是爲了以它們作爲他的使命的證據。

每一次猶太人要求他拿出證據的時候，他都帶著鄙夷的語氣把他們打發走，從來不滿足他們的要求，他甚至不贊成人們把他行的善事也看作是奇蹟。他對那個求他爲其兒子治病的人說：「若不看見神蹟奇事，你們總是不信。」[12]如果他想用奇蹟來證明的話，他能用這種語氣說話嗎？

如果他動不動就施展奇蹟，人們哪裡還會如此一再要他施展奇蹟呢？猶太人問他：「你行什麼神蹟叫我們看見就信你。摩西在曠野裡給我們祖宗嗎哪[13]吃，可是你，你到底做了什麼事呢？」[14]你們的那些先生們講的話，大致上就是這個意思；這有點像那些把國王陛下也不放在眼裡的人那樣公然質問腓特烈（Friedrich）：「有人說你是一個大統帥。憑什麼這麼說？你做了什麼事情表明你是這樣一個人？古斯塔夫（Gustav）在萊比錫和呂岑兩戰兩勝；夏爾在費勞恩施塔特和納瓦爾曾立下赫赫戰功。可是你，你有什麼戰功？你在哪裡打過大勝仗？攻下過哪個城堡？遠征過什麼地方？哪一場戰役給你帶來了榮譽？你有什麼權利自稱『大帝』？」說話的口氣這麼莽撞，眞是不可想像；在這個世界上，哪裡能找到這麼一個張口胡言的人？

然而耶穌並不斥責那些對他說這種話的人，也不給他們施展任何奇蹟，更不向他們講解他此前行過的奇蹟；他一一回答他們提出的問題，只拿「從天上賜下的糧」[15]做比喻。哪知他的回答非但沒有給他招來新的門徒，反而使他原先的門徒中有幾個竟棄他而去。那幾個背棄他的門徒的想法，當然與你們的神學家的想法是一樣的。在那幾個背棄他的門徒走了之後，他問剩下的十二個門徒：「你們，你們也要走嗎？」[16]看來他並不把那些只有看到奇蹟才願留下的門徒放在心上：他們要走，就讓他們走。

猶太人要求看天上顯現的神蹟；按照他們的那套說法，他們的要求是合理的。能證明彌賽亞的降臨的神蹟，在他們看來還不太明顯和確切，還不能完全解答他們的疑問，而且親眼見到的人也不太多。由於直接來自天上的證據比人的證據更有效力，因此最好是相信神蹟本身，而不要相信那些說自己見到了神蹟的人，這就是說：寧信天而不信地。

猶太人認爲他們的要求是有道理的，因爲他們要看到一個明確無誤的神奇的彌賽亞，他們才能相信。可是耶穌在那位先知[17]之後說：天上的國的來臨，不需要大張旗鼓；那個宣布天國降臨的人並不與人爭辯，也不叫嚷，街上也聽不見他的聲音；[18]這一切都不像奇蹟那樣張揚，因爲這不是他行事的目的。他從來不把喧騰的外表和必要的威嚴看作是眞正的證據；他不是爲了提出證據才做那些事的。相反地，他把他的祕密告訴了他所醫治的病人和那個又能重新走路的瘸子，以及他從魔鬼手中解救出來的那些被鬼怪附身的人。他這樣做，看來是因爲他擔心人們會看出這些都是出於他施展奇蹟的效力；應當承認：用這種方式來表明他的使命，的確是很奇怪的。

但願人們領悟到爲什麼猶太人要求耶穌拿出證據，而耶穌爲什麼不滿足他們的要求的道理。他說：「那些棄絕我的人將受審判，誰審判他們呢？是我施展的奇蹟審判他們嗎？不是，是我所講的道審判他們。」[19]可見證據是他所講的道，而不是他施展的奇蹟。

人們在《福音書》中所讀到的耶穌施展的奇蹟，都是有實際用處的，但它們各個都不令人眼花撩亂感到吃驚；它們和他所講的話一樣樸實，和他一生的行事一樣樸實。他所施展的最令人能親身感受得到的奇蹟，無疑是用五個餅和兩條魚讓五千人吃飽。[20]不僅他的門徒都看見了這個奇蹟，而且可以說他讓那五千人的手都接觸到了這個奇蹟，然而那五千人並不感到神奇，也不感到吃驚。請你想一想：誰能像他那樣做了許多事情，都沒有讓直接親眼目睹的人覺察到那就是他給世世代代的人顯示的有力證據？[21]

耶穌施展奇蹟的眞正目的，根本不是爲了使人們具有宗教信仰；恰恰相反，他總是在人們有了宗教信仰之後，他才施展奇蹟。這種情況，在《福音書》中是隨處可見的。正是由於這個緣故，正是由於一位先知在他自己的國家裡不受尊敬，所以他在他自己的國家裡很少行奇事。[22]我們甚至可以這樣說：正是由於他自己國家裡的人不相信宗教，所以他不可能在自己的國家裡施展奇蹟。[23]你怎麼能這樣說呢？事實上，正是由於人們不相信宗教，所以才需要用奇蹟去說服他們，如果他施展的奇蹟有此目的的話。可是耶穌施展的奇蹟沒有這個目的。他施展的奇蹟，只不過是爲朋友做的善行、做的好事；爲那些相信他的人做的善行、做的好事。他做的種種善事，就屬於這種行爲。他說他「行的事可以爲他作見證」。[24]他做這些事情，目的在表明他有做好這些事情的能力，而不是爲了使人感到吃驚。它們是善舉，[25]而不是奇蹟。最高的智者怎麼會使用與他的目的相反的手段呢？他怎麼會沒有預見到他用來支持他的使者的權威的奇蹟，將產生完全相反的效果呢？他怎麼會沒有預見到它們會引起人們既對奇蹟本身，也對他的使命的眞實性產生懷疑呢？已經有了那麼多有力的證據，若再用奇蹟作爲證據的話，這無異於畫蛇添足，反而會使那些頭腦清醒的人對其他的證據產生懷疑，這個道理，他哪裡會預見不到呢？是的，我始終認爲，企圖用奇蹟來支持信仰，反而會成爲人們堅定信仰的最大障礙。把《福音書》中的那些奇蹟通通刪除，則全世界的人都會對耶穌基督頂禮膜拜了。[26]

先生，你看，正是《聖經》本身指出，對耶穌基督的使命來說，奇蹟並不是一種必須的證據，不能認爲我們不相信奇蹟就是不相信耶穌，何況其他段落的意思與這幾段的意思是相反的，而這幾段的意思又有自相矛盾的地方。因此，我運用我的權利，在這些段落中，我只相信講得最合理和最明確的意思。如果我貿然誇口說我能講解全部經文，我就必然會像一個眞正的神學家那樣按照我自己的意思講錯每一段經文，然而良好的宗教信仰不允許我這樣隨心所欲地任意講解；我認爲，凡是我懂得的事物，我當然有足夠的把握做出正確的解釋，而對於我不懂的事物，我就保持沉默，也不聽信別人的解釋，因爲別人的解釋反而使我愈聽愈不明白。[27]我相信《福音書》中的話，而不相信他人的解釋；我不強要別人聽從我的解釋，別人也休想要我聽從他們的解釋。這個規則是共同的和明確的，在對待《聖經》的問題上，每個人的看法是個別的，而每個人的看法只能指導他自己。如果完全聽從別人的解釋，就等於是用別人的解釋去代替《聖經》的原文；就等於是聽人的話，而不聽上帝的話。

現在讓我繼續陳述我的理由。在論證了信不信奇蹟，並不是判斷一個人信不信宗教的必要標誌之後，我還要進一步指出：奇蹟並不是完全可靠的和百無一誤的證據；它們是否可信，是要由人來判斷的。

一項奇蹟，是神的權能在某一特定事情上的直接表現，是自然秩序中的某種可感知的變化，是人的眼睛可以看見的自然法則的一個例外。人們在論證這個問題時，如果想說服人，就不能背離這個原則，而這個原則包含了兩個首先需要解決的問題。

第一個問題：上帝是否能製造奇蹟？這就是說他是否能違背他自己制定的規律？如果有誰硬要拿這個問題來討論的話，即使不說他的想法是荒謬的，但至少可以說他這個想法是褻瀆神明的。如果一個人竟貿然從反面來解答這個問題的話，人們懲罰他，反倒是在抬舉他。乾脆把他關起來就得了。有沒有人否認上帝能製造奇蹟呢？只有希伯來人敢問上帝是否能在曠野裡擺設筵席。[28]

第二個問題：上帝是否願意製造奇蹟？這是另外一回事，撇開一切其他問題不談，我們可以說，這個問題本身是毫無意義的；它與上帝的榮耀毫無關係；我們不能根據上帝是否願意製造奇蹟來決定我們是否願意讚美上帝。還有，雖說人們在對待信仰的態度上可能有某些不同，但由於我們對神的智慧和尊嚴具有最大的信心，所以我們不贊成提出這樣的問題。只有傲慢無禮的人才硬要提這種問題。你看，人的心竟狂妄到如此程度。其實，這個問題純粹是一個超出人的能力的問題；如何回答，全看上天的旨意，因爲，正如你即將看到的，這不是人力所能解決的。所以，我們千萬要小心，切莫用好奇的目光去窺探其中的奧祕；要敬畏那無始無終的存在，不可褻瀆祂的名，因爲，對於祂，除了知道祂的無限偉大以外，其他情況我們就一無所知了。

如果有一個人興沖沖地來向我們宣布他看見了一個奇蹟；儘管他把話說得很肯定，但我們要琢磨是否僅憑他這樣一句話就相信他眞的看見了一個奇蹟。即使有一千個人說相信，我也不相信。

有些人以心裡的感受來論證自然界裡根本就不可能有的事情；對於這種無稽之談，我把它放在一邊，不加評論，因爲它沒有任何一種以自然的可能性爲基礎的可信性。在這種情況下，凡是那些在純思辨性的事物或其眞實性尚不明確的事物中承認這種證據的人，我們可以斷言，在他們的物質利益稍微受到影響時，他們就會比誰都鬧騰得凶。假定一個死者突然來向他的繼承人索回他的財產，聲稱他已經復活，[29]並且已經向官方申請加以確認。你相信世界上會有一個法庭加以確認嗎？這個問題，我們在這裡沒有必要去討論，一切都讓事實去證明好了。在這裡，我們只需指出感官所獲得的印象和理性所判斷的現象是有區別的。

既然一個奇蹟是自然法則的一個例外，那麼，爲了判斷它，我們就需要知道這些法則；爲了準確地判斷它，就必須知道所有的自然法則，因爲，只要有一個法則我們不知道，它就會在某種我們不了解其眞相的情況下，改變我們所知道的法則的結果。可見，如果一個人宣稱他所看見的某種事物是一個奇蹟，那就表明他通曉所有一切的自然法則，並且能斷定該事物是自然法則的一個例外。

世上哪有這麼一個通曉所有一切自然法則的人呢？就連牛頓也不敢吹這個牛。一個親眼看見某種從前沒有聽說過的事物的聰明人，他當然可以證實他看見了該事物，人們也會相信他。但是，無論是這個聰明人還是其他的聰明人都不會斷言該事物（無論它是多麼令人吃驚）是一個奇蹟；因爲他有什麼根據能說它是一個奇蹟呢？

對於一個自吹能製造奇蹟的人，我們頂多只能說他能做某些非常奇特的事情。他說他的，誰又去否認他能做某些奇特的事呢？我，我就見過這種事情，而且做這種事情的人就是我本人。【30】

在對大自然進行的研究工作中，每天都有新的發現；人的技能每天也都在進步。奇妙的化學能使物質產生蛻變、沉澱、爆炸和發出磷光與自燃等現象，還能製造類似地震那樣的震動與千百種使在現場看見的人驚嘆不已的奇觀。癒創木（Guaiacum）油和硝酸並不是罕見的液體，把這兩種液體混合在一起，你將看到它們會發生怎樣的變化。不過，不要在房間裡做這種試驗；如果在房間裡做這一試驗的話，那會引燃整個房子的。[31]如果巴力的先知們當中有一位魯埃爾（Rouelle）先生，[32]他們的柴堆就會自動燃起來，而以利亞就會被人們看作是騙子了。[33]

你將一個杯子裡的液體與另一個杯子裡的液體一混合，立刻就會變成墨水；將一個盆子裡的水倒進另一個盆子裡的水，兩個盆子裡的水一混合，立刻就會變成固體。[34]哈爾古學院的一位「先知」到幾內亞對當地的土人說：你們看那位差遣我到這裡來的人的法力，我可以把水變成石頭。他用連小學的孩子都知道的方法造冰。結果，還眞把那裡的黑人蒙住了，對他欽佩得五體投地。

從前，先知對天上叫喊一聲，就可能取來天上的火；[35]今天，一個小孩子用一塊玻璃也能取來天上的火。約書亞能叫太陽停止不前，[36]而今天的牛皮大王甚至說他可以使天上的日月無光，如果眞有這種奇事，那就更令人吃驚了。洛勒神父的書房可以說是一個魔術實驗室，他那本《數學遊戲》稱得上是一本奇蹟大全。你叫我怎麼說呢？集市上玩數學遊戲的人多得很，布里奧舍這類江湖藝人也不少。我曾經許多次看見一個荷蘭北方的農民用一把鐮刀點燃蠟燭，他用這個把戲甚至把巴黎人都蒙住了，如果他拿到敘利亞去表演，那又將產生什麼樣的效果呢？

巴黎的各個集市都是一個奇怪的大戲臺，沒有哪一個集市上沒有令人吃驚的玩意兒。然而公眾卻從來不說它們有什麼了不起。對奇妙的事物和不可思議的事物見多了，也就見慣不驚了。當我寫這段文字的時候，有人在集市上看見兩部輕便的小機器，其中每一部機器可聽從人的命令，叫它運轉它就運轉，叫它停它就停。我在集市上還看見過一個用木頭製作的會說話的人頭；對於這個木製人頭，人們雖談論，但卻不像當初談論大個子達爾貝[37]製作的人頭那樣起勁。我還看見過一樁更令人莫名其妙的怪事：許多人，其中甚至有許多學者和科學院院士，一大幫人竟公然跑去看痙攣神功，[38]而且看了以後還都驚嘆不已呢！

用一個噴水器、大玻璃鏡、磁石和晴雨表，不就能做出許多在那些無知無識的人看來是奇異的事情嗎？歐洲人用藝術就把野蠻人糊弄得把他們當作神。如果一個人在上一個世紀帶著一套我們今天的每一個物理學家都有的電工器具，來到這科學與藝術薈萃之地，來到這學校與科學研究機關林立之地，來到歐洲、法國和英國，演示電的奇異現象，人們將把他看作一個巫師而投入火中燒死呢？還是把他看作一個天神而頂禮膜拜？我們可以斷言，在這兩種對待辦法中，人們總會採取一種；然而，無論採取哪一種，都是錯誤的。

我不知道醫術是否已經完善了，還是永遠也不能完善；不過，就我所知，它是不會超出大自然的範圍的。一個人生病和病了能治好，這都是很自然的；他的病可能突然治好，他也可能突然死去。對於某些病人的康復，我們頂多只能說他康復得這麼好，有點令人吃驚，而不能說他本來是不可能康復的，如今康復了，實在是一個奇蹟。你怎麼能證明這是一個奇蹟呢？我承認，有些事情，如果我親眼見到的話，也可能會使我感到驚異的。見到一個瘸子走路，這並不奇怪，但看見一個沒有雙腿的人走路，這就奇怪了。看見一個癱子活動他的胳臂，這不令人吃驚，但看見一個原本只有一隻胳臂的人突然有兩隻胳臂，這就令人吃驚了。更使我感到驚訝的是，看見一個死人復活；事實上，那個死人本來就不是死人。[39]請參見布呂伊埃（Bruhier）的著作。[40]

這樣一種奇事，無論是多麼令人驚異，我都不願意做見證，因爲我不知道這到底是怎麼一回事。所以，此事不僅不能使我輕信，我很擔心它也許會使我成爲愚人。好在此事與我無關，現在讓我們回過頭來接著談我們的主題。

最近人們已經發現了把一個被水淹死的人救活的要訣，還找到了把一個自縊身亡的人救活的方法。對於其他種類的死亡，誰知道是否能找到方法使人們認爲已經死了的人恢復生命呢？從前，人們不知道如何去除白內障，而現在，我們的外科醫師全都會這種技術，誰知道是否能找到一個祕訣一下子就把它去掉呢？誰知道掌握這個祕訣的人，是否能使這麼一項被無知的人和有先入之見的作者，看作是奇蹟的技術之後做起來更簡便呢？[41]

有人說我講的這些都不大可能。不過，我們也沒有證據證明它們根本不可能。我在這裡說的沒有證據證明它們根本不可能，是從自然科學的角度說的。在我們的眼前展示其威力的上帝，也只不過是給我們展示一些好像是眞有其事的跡象，展示一些很可能有的跡象。由此可見，奇蹟之所以奇異，完全是由於那些看他施展奇蹟的人的無知，何況在某個時代或某個民族看來是奇異的事，在另一個時代或另一個民族看來就未必是奇異的事。因此，普遍的證據是沒有的；任何以普遍證據爲根據的說法，也是不攻自破的。請問：誰能給我展示幾個不論在任何時候和任何地方看來都是奇異的奇蹟？雖說《聖經》上講過幾個好像是這類的奇蹟，但它所講的其他奇蹟就不是這樣了。神學家呀！請你回答我：你是讓我把它們通通看作不是這樣的奇蹟呢？還是允許我從其中挑選幾個來評論呢？等你決定之後，我們再來細說。

先生，請注意，雖然我對某些情況下發生的事情的敘述有點過甚其辭，但我並沒有對所有事情的依據提出質疑。這一點，我在前面已經說過了，這裡再說一次也不算多餘。耶穌在上帝的啓示下，他的智慧比他門徒的智慧當然高得多，因此能做出許多奇異的事情；

這是不足為奇的。無知的人把這些奇異的事情看作是神的奇蹟，其實它們一點也不神奇。他運用他的智慧，並按照自然的法則，能做出多少在他們和在我們看來是從未見過的事情呢？[42]這一點，我們不知道，也不可能知道。看見奇異現象的人往往誇張地描述其事，這是很自然的。他們這樣做，既誤導了自己，也誤導了他人，儘管他們是出於無心的。只要一件事情稍稍超過了我們的知識一點點，我們就會認為它是我們的智力不能識別的，從而把它看作是一樁奇事，因為我們的心總是希望自己所看到的事情確實是一件前所未見的神奇之事。

正如我已經說過的，所謂「奇蹟」，只不過是一般普通人未曾見過的某些現象而已。他們對自然的法則所知甚少，但隨著人們知識的增長，人們的知識範圍必將一天天擴大，從而發現有許多事物還有待於他們去認識。大科學家認為：這個範圍是如此之大，以致他們根本無法看出哪一件事物才說得上是一個奇蹟。智者從來不說：「這不可能。」他們口中常說的話是：「我不知道。」

對於那些連篇累牘地講述許多奇蹟的作者，我毫不懷疑他們的本心是好的，但他們的確是極其愚昧的，完全是為了上帝的榮耀才那麼講述的。對於他們所講的那些奇蹟，我們該怎樣看呢？對它們全都加以否定？不。對它們全都加以承認？我不知道。[43]我們應當對它們全都加以尊重，而不評說它們究竟是對還是不對，即使對我們下一百道命令要我們說，我們也不說。一切法則都是很嚴格的，是不允許我們隨便下結論的。由此可見，爲了要確實找到一個雖然從理性上看來只不過是一件令人驚異的事的「奇蹟」，我們也必須這樣做。

如果天主教徒眞有什麼可靠的辦法做出這類奇事，它們將對我們產生怎樣的後果呢？按照他們一貫的做法，必然是：教會一旦認定某件事情是奇蹟，它就是奇蹟，因爲教會是永遠不會錯的。不過，我在這裡與之商榷的，不是天主教徒，而是新教徒。新教徒們狠狠地把「一個牧師的信仰自白」中的某些部分批了一通，然而這個「自白」是爲反對羅馬教會而寫的，因此，它不是也不可能是爲反對他們而寫作的。同樣地，天主教徒也可以隨意批駁我這幾封信，因爲我在信中一句涉及他們的話也沒有說。我們的原則與他們的原則本來就不同，如果說這就表明我沒有證明我不願意證明的事，我的對手們還眞說對了。

從以上的敘述中，我可以得出這樣的結論：即使是經過人們詳細論證過的事情，即使是人們在任何情況下都承認的事情，也證明不了該事是一個奇蹟，我們都可以懷疑其中有誇大的成分（我們這樣說，並沒有責怪那些描述奇蹟的人的意思），何況現在在自然規律方面的一連串新的發現，以及未來還將出現的新發現與人類過去、現在和未來的技術進步，再加上人們隨著眼界的擴大而可能做到的事情的增多，這一切都向我們證明我們無法知道我們能做到的事情究竟還有多少。因此，一個奇蹟要眞的成爲一個奇蹟，就必須要超過我們所能做到的事情。可見，不論是眞有奇蹟還是沒有奇蹟，智者都不會把某件事情（不論它是什麼事情）看作是一個奇蹟。

現在，讓我再提出一個與我在前面論述奇蹟純屬子虛烏有的論點無關的看法：我發現另外還有一個對批駁奇蹟同樣有力的論據。這個論據是：即使有眞正的奇蹟，如果同時也有無法識別的假奇蹟，那麼在這種情況下，那些眞正的奇蹟對我們又有什麼用呢？請注意：我在這裡所說的假奇蹟，並不是指那些不是眞正的奇蹟的事情，而是指有些人爲了支持某種虛假的教義而做的確實是超自然的事情。由於「奇蹟」這個詞在意義上將使虔誠的人們聽起來有點刺耳，所以讓我們使用另外一個詞，稱它爲「怪事」。不過，請記住，對人的感官來說，是無法把「怪事」與「奇蹟」加以區別的。

凡是能證明奇蹟之奇的權威人士，當然也能證明怪事之怪，因此也能證明怪事的表面現象與奇蹟的表面現象是毫無區別的。如果看見奇蹟的人不能根據從事物的本身獲得的可靠跡象，去區別某事究竟是上帝做的還是魔鬼做的，我們又怎能把前者與後者加以區別呢？又如何證明它是一個奇蹟呢？那就只好用另外一個奇蹟去證明前一個奇蹟確實是奇蹟了。

亞倫「把杖丟在法老面前，杖就變成了蛇」。[44]而一個魔術師也能把他的杖丟在地上，叫它變成蛇。不論這兩個人的杖都眞的像《聖經》上說的那樣變成了蛇，還是亞倫的杖變成蛇是一個眞正的奇蹟，而魔術師的杖變成蛇只不過是像某些神學家說的是一個假象，這都不重要，因爲這兩個現象是一樣的。《出埃及記》沒有說它們之間有什麼區別。如果有區別的話，魔術師就不會貿然去與亞倫比高低了；如果他去比的話，他一定會被弄得狼狽不堪。

一般的人只能根據他們的感官來判斷他們所看到的那些奇蹟；如果感覺是相同的，那麼，即使它們之間眞有什麼區別，他們也是覺察不出來的。由此可見，現象就是現象，我們不能說一方的現象是眞的，而另一方的現象是假的。在這件事情上，先知也拿不出比魔術師更有依據的證據。如果這一次是由於我的文章寫得好，才講出了這番道理，那麼，你們去找一個文章比我寫得好的人來駁斥我好了。

是的，亞倫的蛇把魔術師的蛇呑進肚子裡了。[45]儘管法老不得不又一次承認他施展的是魔術，但他認爲亞倫施展的也是魔術，只不過亞倫的手法比他高明而已。西門對腓利做的事情很感興趣，[46]所以願意花錢買這位使徒的祕密，以便也像這位使徒那樣行事。

何況那位魔術師之所以顯得技不如人，是由於他碰上了亞倫；如果當時亞倫不在場，他就能以同樣的現象獲得和亞倫一樣的成功。由此可見，現象本身並不能證明什麼。

摩西把水變成血，[47]魔術師也能把水變成血；摩西能製造青蛙，[48]魔術師也能製造青蛙，只不過他在第三次較量時失敗了。[49]所以我們只以頭兩次上帝親自施展的奇蹟爲例，[50]那兩次，魔術師也做出了同樣的事例，也很成功啊！

至於他們不能模仿的第三次演示，依我看，也不會難到他們不能想辦法「像上帝的手」那樣行事。一個能製造動物的人，怎麼不能製造昆蟲？在製造了青蛙之後，他怎麼不能製造蝨子？在這些事情中，只有第一件事情難嘛；不過最好還是適可而止。

這位深知這些事情的奧祕的摩西告誡人們：如果一個假先知來講述其他的神，也就是講述其他的教義，並用預言或奇異的現象來證明他講的話是眞的，大家不但不能信他，而且要把他處死。[51]既然有人可以用奇異的現象來宣講假的教義，可見這種現象本身就沒多大意義。

用奇異的現象來宣講教義的事例，在《聖經》中有千百處。然而耶穌在聲明他不施展任何奇蹟之後，還進一步揭露那些還在演示荒誕現象的假基督，他說：「他們將顯大神蹟大奇事，倘若能行，連選民也就迷惑了。」[52]聽了這番話，人們難道還不明白那些荒誕的現象正好表明它們是假的嗎？

呃！能隨心所欲地選擇證據的上帝，在向人們講話的時候，也偏向於選擇他明知他根本就不會的事情作爲證據！他用魔鬼欺騙人們的辦法來欺騙聽他講話的人！這是神做的事嗎？上帝和魔鬼能走同一條道路嗎？這些問題，我眞不敢想像。

如今的神學家雖然比古代的神學家善於推理，但他們的信仰不如古代的神學家堅定，因此被這類奇異的現象弄得不知道如何是好。他們希望能完全擺脫它們，但又不敢。他們覺得，如果完全否定的話，那就做得太過分了。這些行事本來一貫果斷的人，在這個問題上竟然拿不定主意：既不否定，也不承認。他們支支吾吾儘量想辦法加以搪塞，或者找一個藉口迴避；他們走一步看一步，不知道如何應對才好。

先生，我認爲我已經使你看出了他們的困難何在。爲了把它徹底講清楚，所以我在這裡指出這對他們是一個左右爲難的問題。

如果全盤否定那些奇異的現象，那就沒有辦法證明奇蹟了，因爲這兩者都是以同樣的權威性依據爲基礎的。

如果在承認奇蹟的同時，也承認那些奇異的怪事，則人們就沒有準確可靠的辦法區別這兩者了，可見奇蹟也證明不了什麼問題。

我當然知道性急的人們又會提到教義問題，然而他們忘記了教義一旦確立，則奇蹟就成爲沒有用處的東西了；如果教義沒有確立，那它就更證明不了什麼問題了。

在這個問題上，請不要誤解我的意思。儘管我不認爲奇蹟是基督教必需的，但不能因此就得出結論說我否定了奇蹟。我過去沒有否定，現在也沒有否定；雖然我講述了懷疑它們的理由，但我也未隱瞞我相信它們的理由。在否定一件事情與不肯定一件事情之間，在否定一件事情與不承認一件事情之間，是大有區別的。在這件事情上，我還沒有做最後的決定，我敢斷言，任何人在我所有的著作中，都找不到任何一句話表明我是堅決否認奇蹟的。

唉！儘管我有懷疑，但我怎麼能因此就對奇蹟持堅決的否定態度呢？我行事一貫穩重，也很有決斷；迄今爲止，我什麼也沒有肯定。請看一下那個在他的「序言」[53]中如此講話的人肯定了什麼：

「至於人們稱之爲做法的那一部分，它在這裡不是別的東西，只是自然的進行而已，正是在這裡最容易使讀者走入歧途；毫無疑問，也就是在這裡，人們將來會攻擊我，而且，也許就是人們批評得不錯的地方。人們將來會認爲，他們所閱讀的，不是一種教育論文，而是一個空想家對教育的幻想。有什麼辦法呢？我要敘述的，不是別人的思想，而是我自己的思想。我和別人的看法毫不相同；很久以來，人們就指摘我這一點。難道要我採取別人的看法，受別人思想的影響嗎？不行。只能要求我不要固執己見，不要以爲唯有我這個人比其他的人都明智；可以要求於我的，不是改變我的意見，而是敢於懷疑我的意見：我能夠做到的就是這些，而我已經做了。如果有時候我採用了斷然的語氣，那絕不是爲了要強迫讀者接受我的見解，而是要向讀者闡述我是怎樣想的。我爲什麼要用懷疑的方式提出在我看來一點也不懷疑的事情呢？我要確切地說出我心中是怎樣想的。

在毫無顧慮地陳述我的意見的時候，我當然了解到絕不能以我的意見作爲權威，所以我總是連帶地說明了我的理由，好讓別人去加以衡量，並且評判我這個人：儘管我不願意固執地維護我的見解，然而我並不認爲就不應當把它們發表出來，因爲在這些原則上，儘管我的意見和別人的意見相反，然而它們絕不是一些無可無不可的原則。它們是我們必須了解其眞僞的原則，是給人類爲福還是爲禍的原則。」[54]

一個連他本人都不知道自己是不是錯了的作者，如此擔心他說的一切只不過是一連串幻想，儘管他不願意改變自己的看法，但他同時也懷疑自己的看法是不是對的，而且從來不用肯定的語氣發表自己的意見，而是怎麼想的就怎麼說，從來不以權威自居，只是陳述自己的理由，而讓別人去評判，甚至不願意固執地維護自己的見解，在他的著作的開篇就如此表明自己的態度：一個持這種態度的作者，會像神人那樣發表非要別人接受不可的意見嗎？如果他這樣做，那篇序言豈不是使他所發表的一切好的意見也受人懷疑嗎？

請不要說我不遵守我的諾言，說我硬要在這裡爲我的意見辯護；如果這樣說，那就太不公平了，因爲我所辯護的，不是我的意見，而是我這個人。如果人們只攻擊我的著作的話，我將永遠保持沉默，一句話也不說；這一點，我是早已下了決心的。自從我在一七五三年發表那篇聲明以後，[55]誰還看見我與什麼人爭論？難道是由於沒有人攻擊我，我才保持沉默嗎？然而現在，我到處被人驅趕，法院下令逮捕，有些人汙衊我，硬說我說了我壓根就沒有講過的話，我當然要爲我沒有講過那些話而辯護。迫使我拿起筆來寫文章爲自己辯護的，是我的那些敵人。唉！只要他們讓我安寧，我也會讓他們安寧的。這句話，我一定會說到做到的。

以上所說，已足以回答我早就料到的對我的無端指摘：說我故意與我這個時代的人唱反調，說我想用這個辦法來充當宗教改革家。事實上，從我前面講的那番話就可看出，我講的話沒有一句是誇誇其談的；出言那麼謹慎的人當然是不會用先知的口氣講話的。我認爲，對重要的和有益的事情發表我的看法，是我應盡的責任，除此以外，我說過任何一句話或做過任何一件事表明我硬要別人採納我的看法嗎？誰曾見我招搖過市，試圖收攬一幫人成爲我的同夥？

我抄錄在下面的這段話，竟然受到許多狂熱信徒的議論，不過，我要再次提醒各位讀者，對於我發表的看法，應當多問一個爲什麼，並自己判斷是否能從這段話中得出某些有益的教訓。我既不建議把別人的看法作爲衡量的尺度，也不建議把我的看法作爲衡量的尺度。現在讓我把這段話抄錄如下，供他研究。[56]

在我轉錄這段話時，我是把它加在文章的末尾的。

「我之所以把這篇東西抄寫在這裡，其目的並不是以它作爲一種尺度來衡量我們在宗教問題上應該採取怎樣的看法，而是以它作爲例子，說明我們在向學生講解的時候應當抱持什麼態度，才不脫離我力圖採取的方法。只要我們不屈從於人的權威，不屈從於我們所生長的那個國家的偏見，在自然的狀態中，單單憑理智的光輝就能使我們不超出於自然宗教；而我要向我的愛彌兒講解的，也就是以自然宗教爲限。如果他要相信其他的宗教，我就沒有權利去指導他了，因此，要由他自己去選擇了。」[57]

在這段話中，我沒有一句是否定奇蹟的；讀了這段話之後，誰還敢厚顏無恥地說我否定奇蹟？我在別處也沒有說過否定奇蹟的話呀！[58]

什麼！因爲一個作者在別人替他出版的一本書中提到一個在一場爭論中發表否定奇蹟的言論的理論家（他並不贊同這位理論家的說法），[59]就被認爲不僅該作者，而且那位出版者也否定奇蹟嗎？眞荒唐！在一場學術爭論中竟出現這種胡亂推定的做法，實在是應該受到譴責；然而這種現象卻非常普遍，而且在法庭上也用來作爲根據呢！對這樣一種司法機關，就連最公正和堅強的人也會不寒而慄，感到自己在這樣的官員治下生活，眞是不幸啊！

「信仰自白」的作者的確對奇蹟的用處和眞實性提出過批評意見，但這些意見並不是全盤否定的；關於這一點，他講得很清楚：「只有大自然中不可改變的秩序才能給人們指出那掌握自然的睿智的手；如果眞有許多例外的情形的話，那我就不知道應該怎樣想了；就我來說，我對上帝是太相信了，所以，要我相信那些和他極不相稱的奇蹟，是不可能的。」[60]

請你告訴我：這段話講的是什麼意思？如果奇蹟太多，反而會使這位作者對它們感到懷疑。他不是不加區別地對它們全都加以相信，便是由於他相信上帝，因而就否定那些與上帝不相稱的奇蹟。怎麼？凡是不相信所有的奇蹟的人，就一定是全盤否定它們嗎？要相信基督升天，就必須相信《使徒行傳》中所講的那些奇蹟嗎？

不僅如此，「信仰自白」第二部分中所說的懷疑，當然不能被理解成否定；反之，它提出的否定也不能被理解成懷疑。這裡引述作者在「信仰自白」的開頭談到他要對某些人的看法進行批駁時所講的一段話。他說：「你應當把我所講的這些話訴諸理智的判斷，因爲我不知道我是不是錯了。要一個人在發表議論的時候不偶爾採取斷然的語氣，那是很困難的。不過，請你記住，我在這裡所斷言的，完全是我的懷疑的理由。」[61]請問：誰還能比這段話講得更客觀？

至於我，我在《聖經》中讀到的那些經過驗證的事，就足以證明我在這個問題上的看法是對的。如果它們是出現在別處的話，我將否定它們，或者不稱它們爲「奇蹟」。然而，由於它們是出現在《聖經》裡，所以我不否定它們，不過，我也不相信它們，因爲我的理智不允許我相信。我在這個問題上的看法，與我的靈魂是否得救無關。沒有任何一個明智的基督徒會相信《聖經》中的一切事情都是受神靈的啓示而做的，更不相信書中的那些錯話和錯事也是受了神靈的啓示而說的和做的。我們應當相信神靈所啓示的，完全是與我們的天職有關的事情；神靈爲什麼要啓示別的呢？事實上，關於奇蹟的教義，與我們對天職的履行一點也沾不上邊。這一點，我在前面已經論證過了。由此可見，人們在這個問題上的看法，與我們是否尊重《聖經》，毫無關係。

要人們徹底理解清楚某件事情是不是奇蹟，那是不可能的；[62]這一點，我在前面已經論證過了。可見，如果承認《聖經》中講的事都對，那麼，即使我們把所有的奇蹟都拋到九霄雲外，也不能說我們是在褻瀆宗教，更不能說我們的信仰動搖不定。好在我還沒有那麼做。

你們的那些先生們就是這樣從那些不一定是眞實的、毫無意義的、什麼也不能證明的，而我也沒有完全否定的奇蹟中得出結論，說我想推翻基督教的基礎，說我不是基督徒的。

如果對他們對我提出的那一大堆指摘的荒謬性都要一項一項地詳加評說的話，那將使你感到很厭煩。例如，他們指摘我不做祈禱，可是，你看我那本書，你將發現，就在他們所指的地方便有一段祈禱。是的，虔誠祈禱的人[63]是不會向上帝特別祈求這樣或那樣的事情的。[64]

他並不責怪那些向上帝祈求這樣或那樣事情的人。「至於我，」他說，「我是不祈求的，因爲我深深相信上帝是一位好父親，比他的孩子們更清楚怎樣做，才對他們最合適。」難道人們就不能以與他相稱的方式對他表示崇敬嗎？懷著滿腔的熱情讚美他、愛戴他和崇拜他，在心中默思他的偉大，承認我們的種種不足，聽從他的安排，服從他的戒律，過聖潔的生活。這一切，不是比只爲個人的私利而向他祈禱好得多嗎？在公正的上帝面前，最好的祈禱方式是使自己無愧於得到他的恩賜。天使們在他的寶座周圍讚美他，他們何曾向他祈求過？他們有什麼事情需要向上帝祈求的？在《聖經》中，「祈禱」這個詞經常用來代替「敬拜」和「讚美」二詞；由此可見，誰愈祈求什麼，便愈負有需要償還的債。至於我，我不否定任何一種讚美上帝的方式；在教堂舉行禱告儀式的時候，若人們去參加禱告，我始終是持支持態度的。我這樣做，那個薩瓦省的牧師本人也這樣做。[65]在那本遭受一些人猛烈攻擊的書中，隨處可見這方面的事例。然而，他們硬說我否定禱告，說我是一個該處以火刑的褻瀆宗教的罪人。我就是這樣被他們判處的。

他們還說我認爲有了基督的道德觀念，就會無視其他的義務而不去履行。事實上，基督教的道德觀念就是《福音書》中所講述的道德觀念；我不承認還有別的道德觀念。那些對我提出這一指摘的人也是這樣理解的，然而，他[66]從含有這一指摘的那段文字中得出的結論說我用戲謔的語言稱呼上帝。[67]

現在，請你看：誰還能比他更善於顚倒黑白和胡說一氣？事實上，在我的書中講述此事的那段文字中，我根本不可能談到《福音書》。

先生，你看這段話（《愛彌兒》第四卷，第六十四頁）[68]是這麼說的：「由於我們硬要誠實的婦女受到一些清規戒律的束縛，結果使婚姻生活失去了一切可以使男人感到愉快的地方。如果他們覺得家裡冷冷清清，因而不願意待在家裡，或者說，如果他們對這樣一種索然寡味的情景毫無興趣，這有什麼奇怪呢？由於基督教的教義過分地強調了這些清規戒律的重要性，結果使它們變成不能實踐的空話；禁止婦女唱歌、跳舞和做種種有趣的事情，結果就使她們在家中變成了一個鬱鬱寡歡、動不動就吵鬧、令人難以忍受的人。」[69]

請問：《福音書》中哪一句話說過禁止婦女們唱歌和跳舞？書中哪一句話硬要她們遵守那些不合理的規矩？恰恰相反，書中倒是講了當丈夫應當遵守的規矩，而女人應當遵守的規矩，一條也沒有講。可見，人們錯把我批評冉森派教徒和衛理公會教徒與今天的其他虔信者的話說成是我在批評《福音書》，而我之所以批評這三種人，是由於他們把基督教搞成了一個令人害怕的和不喜歡的宗教，[70]而在耶穌基督眞正的戒律之下，基督教乃是一種令人感到愉快和親切的宗教。

我不喜歡貝呂耶神父的那種裝腔作勢的樣子；他那種樣子，我不但不喜歡，而且還發現很難看。我在這裡不能不指出耶穌的性格中最使我欣羨的一個特點；這個特點表明：耶穌既喜歡快樂的生活，也喜歡看熱鬧的場合：參加青年人的婚禮，與婦女們聊天，和孩子們一起玩遊戲；他還喜歡使用帶香味的東西，和富人一起用餐；他從來不要求他的門徒守齋；他的表情莊重，但不招人討厭；他對人既寬厚又公正，對弱者溫柔，對惡人嚴峻；他的一言一行都使人感到親切、平和與眞誠；他心地善良，樂於助人；他雖然不是最賢明的人，但卻是最可愛的人。

聖保羅的有些話被人們誇大或誤解了，因而使許多人成了宗教狂熱分子；這些狂熱分子經常曲解基督教的教義。如果大家都嚴格按照主的精神行事的話，這種情況就不會發生。他們指摘我不按照聖保羅的話行事，使我不得不表明我不按照他的話行事的理由；但他們不能因此就得出結論說我用嘲笑的口吻議論神聖的《福音書》。然而事實證明：那些迫害我的人就是這樣得出結論，對我提出指摘的。

先生，請原諒我這封信寫得太長，使你讀起來感到很累。這一點，我當然知道，因此，寫到這裡就不寫了。在爲我自己辯護方面，我的話也講得太多了一些；事實上，對於那些無理取鬧地指摘我的人總是這樣據理駁斥，對他們講明道理：這樣做，就連我自己也感到很厭煩。

◆注　釋◆

【1】我不知道人們為什麼要把我們的各類書中所講的美德都歸功於哲學的進步。《福音書》中講述的美德，在被哲學家們宣揚以前，原本是基督徒在宣揚，只不過基督徒只宣揚而不實踐。請問：哲學家們除自己對自己大肆吹捧一通之外，還做了些什麼？他們自我吹噓而沒有人捧場，

這有什麼用呢？柏拉圖的話往往是很深奧的，但他有時候不也出錯嗎？不也是錯得無以復加嗎？至於西塞羅（Cicéron），誰能相信這位雄辯家沒有柏拉圖就寫不出他的《論責任》？在道德方面，只有《福音書》中的教導始終是可靠的、真實的和獨一無二的，而且始終是那麼言簡意賅、樸實無華的。——作者

【2】指《愛彌兒》。——譯者

【3】需要指出的是，作為天主教徒，那位教士還提出了許多反對意見，而他的那些反對意見，在新教教徒看來都是不能成立的。因此，不論用什麼方法論證，都不能證明他的懷疑態度就是我的態度，尤其是我在那篇文章的末尾明確說明之後，就更不能說我有那種懷疑態度了。人們在我的文章中可以很清楚地看出，文中所指出的那幾個反對意見都是站不住腳的。——作者

【4】《路加福音》，第十一章，第四十六、四十七、四十九節。——作者

【5】《馬太福音》，第四章，第十七節。——作者

【6】《約翰福音》，第二章，第十一節。我不相信有誰會把魔鬼的試探與四十天不進飲食看作是他向公眾展示他的使命的奇蹟。——作者

【7】《聖經．舊約全書》中所說的救世主。——譯者

【8】《馬可福音》，第八章，第十二節；《馬太福音》，第十六章，第四節。為了簡化，我把這兩處文字合併在一起，但我保持了它們之間的主要區別。——作者

【9】參見以下章節：《馬太福音》，第十二章，第三十九、四十一節；《馬可福音》，第八章，第十二節；《路加福音》，第十一章，第二十九節；《約翰福音》，第二章，第十八、十九節；第四章第四十八節，第五章第三十四、三十五、三十九節。——作者

【10】《馬太福音》，第十二章，第四十一節；《路加福音》，第十一章，第三十、三十二節。——作者

【11】《馬太福音》，第十二章，第四十節。——作者
【12】《約翰福音》，第四章，第四十八節。——作者
【13】嗎哪，《聖經．舊約．出埃及記》中所說的上帝賜給以色列人的一種食物。——譯者
【14】《約翰福音》，第六章，第三十、三十一及其後幾節。——作者
【15】《約翰福音》，第六章，第三十二—五十八節。——譯者
【16】《約翰福音》，第六章，第六十七節。——譯者
【17】指先知以賽亞。——譯者
【18】參見《馬太福音》，第十二章，第十七—二十節。——譯者
【19】參見《約翰福音》，第十二章，第四十八節。——譯者
【20】關於這件事情，《聖經》中是這樣記載的：「門徒們說我們這裡只有五個餅兩條魚，耶穌說拿過來給我。於是吩咐眾人坐在草地上，就拿著這五個餅兩條魚望天祝福；擘開餅，遞給門徒，門徒又遞給眾人，他們都吃，並且吃飽了。……吃的人，除了婦女孩子，約有五千。」（《馬太福音》，第十四章，第十七—二十一節）——譯者
【21】《馬可福音》，第六章，第五十二節。有人說這是由於他們的頭腦很愚笨，不過，誰敢誇口說在領會神的意圖方面自己的頭腦比耶穌所揀選的門徒們的頭腦更聰明。——作者
【22】《馬太福音》，第十三章，第五十八節。——作者
【23】《馬可福音》，第六章，第五節。——作者
【24】《約翰福音》，第十章，第二十五、三十二、三十八節。——作者
【25】《聖經》中用的是這個詞，而我們的譯者卻將它改成「奇蹟」。——作者
【26】當保羅對雅典人講道的時候，人們本來是靜靜地聽他講，然而，在他講到一個死人復活時，有些人就開始發笑，另外一些人則對他說：「夠了，其餘的內容我們下一次聽吧。」*我不知道

當今的基督徒是怎麼看法的。不過，如果他們是因為耶穌行奇蹟而信耶穌的話，而我卻恰恰是因為他不行奇蹟而信他。我堅信我心中的信念比他們堅定。——作者

*參見《使徒行傳》，第十七章，第三十二節。——譯者

【27】有這個看法的人，不止我一個；有好幾位其正統觀念比日內瓦的教士還強的神學家也有這個看法。以下是其中一位神學家於一七六四年二月二十八日就這個問題寫給我的信：

「不論那幫當代的基督教的衛道士怎麼說，我認為，他們在《聖經》中是找不到任何一句話來表明奇蹟是用來向各個時代和各個地方的人作證據的。根本不是這樣的；我認為，即使對那些親眼目睹奇蹟的人，耶穌也不是為了向他們展示證據才施展奇蹟的。當猶太人要求聖保羅施展奇蹟時，聖保羅便向他們講耶穌被釘死在十字架上的故事。我敢肯定，當時如果是格老秀斯和波義耳學會*的創建者以及維爾納與維爾勒之流站在這位使徒的位置上的話，他們除了馬上派人去找一幫江湖藝人按照他們的想法演一場戲來滿足這個要求以外，便別無其他辦法。這些人以為用他們那一套雜亂無章的論據就可以出奇制勝；我希望總有一天人們會懷疑他們是不是被一幫不信教的人收錄到他們的隊伍裡了，如果是這樣的話，那也好，用不著先成為哈杜安**就可加入他們的團隊了。」

人們不要以為寫這封信的人是我的同黨，他根本不是；恰恰相反，他是我的對頭之一。他一再發現其他的神學家根本就不知道自己說了些什麼，他擔心實際的情況還更糟糕：那些相信奇蹟的人的信仰，在明智的人看來是大可懷疑的，這是一位著名的宗教改革家的看法：「那些相信奇蹟的人的信仰，並不十分堅定。」（貝茨：《約翰傳》，第二卷，第五章，第二十三頁）——作者

*波義耳學會，英國人羅伯特・波義耳（一六二七—一六九一）為捍衛基督教的教義而創辦的學會。——譯者

**哈杜安（一六四六—一七二九），指法國十八世紀以善發怪論著稱的耶穌會教士讓・哈杜安。——譯者

【28】見《聖經・舊約全書・詩篇》，第七十八篇，第十九節：「他們妄論上帝，說上帝在曠野豈能擺設筵席嗎。」——譯者

【29】請注意，在我的假設中，我所說的復活，是真正的復活，而不是一次假死之後的復甦。——作者

【30】一七四三年我在威尼斯就見過一種相當新奇的魔術，比普雷勒斯特廟會上表演的魔術還奇特。誰想看這種魔術，就走進一個房間裡，單獨一個人坐在房間裡，從一個全是白紙的本子裡隨意撕下一張白紙，然後拿著這張白紙說（不是用口說，而是在心裡默唸）自己想知道什麼事情。說完就把那張白紙疊起來裝在一個封套裡，在封套上蓋上封印，放在一本書裡，眼睛緊盯著書，念幾段書中十分古怪的咒語，念完就把封套取出來，查看封印是否完好，然後打開封套，把那張紙取出來一看：紙上寫的，就是他想知道的事情。

表演這個魔術的魔術師是法國駐威尼斯大使館的一等祕書，他的名字叫讓—雅克・盧梭。我為人謙遜，能成為一個魔術師，我已經心滿意足了。不過，如果我抱有成為「先知」的雄心，誰又能阻擋我，不讓我成為一個先知呢？——作者

【31】要把這一試驗做成功，有幾件事情需要注意。我想，各位讀者是不會要我現在就公布其中的要訣的。——作者

【32】魯埃爾（一七〇三—一七七〇），法國十八世紀的一位大化學家。——譯者

【33】關於「如果巴力的先知們當中有一位魯埃爾先生，他們的柴堆就會自動燃起來」的故事，請參見《聖經・列王記上》，第十八章，第二十一—三十九節。——譯者

【34】這裡所說的兩種化學反應現象，在十八世紀已廣為人們所知，例如將溶有綠礬與硫肝的兩杯水

混合在一起就可以構成墨水。——譯者

【35】句中的先知指以利亞；關於以利亞取來天火的故事，見《聖經・列王記下》，第一章，第十、十二節。——譯者

【36】關於約書亞叫太陽停止不前的故事，見《聖經・約書亞記》，第十章，第十—十三節。——譯者

【37】大個子達爾貝，法國十三世紀的一位道明會（Dominican Order）的修士，據說，他能製作像人那樣活動的機器。——譯者

【38】十八世紀法國冉森派教徒中出現的一種宗教狂熱現象，據說，人篤信神明能篤信到全身痙攣的程度。——譯者

【39】「拉撒路已經被埋在土裡了嗎？」他是第一個被活埋的人嗎？「他被埋了四天？」是誰計算的？不是耶穌，因為他當時不在現場。「拉撒路已經發臭了。」你是怎麼知道的？是他的姐姐說的。全部證據就是這些。其他的女人一受驚嚇，也會這樣說的，即使這事不可能是真的。「耶穌大聲呼叫他，他就出來了。」*要當心，切莫胡說，因為這在物理學上是不可能的，像這樣的事情，尤其不可能。在其他不甚困難的情況下，耶穌確實做過一些奇事（參見下一個註腳），既然他做的都是奇事，為什麼有這個差別呢？因為此事很可能是被誇大了。這還不是聖約翰誇大得最出格的事：我發現，他誇大得最厲害的是《約翰福音》最後一句話所說的那件事。**——作者

*見《約翰福音》，第十一章，第四十三節。——譯者

**《約翰福音》最後一句話（第二十一章第二十五節）是這麼說的：「耶穌所行的事還有許多，若是一一都寫出來，我想所寫的書就是世界也容不下了。」——譯者

【40】指布呂伊埃的《論不確切的死亡跡象與匆忙埋葬的弊端》（一七四二—一七四五）。——譯者

[41] 人們有時候發現，書中描述的細節根本就算不上是超自然的技術。有人把一個盲人帶到耶穌那裡。耶穌沒有馬上進行醫治；他把那個盲人帶到村外。在那裡，他給盲人的眼睛上塗抹唾沫，把雙手放在盲人的身上，接著便問他是否看見什麼東西了。那個盲人回答說他看見有人在行走，而那些人好像是樹木似的。根據盲人的回答，耶穌認為第一次醫治還不夠，於是又開始第二次；那個盲人的眼睛終於治好了。* 另外一次，耶穌不是單用唾沫，而是用唾沫和泥治好一個瞎子的眼睛。** 我不禁要問，把這些事情說成是奇蹟，有什麼用呢？難道大自然要與耶穌爭功嗎？為了讓人家聽他的話，難道他還需要玩弄什麼花招嗎？他還需要用唾沫和泥土做藥嗎？他還需要多費口舌嗎？只要他願意，他還是什麼都能做到嗎？誰敢說耶穌為了把他的事情做成功，也難免不使用江湖藝人的那套小把戲，藉此吹噓自己並取悅觀眾；誰敢這麼說呢？可是你們的那些先生們就敢，他們說他也需要玩弄這樣或那樣的技巧。——作者

*見《馬可福音》，第八章，第二十二——二十六節。——譯者

**《約翰福音》，第九章，第六節。——譯者

[42] 那些神學家們巴不得我有一言半語把耶穌說成是一個騙子。他們使勁嚷嚷，毫無根據地指摘我，以便使人們認為我真的把耶穌說成是騙子。他們煞有介事地這樣說，翻來覆去地這樣說。啊！如果這些可愛的基督徒最後能從我口中套出幾句褻瀆耶穌的話，他們就大獲全勝了；他們仁慈的心將感到多麼滿意和驕傲啊！他們將懷著多麼喜悅的心情，舉著用他們心中的怒火點燃的火把點燃那個柴堆把我燒死啊！——作者

[43] 在《福音書》中，有些詞句如果全按字面的意思去理解而又不有損它的原意，那是不可能的，譬如關於被鬼附身的人那段敘述，就是一例。我們一看魔鬼做的事，就知道他是魔鬼，而真正被鬼附身的人，乃是壞人；我們的理智不可能把他看作是另外一種人。關於這一點，我們就談

到這裡；讓我們接著談其他問題。

耶穌問一群魔鬼叫什麼名字。*什麼！魔鬼也有名字嗎？天使有名字嗎？精靈有名字嗎？是為了他們之間互相稱呼，還是為了上帝便於呼喚他們而有名字的？是誰給他們起的名字？是用什麼語言起的名字？這些名字是從什麼嘴裡叫出來的？是用什麼耳朵聽的？這個名字叫「群」，因為他們的數目是許多（這一點，耶穌表面上好像不知道），這些無論為善或為惡都是絕頂聰明的天神，這些敢與上帝作對的精靈，居然違抗上帝的旨意，全都鑽進一個人的身體裡，後來，在被逼迫地鑽出那個可憐的人的身體時，只好央求耶穌允許他們進入一個豬群。他們的要求得到了允許，結果，那一群豬全都投入海裡淹死了。這就是這位人類的救世主的使命的最大證據；這就是向男女老少證明耶穌行奇事的證據，誰也不能懷疑；誰懷疑，誰就會被罰入地獄！公正的上帝啊！我的頭腦發暈，不知道我現在身在何處。先生，這就是你們的宗教信仰的依據嗎？我覺得，我的宗教信仰的依據比你們的依據更可靠。——作者

*關於這一大段敘述的故事，請參見《馬太福音》，第八章，第二十八—三十四節。——譯者

【44】關於亞倫把杖變成蛇的故事，見《聖經．出埃及記》，第七章，第八—十二節。——譯者

【45】見《出埃及記》，第七章，第十二節。——譯者

【46】見《使徒行傳》，第八章，第九—二十四節。——譯者

【47】見《出埃及記》，第七章，第二十二節。——譯者

【48】見《出埃及記》，第八章，第三節。——譯者

【49】見《出埃及記》，第八章，第十四節。——譯者

【50】見《出埃及記》，第七章，第十七節。——作者

【51】參見《申命記》，第十三章，第一—五節。——譯者

【52】《馬太福音》，第二十四章，第二十四節；《馬可福音》，第十三章，第二十二節。——作者

【53】指《愛彌兒》的序言。——作者

【54】盧梭：《愛彌兒》，李平漚譯，商務印書館二〇〇七年版，第二一三頁中「原序」部分。——譯者

【55】指一七五三年十一月他在寫給弗雷隆的信中所說的他今後不願意與人發生爭論。——譯者

【56】《愛彌兒》，第二卷，第三六〇頁。——作者

【57】《愛彌兒》，第三卷，第二〇四頁。——作者

盧梭：《愛彌兒》，李平漚譯，商務印書館二〇〇七年版，下卷，第四五七頁。——譯者

【58】後來，我在《致博蒙先生的信》中說過，然而誰也沒有對那封信發表過什麼意見呀！可見，在那封信發表之前，人們對我的指摘是沒有根據的。——作者

【59】《愛彌兒》，第三卷，第一五一頁。——作者

【60】盧梭：《愛彌兒》，李平漚譯，商務印書館二〇〇七年版，下卷，第四三一頁。——譯者

【61】《愛彌兒》，第三卷，第一三一頁。——作者

盧梭：《愛彌兒》，李平漚譯，商務印書館二〇〇七年版，下卷，第四二五頁。——譯者

【62】如果那些先生們說此事已經在《聖經》中講得很清楚了，而我應當相信書中講的奇蹟的確是奇蹟，我將回答說，此事還有待商榷，而且他們的那一套說法是一個惡性循環，因為，既然他們用奇蹟來證明神的啓示，他們就不能反過來用神的啓示去證明奇蹟。——作者

【63】有一位日內瓦牧師在對我的指摘中大量引用了基督教的教義，硬說我讓—雅克・盧梭親口說過我不向上帝祈禱。他不但接連五六次這樣說，而且還指名道姓地指摘我。我對教會是一貫尊重的，但我要問他：我在哪裡說過這個話？一個人在紙上亂寫文章講歪理，是可以的，他愛怎麼講就由他怎麼講；但我們不允許一個好基督徒在公眾中造謠汙衊他人。——作者

【64】耶穌說：「你們禱告，要這樣說。」*如果在禱告的時候一定要口中念念有詞的話，我就念那一段話；但我在這裡沒有見到一定要口中念念有詞的命令呀！另外還有一種禱告的方式是可取

的，那就是：向上帝表明自己完全聽從他的安排：「我來了，為要照你的旨意行。」**在所有的禱告詞中，主日禱告詞無疑是最好的，表明禱告的人是完全聽從上帝的旨意的：「不要照我的意思，只要照你的意思。」***我有什麼話可說呢？這是主本人的禱告詞，它的全部要義都在這句話裡：「照你的意思。」其他一切都是多餘的，而且是與這句禱告詞相矛盾的。當然，有這樣看法的人也可能出錯。不過，有人因為他有這個看法，便公開指摘他，說他想摧毀基督教的信仰，說他不是基督教；請問：提出這樣指摘的人，難道他本人就是一個好的基督徒嗎？——作者

*要這樣說：「我們在天上的父，願人都尊你的名為聖，願你的國降臨，願你的旨意行在，地上如同行在天上。」（《馬太福音》，第六章，第九節）——譯者

**《希伯來書》，第十章，第七節。——譯者

***《馬太福音》，第二十六章，第三十九節。——譯者

【65】《愛彌兒》，第三卷，第一八五頁。——作者

【66】指《鄉間來信》的作者特龍香。——譯者

【67】見《鄉間來信》，第十一頁。——作者

【68】這裡只標注了卷次和頁碼，未說明版本。——譯者

【69】盧梭：《愛彌兒》，李平漚譯，商務印書館二〇〇七年版，下卷，第五五四頁。——譯者

【70】早期的宗教改革家的做法太過分了；他們定了好些死規矩，因而造成了許多偽君子。早期的冉森派也跟著仿效他們的做法。有一個名叫昂利·德·拉瑪爾的日內瓦傳教士在講道臺說：如果在婚禮上表現得比耶穌基督殉教時更快樂的話，就是犯罪。有一個冉森派的教士甚至認為婚禮舉辦宴席，是魔鬼的發明。有人反駁他說耶穌本人也曾參加婚宴，甚至施展奇蹟以延長婚宴的喜慶氣氛。那位教士當場語塞，只好嘟嘟囔囔地回答說：「這不是他做得最好的事情。」——作者

第四封信

作者假定自己是有罪的。他把訴訟程序與法律加以對照。

先生，我已經向你講述了有些人怎樣引用我書中的話作爲證據，指摘我攻擊法律所承認的宗教；我認爲他們的指摘是毫無道理的。然而有人卻根據他們的指摘判我有罪，把我當罪人看待。現在，姑且就假定我有罪，但讓我們進一步分析他們對我的懲罰是否合法。

和道德一樣，罪過也有大小之分。[1]

即使一個人犯了某種罪，但不能因此就認定他也犯了其他的罪。法律的公正在於嚴格按照過錯的大小來量刑；極端的司法手段是不考慮某些可緩和法律嚴酷性的合理理由的，因此，它本身就是不公正的。

即使人們所說的罪過是眞有其事，我們也應當進一步探討它是屬於哪種性質的罪過，應當採用你們的法律規定的何種程序去審理。

如果我眞的是像他們所指控的那樣違背了我所做的有產者的誓言，那我就犯了一項國事罪；對於這項罪行的審理工作，是直接屬於小議會的。這一點，是無可爭議的。

如果我的全部罪行是對教義發表了錯誤的言論，即使我的言論眞的是褻瀆了宗教，那也應該另當別論。按照你們的法律，應當首先由另外一個法庭來審理。

即使我犯的是一項國事罪，那也首先需要根據法律定性之後，才能宣布我犯了國事罪，而這項工作是不應當由小議會來做的。它的權力是懲辦罪犯，而不是檢察他是否犯罪。正如我們在後面即將看到的：這是你們的法律明文規定的。

首先應當弄清楚的是：我是否眞的違背了我的誓言，也就是說我是否眞的違背了我的祖先在被接納爲有產者時所做的誓言。就我來說，我那時既未住在這個城市，也未擔任過任何一項公民擔任的職務，因此，我沒有做過這一誓言。這一點，且按下不細說。

其實，在這項誓言包括的內容中，只有兩條能用來定我的罪：第一條，承諾「按照神聖的《福音書》的教義生活」；最後一條，承諾「自己不做，也不允許別人做任何違背神聖的《福音書》的教義的壞事或惡行」。

我不僅沒有違背第一條，而且還非常忠實地按照它的規定行事，甚至十分大膽地以前無先例的姿態在天主教徒中公開宣講我的宗教信仰，儘管那時我已經加入了天主教。[2]人們不能把我少年時候的失誤說成是違背誓言，何況一七五四年我又重新皈依了新教，恢復了我的有產者的權利；此事在日內瓦已廣爲人知，而且是有眞憑實據爲證的。

他們也不能以我那兩本受到譴責的書[3]爲證據，說我違犯了第一條，因爲我在書中一再宣稱我是新教的教徒，何況行爲是一回事，著作是另一回事。按照新教的教義生活，就是信奉新教，儘管在那兩本受到譴責的書中很可能有背離新教教義的地方，或者犯了其他冒犯上帝的罪（不過，上帝是不會單單因爲這一點，就把這個犯了一點輕罪的人逐出教會的）。這層道理，如果廣泛討論起來的話，問題就出在這個誓言的本身。由於宗教信仰和一切反宗教的行爲是不相容的，所以人們只好把本來是一條的條文分成兩條。按照第一條，人們堅決按照新教的教義生活；按照最後一條，人們堅決不做任何違犯新教教義的壞事和惡行。這兩條是大有區別的，而且是被許多其他條文隔開的。在立法者看來，這兩條是可以分開的，因此，即使我違犯了最後一條，但不能因此就說我違犯了第一條。

然而，我眞的違犯了最後一條嗎？

請看《鄉間來信》的作者是怎樣強詞奪理的（第三十頁）：

「有產者的誓言嚴格規定『自己不做，也不允許別人做任何違背神聖的《福音書》的教義的壞事或惡行。』既然在那兩本蠱惑人心的書中一再聲稱《福音書》是荒謬的，對社會是有害的，這似乎就有點兒[4]像是一樁攻擊該書的惡行，因此，小議會就不能不對那個被許多人指摘爲做了這一惡行的人嚴加注意。」

你看這些先生們是多麼可愛！他們似乎遠遠地就看見了這一點兒惡行，而且根據這一點兒惡行，他們就對這兩本書的作者嚴加注意，而這一「注意」不是別的，乃是一道逮捕令。

《鄉間來信》的這位作者眞會開玩笑，說他們下令逮捕我，純粹是出於善意。他說：「小議會可以對盧梭先生發傳票傳訊，也可以拘留，也可以逮捕……在這三個辦法中，最後一個辦法是無比溫和的……這實際上只不過是一種警告，目的在於告訴他：如果他不願意應訴，他就不必回到日內瓦來；如果他願意應訴，他就好好地爲他的辯護做好準備。」[5]

那個對可憐的西班牙王子卡洛斯執行絞刑的劊子手布朗多姆就是這樣大開玩笑的。由於王子大吵大鬧，拼命反抗，他便一邊使勁勒絞繩，一邊對王子說：「別鬧了，殿下，我們所做的一切，都是爲你好。」

然則他們指摘我所做的，究竟是什麼壞事和惡行呢？據我的理解，所謂「壞事」，是指暗中悄悄做的事；所謂「惡行」則是指背地裡搞的鬼把戲，是唆使某些人反對基督教和反對我。然而在這個世界上，再也找不到什麼事情是比公開出版一本書並在書上印上作者姓名這一行爲更不悄悄地和背地裡做的了。當我對某些問題（不論是什麼問題）發表我的看法的時候，我就當面對公眾大聲地講，並自報我的姓名；說完之後，我就回到我的居住地，平平靜靜地過我的生活。我怎麼也不明白，人們怎麼會說我這樣做是在做壞事和惡行。

爲了更好地理解誓言的精神和詞句的意思，就必須追溯到訂立該誓言的時代。當時的問題，主要是要使國家不至於再次遭受它剛剛擺脫的雙重桎梏。人們每天都發現有人藉宗教之名爲薩瓦王室和主教的利益進行新的陰謀；可見「壞事」和「惡行」指的是這種事情。自從有了法語之後，這兩個詞肯定再也不能用來指一個人在他署名的書中發表其看法了，何況在他的書中既沒有指名道姓地說誰，也沒有標榜他自己，更沒一句話涉及任何一個政府。人們對我的指摘，在《鄉間來信》的作者本人看來也是那麼的不眞實，以致他也承認我「忠實地履行了公民的義務」。[6]可見，如果我眞的違犯了有產者的誓言，我怎麼能「忠實地履行了公民的義務」呢？

由此可見，說我違反誓言，這一指摘是毫無根據的；何況，如果我眞的違反了誓言，在日內瓦就不會沒有人沒聽說過他們所指控的那些事情。實際上，沒有一個日內瓦的有產者不在這一條或那一條上違反誓言的。然而卻誰也沒有因此便去和他吵鬧，更沒有因此就下令逮捕他。[7]

他們也不能說我攻擊道德，因爲我在書中處處都把公眾的利益置於個人的利益之上，並一再指出：對人類盡我們的義務，就是對上帝盡我們的義務；只有把道德奠定在這個基礎上，才能使它成爲眞正的而不是徒具虛名的道德。他們不能說我這本書的目的是試圖破壞既有的宗教敬拜儀式和公眾秩序。恰恰相反，我在書中反覆告訴人們，在任何事情上都要遵守法律；即使在純屬宗教的事情上，也要遵守法律。然而正是在這一點上，一位日內瓦的教士對我攻擊得最厲害。

他們議論紛紛的這一如此可怕的罪行，即使說它是眞的，它充其量也只不過是在某些信仰問題上的小錯，雖無益於社會，但對社會也沒有多大影響；要說它有什麼害處的話，它最大的害處是主張對別人在宗教問題上的看法持寬容態度，因此也主張：無論在國內或國外，在宗教問題上都要保持和平。

現在，我要問你這位熟悉你們政府和法律的先生：一個普普通通的人在信仰問題上能犯多大的錯誤？這類案子應當由誰來審理？特別是第一審應由誰來審理？由小議會來審理，還是由日內瓦教會戒律議會來審理？問題的關鍵就在這裡。

首先應當弄清楚我犯的是哪一種罪，把這個問題弄清楚之後，才能根據法律來確定審判的程序。

對於在信仰問題上犯錯誤和散布謬論的人如何懲辦，你們的法律並未明確規定；不過，在《教會法》第八十八條關於日內瓦教會戒律議會那一章裡，對如何審理按自己的意見曲解教義的人卻規定了一個審理程序。它的原文是這樣說的：「無論何人，只要擅自按其一己之見曲解公認的教義，都將被傳喚到會接受詢問；如果他認錯了，就可免於對他提出譴責，也不對他定什麼罪名；如果他堅持，則可對他提出警告，一次警告無效，可再次警告或三次警告，以迫使他改正；如果最後認爲必須採用更嚴厲的手段，就可禁止他參加聖體瞻仰儀式，並通知主管官員酌情處理。」

從以上的引文可以看出：

（一）對這類罪行的初審權是屬於日內瓦教會戒律議會的。

（二）該法的立法者認爲，只要犯這種錯誤的人悔改了，這種罪行就不是不可饒恕的。

（三）它還規定了人們應當採用何種手段使罪人迷途知返，回到正路上來。

（四）採用的手段是非常溫和的、合情合理的，而且是最適合於基督徒在處理不擾亂社會而只涉及宗教的過錯方面按照耶穌的榜樣使用的。

（五）文中規定的最嚴重的懲罰是按照罪行的性質來定的，即：由於罪人冒犯了並企圖繼續冒犯耶穌，因此便不允許他參加聖體瞻仰儀式和領聖餐。

經過以上程序之後，日內瓦教會戒律議會就通知主管官員，由主管官員去處理；因爲，在一個國家之中，只允許一種宗教，誰要在國中宣揚另一種宗教，就應當被逐出國家。

在一五六三年的讓．莫雷里的審件中所遵循的，就是這條法律規定的審理程序。

居住在日內瓦的讓．莫雷里，在他出版的一本書中抨擊教會的風紀鬆弛；此書遭到奧爾良教務會議的譴責。他對教務會議的譴責十分不滿；接著，便收到日內瓦教會戒律議會的傳票，傳他到會接受詢問，但他堅決不去接受他們的詢問，並逃離日內瓦。後來，儘管得到主管官員的允許回到日內瓦，但他既不願意按照官員們的意見與教士們談話，進行和解，也不到日內瓦教會戒律議會去接受詢問，因而日內瓦教會戒律議會對他再次發出傳票，於是他只好到日內瓦教會戒律議會去。在幾次冗長的爭論之後，他一點也不妥協。

這時，小議會便發傳票傳他，然而他本人沒有到小議會去，只讓他的妻子送去一份書面聲明，並再次逃離這個城市。

最後，只好對他開始法律訴訟程序，也就是說對他的書提出訴訟。由於此案的判決書非常重要，而知道判決書原文的人不多，因此我將全文抄錄如下；我深信它是有用處的。

「余等本城刑事法庭法官，聽取了尊敬的本城教會日內瓦教會戒律議會對居住本城的讓・莫雷里的案情陳述和起訴書；鑑於讓・莫雷里在接到傳票之後，不僅不到本庭和小議會接受審訊，反而第二次逃離本城。根據此等理由以及其他正確的理由，余等按照我們古老的習慣，在小議會及本城公民積極的參與下，在我們的先輩和上帝與《聖經》面前，以上帝神聖的名義，以聖父、聖子和聖靈的名義，做出本判決。阿們。[8]在讓・莫雷里缺席的情況下，余等經過愼重考慮之後，按照本庭以書面形式提出的最後判決，鄭重提醒各有關人員不要閱讀讓・莫雷里的那本書，以免受他的欺騙，對書中的胡言亂語要提高警惕；由於該書試圖以蠱惑人心的方式在教會內部製造分裂與混亂，因此，余等此前認爲，現在依然認爲該書是一本有毒害的書；爲了做出榜樣，余等已下令當眾焚燒了一本，並禁止所有的書店陳列和售賣；禁止本城所有的公民、有產者以及不論以何種身分居住在本城的居民購買和閱讀該書；凡家中有該書者，須上交本庭處理；凡知道哪裡有該書者，須在二十四小時內向本庭報告；如知情不報，定予嚴懲。

余等在此同時知照本城警察局長，務必完全切實執行本判決。

本判決書於一五六三年九月十六日星期四公布，並自公布之日起，開始執行。

彼・舍勒拉（簽字）」[9]

先生，單就這份判決書的時間和地點來說，就有許多問題值得討論。不過在目前，我們還是談主要的問題。請看當時法庭是如何判處莫雷里的：他的書是在庭審結束時才被燒毀的，而且不是被一名劊子手燒的，也沒有對他的書施加任何侮辱性的動作，更沒有下令逮捕書的作者，儘管他堅持到底，拒絕不到庭。

如今對我，卻不是這樣，大家都知道小議會是怎樣對我採取行動的：他們在我的書剛出版，甚至在日內瓦教會戒律議會尚無人知曉這本書的情況下，僅從郵局投遞收到此書，看了一遍就定罪，把書當眾燒毀，並下令逮捕我，這一切都是發生在八到十天之內的事。誰也沒有見過如此草率從事的了。

現在姑且假定我觸犯了法律，因爲，只有從法律的角度看問題，才能斷定我是有罪還是無罪。不這樣假定，他們有什麼權力懲罰我不冒犯任何人而且法律又無明文禁止的行爲呢？

在這件事情上，法律是否得到了遵守？你們這些頭腦清楚的人把法律拿來一看，就可看出它處處遭到了踐踏。持不同意見者們說：「盧梭先生從未受到日內瓦教會戒律議會的傳喚，而尊敬的小議會卻率先對他採取行動，不僅使他無端受到懲罰，而且他的書也被公開宣布爲『膽大妄爲的、褻瀆宗教的和導人爲惡的』書。他無端蒙此不白之冤，他的兩本書被劊子手當眾撕碎，投入火中焚毀。」

「由此可見，在涉及日內瓦教會戒律議會對盧梭先生的審理權方面，小議會沒有按法律的規定行事。對於盧梭先生，應當是在不預定任何罪名的情況下，先傳喚到日內瓦教會戒律議會接受詢問；只有在經過多次訓誡之後，他依然拒不認錯的情況下，才進行庭審。」[10]

以上這段話所講的程序，在你看來想必是像白晝那樣明白，在我看來也是像白晝那樣明白。可是不；你將看到那些半夜能讓日出的人是怎樣在中午叫日落的。[11]

詭辯家們常用的手法是：堆砌許多論點，以掩蓋其站不住腳的論點。爲了避免重複和節省時間，讓我們把《鄉間來信》分成幾個段落，並只對其中最重要的段落進行分析，而我在前面已經駁斥過的論點，此處便略而不提。爲了嚴格按照該作者的意思進行分析，我們在這裡照錄他的原話。

他說：「我是按照我們的法律來探討應當如何看待盧梭先生的行爲的。」話說得很好嘛，不過，且讓我們看他是如何探討的。

「有產者的誓言第一條明確規定按照神聖的《福音書》的教義生活。現在我要問他：專門著書批駁《福音書》，這是按照《福音書》生活嗎？」

詭辯一：爲了弄清楚上面這段話是否符合我的情況，就需要把該作者在他的結論中省略的「教義」一詞放回到這段話的小前提裡，因爲，要使他的推理站得住腳，這個詞是必不可少的。

詭辯二：在誓言中說的是要按照教義生活，而沒有說著書要按照教義寫。正如我們在前面說過的，這兩件事情是有區別的。此外，還要弄清楚我的書是否眞的是爲反對教義和《福音書》而作的。

「主管官員和小議會的首要職責是維護純潔的宗教。」

詭辯三：他們的職責是維護純潔的宗教，但不是宣布某個宗教是純潔的或者是不純的。主權者把維護純潔的宗教這一工作交給他們，但並未因此就使他們有評判教義之權；

評判教義這一工作是交給另一機關去做的。在有關宗教的事情上，他們應當徵詢這個機關的意見，自從你們的政府成立以來，就是這樣做的。在審理這類案件時，由兩個法庭負責，一個審判，另一個執行懲罰。這一點，在《教會法》裡講得清清楚楚；這個程序，我們在後面還將談到。

我在前面針對他們對我的指摘所做的分析，之後就不再重複了，不過，我必須把他們對我的指摘的結尾那段話轉錄如下，因爲這段話講得非常有趣。

「是的，盧梭先生和他的追隨者聲稱這些懷疑並不是針對基督教提出的，而且，他們依然認爲基督教是神聖的。不過，如果像《福音書》這樣一本在盧梭先生的著作中備受嘲諷的書還能稱爲神聖的書的話，請問：『神聖的』這個詞是不是還另有新的含義？他這樣說，如果是矛盾的話，這個矛盾也太令人吃驚了；如果是開玩笑的話，這個玩笑就開得不恰當。」[12]

我當然明白，心靈的敬拜和心靈的純潔、善行、信賴、謙卑、屈從、寬容、把他人施加的侮辱全都忘記、饒恕敵人、愛鄰人、以仁愛之心促進人類的博愛和團結，這一切都是魔鬼的發明。不過，這一切也是這兩本書的作者和他的朋友們的看法嗎？人們應當根據他們的言論，尤其是他們的著作來判斷。《鄉間來信》的作者那樣說如果是矛盾的話，這個矛盾也太令人吃驚了；如果是開玩笑的話，這個玩笑就開得不恰當。

這些先生們在這類問題上最喜歡大開玩笑；根據他們自己的那一套行爲準則，如果我也開這麼一個玩笑的話，他們肯定會要我向他們請求寬恕的。[13]

現在，請看他們在羅列了我的諸多罪名之後，是根據什麼理由在法律方面對我如此瘋狂地加以迫害的。

「這兩本書出版時署名是一位日內瓦公民。全歐洲的人都在譴責他的惡行。與我們緊鄰的一個王國[14]的高等法院已經在對《愛彌兒》和它的作者採取行動，日內瓦政府怎麼辦？」

等一等，我發現他們在這段話中撒了謊。

按照《鄉間來信》作者的說法，好像是歐洲人對我提出的譴責在迫使日內瓦的小議會也要像巴黎高等法院那樣嚴厲對待《愛彌兒》和它的作者。然而，恰恰相反，把歐洲鬧得烏煙瘴氣，並使人們議論紛紛的，是這兩個國家的當局發布的逮捕令。此書在巴黎出版之後沒隔幾天，[15]巴黎高等法院便公開譴責它；[16]此時它在任何一個其他國家都還沒有開始發行，甚至在印刷此書的荷蘭也未開始銷售；在巴黎高等法院的逮捕令與日內瓦小議會的逮捕令之間只相隔九天，[17]爲了獲知巴黎的做法，差不多就需要這麼多時間。在瑞士對這件事情發出的一片亂七八糟的叫囂，我被趕出朋友的家，納沙泰爾當局和宮中都試圖不讓我找到最後一個居留地：這一切，都是在逮捕令下達之後，由日內瓦和幾個鄰國造成的。大家都知道誰是這一切的主謀，大家也知道誰是這一切的執行者，他們的所作所爲是史無先例的；他們只差不許我在全歐洲生火做飯和飲水解渴了，只差不許我找一個地方放床睡覺和找一個石頭當枕頭了。切莫把這些事情發生的先後次序弄顚倒了；不要以爲是由於歐洲人譴責我，日內瓦才發出逮捕令的，恰恰相反，這一系列駭人聽聞的事情都是由日內瓦那道逮捕令造成的。

「與我們緊鄰的一個王國的高等法院已經在對《愛彌兒》和它的作者採取行動，日內瓦政府怎麼辦？」

回答很簡單：它什麼也不辦，它不應當辦什麼事，或者說得更確切一點，它應當採取不聞不問的辦法，因爲，如果它採取什麼行動，它就會與巴黎的高等法院發生衝突；如果它仿效巴黎那樣下達逮捕令，它就是在與巴黎高等法院爭奪管轄權。正是因爲巴黎已經對我下達了逮捕令，所以日內瓦才不能對我下逮捕令。一個刑事犯的罪行必定有一個犯罪的地點，而且只能有一個犯罪的地點。同一件案子的罪人不可能同時歸兩個國家懲辦。如果他想對兩道命令都投案自首，你叫他怎麼分身？你可曾聽說過同時在兩個國家爲同一件案子逮捕同一個人的事例嗎？他們對我的這種做法，這還是破天荒第一遭，不過，也很可能是最後一個惡劣的先例。在我的諸多不幸遭遇中，我居然有從各方面說來都是獨一無二的如此倒楣的榮幸。

最嚴重的刑事案件，包括暗殺，既不能也不應當被犯罪地點以外的其他法院審理。如果一個日內瓦人殺了人，即使在國外殺的是日內瓦人，日內瓦的小議會也不能擅自越權對此案進行審理。如果對方的法院提出要求，它可以把罪犯解送對方，也可以提出要求，由它來懲辦罪犯；除非對方的法院願意把全部案卷移交給它，否則它便無法對罪犯進行審判，因為，對於在另一個主權國家犯的罪行，它是無權審理的，甚至不能要求該主權國家提供必要的資訊，讓它對案情有所了解。對於「日內瓦政府怎麼辦？」這個問題的回答，就是如此；它應當遵循的規則，就是如此。這位最高級別的官員連這麼一點法律常識都不知道，真是丟臉。難道說還需要我花費精力對這些法官進行法律的基本知識教育嗎？

「按照《意見書》的作者的意思，只能暫時禁止在城中銷售。」[18]實際上，在消解《鄉間來信》的作者的怨氣方面，他能合法採取的措施，就是這麼一點點；對《新愛洛伊斯》，他已經這樣做了。然而，眼見巴黎高等法院什麼話也沒有說，其他任何地方也沒有禁止，他感到赧顏，便悄悄地撤回了他的禁令。[19]「如此輕描淡寫地批評幾句，難道不會被人們指摘爲暗中有勾結嗎?」不過，很久以前，在對其他許多難以容忍的著作的處理上，人們雖指摘日內瓦的小議會相當明顯地做了手腳，但不像這一次地指摘它。「誰也沒有因爲他們採取了溫和的處理辦法而表示不滿。」(不過，你從公眾吵吵嚷嚷的表現就可看出，他們要是採取相反的做法的話，倒是會引起人們的不滿的)「眞的，像盧梭先生這樣一個在公眾心目中如此不受歡迎的人，如果他們都覺得很好的話，則人們所說的溫和的處理辦法，不就不會被指摘爲不嚴肅對待或不可原諒的敷衍了事了嗎?」這一切，也許還不是最壞的，因此，對於他們因我的著作而對我採取的強硬手段，便難以用幾句適當的話來形容；對於他們對另一個人的著作給予的支持，也難以用幾句適當的話來描述。

現在，讓我們繼續假定我有罪，假定日內瓦的小議會有權懲辦我，各項程序也符合法律的規定，他們甚至不打算查禁我的書，我從巴黎到日內瓦時還受到和和氣氣的接待；在這種情況下，正直的人們將怎樣說呢?他們將這樣說：

「他們閉上眼睛，假裝沒有看見；他們這樣做，就做對了；他們還能做別的什麼呢?在這件事情上，如果採取嚴厲的手段，那就太野蠻、太不近情理、太不公正了，因爲眞正的公正是以德報怨。這個罪人熱愛他的祖國；他無愧於他的祖國，他使他的祖國在歐洲備享盛名。當他的同胞以自己是日內瓦人而感到羞愧時，他讚美他們，使他們在國外重新獲得了人們的尊敬。他給他的國家出了許多好主意，他希望公眾得到幸福。他雖然犯了錯誤，但他的錯誤是可以原諒的。他曾多方讚揚日內瓦的官員，竭力使他們獲得有產者的信任。他曾爲牧師們的宗教信仰進行辯護，因此值得所有的牧師給他以相應的回報。然而，他們怎麼會因爲他有幾個小小的過錯，就公然對這位上帝的保護者和到處受到攻擊的宗教的衛教士施加嚴厲的打擊呢？而對於那些肆無忌憚地詆毀基督教和善良風俗，甚至連盧梭也認爲應該批駁的書，他們怎麼又聽任它們到處氾濫呢？如果對如此明目張膽的偏袒做法的祕密動機一加追查，人們必將發現，盧梭之所以遭到迫害，原來是由於他熱愛自由，而法官則一心想摧毀自由。盧梭將因此而被看作是祖國的法律的殉道士。在這件事情上，那些戴著一副僞善的假面具對他進行迫害的人，必將受到人們的指摘，人們將指摘他們玩弄宗教，把宗教當作他們進行報復的武器和發洩仇恨的工具。最後，他們這樣迫不及待地懲辦一個因愛祖國而反倒成了罪犯的人，必將遭到正直的人們的唾棄，遭到有產者們的懷疑和外邦人士的輕視。」先生，他們要說的話就是這些；在假定的這一刑事案件中，小議會如果不插手此事，他們頂多就只不過是被人們這樣議論幾句而已。

「人們有理由說：不是燒掉《福音書》，便是燒掉盧梭先生的書。」

這些先生們對我經常採取這種簡便的辦法：如果要物證，他們就搬出一大堆資料；如果要人證，他們就請某個大人物來發言。

上面所引的這句話，我們雖不說它太狂妄，但可以說它是在褻瀆神明。因爲，認爲《福音書》和我的著作在內容上是如此的相似，以致兩者可以互相替換，可以把其中的任何一本當作多餘的拿去燒掉，而只保留另外一本，這不是在褻瀆又是什麼呢？我可以肯定地說，我已經盡我所能按照《福音書》的教導行事；我熱愛它，我處處信奉它和宣揚它；在遇到深奧和疑難不清楚的地方，我沒有因此就不讀它，沒有因此就違背它的教導。我對它拳拳服膺。看見它神聖的教義遭到那些所謂的基督徒，尤其是那些向我們宣講此書的人任意曲解它，我便十分氣憤，提出抗議。我深深相信，甚至敢誇口這樣說：在他們當中，沒有一個人比我更能如實地宣講基督教和它的創始人了。在這一點上，我是有證據的，甚至有我的對手鼓掌叫好。我在這裡所說的對手，當然不是指日內瓦的那一幫人，而是指那些對我的怨恨還沒有發展到瘋狂的程度，而且還沒有完全失去公正之心的人。[20]這一切都是眞的，都是有書爲證的；我的《答波蘭國王書》[21]和《致達朗貝爾先生的信》，[22]以及《新愛洛伊斯》、《愛彌兒》與我的其他著作，都對《福音書》表達了同樣的愛，對耶穌基督表達了同樣的敬仰，不過，不能因此就認爲我可以和我的主耶穌基督相比擬，不能因此就認爲我的著作可以代替他的教導。這種看法是錯誤的、荒謬的和令人憤慨的。我憎恨這種褻瀆神明的話，我反對這種狂妄的言論。任何一本書都不能和《福音書》相比。不過，它那言簡意賅的詞句並不是人人都能理解的；有時候需要花許多時間向人們講解，大家才能明白。我們應當把這本神聖的書當作老師檢驗我們言行的尺度，把我的書當作一個小學生寫的讀後心得。

到現在爲止，我對這個問題的探討，都只不過是泛泛而談，現在，讓我們根據對一五六三年的程序與一七六二年的程序所做的比較，和他們所說的他們之所以那樣區別對待的理由，把問題與事實聯繫起來詳加評說；對我來說，這一步驟是至關重要的，因此我不能對你略而不談我這件事情的細節；這些細節的本身，在你和你的同胞們看來也許是沒多大意義的，但從許多其他方面看來卻是很有用的。這是另外一個話題，必須一口氣把它談完，不能中間被打斷，因此必須單獨寫一封很長很長的信。先生，請你鼓起勇氣把它看下去；這也許是我最後一次向你談到我這個人了。

◆注　釋◆

【1】引自拉辛的悲劇《斐德爾》第四幕第二場。——譯者

【2】盧梭少年時候為生活所迫，在都靈加入了天主教；關於這段故事，請參見他的《懺悔錄》，第

二卷。——譯者

【3】指《愛彌兒》和《社會契約論》。——譯者

【4】這「有點兒」三個字是如此的招人好笑，而且和他在信中其他地方的嚴肅筆調是如此的不同，以致在第二版被刪去了。我不想花時間去追查搞這個小動作的手；不過，說過的話是賴不掉的。——作者

著重號是原有的。——譯者

【5】第三十一頁。——作者

【6】第八頁。——作者

【7】例如：未經允許，就不能出城到別處去住宿。請問哪一個有產者去申請過這一「允許」？——作者

【8】阿們，基督徒祈禱完畢時的結束語，意為：心願如是。——譯者

【9】摘自對讓·莫雷里的判決書，日內瓦弗朗索瓦·貝蘭書局版，第十頁。——作者

【10】見持不同意見者們的《意見書》第六—七頁（一七六三年六月十八日）。——譯者

【11】參見《聖經·阿摩司書》第八章第九節：「耶和華說，到那日，我必使日頭在午間落下，使地在白晝黑暗。」——譯者

【12】第十一頁。——作者

【13】第二十三頁。——作者

【14】指法國。——譯者

【15】大約十五天；《愛彌兒》是一七六二年五月二十二日開始銷售的。——譯者

【16】其實，他們這樣做，是在此書出版之前就安排好了的。——作者

【17】巴黎高等法院的逮捕令是六月九日下達的，日內瓦小議會的逮捕令是十九日下達的。——作者

【18】第十二頁。——作者

【19】需要指出的是：如果說《新愛彌兒》該被禁止的話，《新愛洛伊斯》便該被燒掉，尤其是它的注釋之大膽，比「牧師的信仰自白」更有過之。——作者

【20】例如達朗貝爾。達朗貝爾在一七六二年六月十五日寫給盧梭的信中說：「你最近這本著作，*闡明了許多新的真理，發表了許多有益世人的看法，尤其是書中的文筆之美，真可以使你配享盛名。」（見《盧梭通信集》，第七卷，第二九六頁）——譯者

*指《愛彌兒》。——譯者

【21】指一七五一年九月寫的《答波蘭國王斯特尼斯拉斯・勒辛斯基的駁難》。——譯者

【22】指一七五八年八月盧梭為批駁達朗貝爾發表在《百科全書》第七卷中的詞條「日內瓦」而寫的《致達朗貝爾的信》。——譯者

第五封信

續前題。從相似的案件所採取的不同程序中歸納出來的法律原則。「信仰自白」的作者發表該「自白」的目的。

正如你所看到的，《鄉間來信》的作者在陳述了必須懲辦我的理由之後，接著就論證對讓・莫雷里案子採取的程序雖然是嚴格符合《教會法》的規定，並在相似的情況下也適用於我的案子，但不能按這個例子來對待我。因爲首先是小議會的權威高於《教會法》，它無須按照《教會法》的規定行事，何況我的罪行比莫雷里的過錯嚴重，所以必須更加嚴肅地處理。除了這些理由以外，該作者還說我並不是沒有經過審訊就定罪的，因爲，只要審查了我的書，就等於是審訊了我，何況小議會對該書的譴責，沒有一項不是針對該書作者的觀點而提出的；至於人們指責小議會所容許的那些書，若拿來和我的書相比的話，可以說是無罪的和可以寬恕的。

先說他提出的第一個理由。你也許不相信他竟敢公然地把小議會的地位置於法律之上。爲了使你了解他這種說法的荒謬，我認爲最好的辦法，是把他講述這種看法的那段話一字不改地原樣照錄如下：

「《教會法》想束縛政府的手腳，只允許它在日內瓦教會戒律議會審訊之後才能懲辦反宗教的罪行嗎？如果是這樣的話，其後果必然是誰都可以撰寫文章攻擊教會而不受懲罰，政府也將無權禁止這種放肆的行爲，無權譴責任何一本這樣的書，因爲日內瓦教會戒律議會認爲罪犯應該首先到該會接受詢問，『如果他改正了，就不定他任何罪名。』這樣一來，一個被告不論犯了什麼反宗教的罪，只要假裝改正，就可以逃脫懲罰，肆意詆毀宗教的人就可以採取假裝悔改的辦法而不被定『任何罪名』。凡是了解制定這部《教會法》的經過的人都知道，該法對這種罪行的懲處是一律從嚴的，如果照前面說的那種程序辦理的話，他們哪裡會認爲是符合《教會法》第八十八條的精神呢？」

「如果日內瓦教會戒律議會不採取行動，它的不作爲能阻止小議會採取行動嗎？或者，小議會的職能是否會被降爲日內瓦教會戒律議會的諮詢機構呢？這可不符合《教會法》的立法精神。在規定了日內瓦教會戒律議會委員的權限之後，《教會法》接著便指出政府的權力依然保持完整，沒有受到任何損害，而且在一般的案件審理過程中也不受教會的任何干擾。由此可見，事實並不像持不同意見者們所說的，按《教會法》的規定，在這類案件中，《福音書》的傳道士比議會[1]更有理由成爲法官。主管宗教事務的各個機關的工作全都屬於政府的管轄範圍。這是基督教新教的原則；這尤其是我們的憲法的原則：在有爭議的時候，把有關教義的最後裁定權交給議會。」

先生，你先注意看他們在最後這幾行中所說的他們的行爲所根據的原則。在這裡，爲了按順序進行分析和評論，就需要從末尾這幾行開始。

「主管宗教事務的各個機關的工作全都屬於政府的管轄範圍。」

在「政府」這個詞中，包含一些含混不清的意思，必須多說幾句加以解釋；如果你熱愛你們國家的憲法的話，我建議你注意閱讀我在下面所做的區別，你將發現，我所做的區別是很有用的。

「政府」一詞的含義，並不是在所有的國家中都是相同的，其原因是由於各國的憲法並不完全一樣。

在君主國，行政權和主權的行使是結合在一起的，政府就是君主本人。他透過他的大臣、資政和各種絕對服從他的意志的團體行使他的權力。而在共和國，尤其是民主國家，主權者從來不親自行使政權。這一點，與君主國完全不同。在民主制國家中，政府只不過是行使行政權的機構，而行政權與主權是截然不同的。

這個區別是非常重要的。爲了弄清楚這一點，人們在閱讀《社會契約論》第三卷第

一、二兩章時，務必留心。我已盡力在這兩章把它們的意思解說清楚了，而不像有些人那樣故意含糊其辭，以便照他們的需要隨心所欲地加以解釋。一般地說，共和國的首領們特別喜歡使用君主國的語言，藉助這些似乎是一般人都知道其意思的詞，便可一點一點地把這些詞所指的事情引向他們所指的方向。《鄉間來信》的作者在這個問題上所採用的就是這種手法：他用「政府」這個詞（其實這個詞的本身並沒有任何使人感到害怕之處）來代替「主權的行使」，因爲，如果直截了當地說主權的行使屬於小議會，那會引起人們的反對的。

在另外一段，[2]他還更加公開地採用這種手法，按照「政府」這個詞的引申意來使用這個詞，說「小議會就是政府」，說它可以以政府的名義行使未明確規定歸哪個部門行使的權力，這樣一來，就使「政府」這個詞具有「主權者」的意思了，好像國家之中的各個機關，甚至連普遍議會都是由小議會授權建立的：只有按照這個假設，它才能把法律未明確規定由何人行使的一切權力據爲它獨自掌握。這一點，我在後文還要談到。[3]

把這個含糊不清的地方闡明以後，你就可以一目了然地看出《鄉間來信》的作者的詭辯伎倆了。實際上，在宗教問題上說「主管宗教事務的各個機關的工作全都屬於政府的管轄範圍」，這並未說錯，如果「政府」這個詞指的是立法機關或主權者的話；但是，如果它指的是行政機關或官員，那就大錯特錯了。在你們的共和國裡，普遍議會並沒有把一切有關宗教問題的裁定權交給小議會。

該作者用來支持第一個含糊不清之處的第二個含糊不清的說法，更加詭詐：「這是基督教新教的原則；這尤其是我們的憲法的原則：在有爭議的時候，把有關教義的最後裁定權交給議會。」不論有爭議還是沒有爭議，這個裁定權屬於兩個議會而不屬於一個議會。你看，多一個字母或少一個字母，[4]就改變了一個國家的憲法。

按照基督教新教的原則，除國家以外，便沒有別的教會；除了主權者以外，便沒有別的教會的立法者。這一點是很明確的，尤其是在日內瓦，《教會法》也必須像其他民法一樣在普遍議會中得到主權者的批准，才有效力。

由此可見，主權者在進行宗教改革時已明確規定了在日內瓦應當宣講的教義和人們應當遵循的敬拜儀式，把維護這個教義和維護法律規定的敬拜儀式的職責分別交給兩個機構執行，一個負責公眾的教育和裁定一切符合或違反國家的宗教的事情，進行適當的訓誡和申斥，甚至判處精神懲罰（如逐出教會）；另一個負責執行涉及這個問題和其他問題的法律，並按照民法的規定懲辦屢教不改的不盡職責的人。

由此可見，在這個問題上應當遵循的通常程序是從審訊事實開始。如果被告確實是犯了反宗教的罪行，那麼，按照法律，這項工作便只有日內瓦教會戒律議會有權進行。當被告被認定有罪，應當受到法律的懲辦時，便只有官員有權確定如何懲處。宗教法庭只是向民事法庭提出起訴；在這個問題上，小議會的職權就是這樣規定的。

如果小議會想以神學家自居，對有關教義的事情發表意見；如果日內瓦教會戒律議會想篡奪民事法庭的裁判權，那麼，這兩個機構便都超出了它們的職權範圍，既違背法律，也違背主權者賦予它們規定的職能，主權者既是民事事務的立法者，也是宗教事務的立法者；小議會和日內瓦教會戒律議會對主權者的這一地位都必須要有明確的認識。

在有關民事的事情上，官員是審判教士的法官；而在涉及教義的問題上，他們便不能充當審判教士的法官了；這時候，充當法官的是日內瓦教會戒律議會。如果小議會擁有審判宗教事務的權力，它就會擁有宣布逐出教會的權力，這時候它的成員也將服從它的判決。在這件事情上，有一個可笑的矛盾，那就是：我因我的過錯而被宣布逮捕，但不會被日內瓦教會戒律議會宣布逐出教會。小議會把我當作一個叛教者來懲辦，而日內瓦教會戒律議會卻把我排在忠實的信徒之列！這不是很奇怪嗎？

是的，在教義問題上，教士們之間有時候會發生分歧。由於雙方中的一方固執己見，不僅在他們之間，甚至經過老一輩教士的從中調解，都無法達成一致；這時候，按照《教會法》第十八條的規定，就應當把事情提交官員，由官員們「解決」。

不過，解決分歧並不等於裁定教義；《教會法》本身就說明了提交官員解決的原因是由於一方的固執己見。全國各地的治安，對爭執的事情的調處，對社會安寧與公共事務的正常進行的維護，對固執己見的人的說服，這一切都無可爭辯地屬於官員管轄的範圍，但他們不能因此就可以裁決教義問題；他們的任務是維護會場的良好秩序，以利於會議對教義問題做出裁定。

即使小議會最後成爲教義問題的審判官，它也永遠無權打亂由法律規定的秩序。按照法律的規定，這種案件的初審權是屬於日內瓦教會戒律議會的；即使小議會是最高法官，但民事案件在未經過初審之前，它也無權提審民事案件。

第十八條說得很清楚，在教士們之間不能達成一致時，應把問題提交給官員，由官員做最後裁決，但它並沒有說官員可以剝奪日內瓦教會戒律議會對教義問題的初審權。自從共和國成立以來還沒有發生過這種越權審理的先例。[5]這一點，《鄉間來信》的作者好像是同意的，他說：「在有爭議時」，小議會有權對教義問題做出裁定，也就是說它在日內瓦教會戒律議會審議之後才有此權力，如果日內瓦教會戒律議會達成了一致意見，它便無權過問了。

對這類案件的審理，在什麼情況下歸民事法庭、在什麼情況下歸教會，其間的區別是非常清楚的，不僅是按照法律，而且是按照一般的常理區分的。按照一般的常理，掌握著人們命運的法官，當然應按照經過查證之確鑿無疑的事實來審理，而不能根據對一個被告在宗教問題上的過失所做之含糊不清的武斷結論就下判決。如果在那麼多可做多種解釋的晦澀含混的教義中，法官可任意選擇其中可據以對被告提起訴訟或免予起訴的教義，從而判處被告或不判處被告；如果是這樣的話，公民的人身安全有何保障呢？

有關這些區別的證據，在這個能發揮一定作用的機構的建立上就可找到，因爲，如果小議會在初審階段就能審理宗教案件的話，就完全沒有必要建立日內瓦教會戒律議會了。

在《教會法》中也可找到許許多多這方面的依據。當初的立法者非常細心地對兩個機構的職能做出了明確的區別。如果在行使職權的過程中，一個完全聽命於另一個，那麼，這一區別便形同虛設。請參見第二十三條和第二十四條對可以按照法律懲辦的罪行的界定，和「應由日內瓦教會戒律議會進行初審的罪行」的界定。

你看第二十四條的末尾講得很清楚：在後一種罪行的罪犯認罪之後，日內瓦教會戒律議會便附上自己的意見把案子移交給小議會，按照《教會法》的規定：「把定刑的權力留給官員去裁處。」從這句話中就可看出，有關教義的審理權是屬於日內瓦教會戒律議會的。

現在來看教士們的誓詞。他們在誓詞中宣稱他們永遠服從法律，而且在傳教工作中也服從官員，這就是說，在不影響他們應有的自由的情況下，他們可以按照上帝的旨意進行傳教工作。然而，如果他們按照法律的規定，在有關教義的問題上，不由他們自己的主管機構裁處，而必須服從另一個機構的決定，這哪裡還有自由可言？

再看第八十條，該條不僅明確規定了日內瓦教會戒律議會有監督和裁處教會中的或大或小的違紀行爲之權，而且還特別指出日內瓦教會戒律議會是爲了執行這項任務而建立的。請問這一條如今是有效還是沒有效？是絕對的還是有條件的？由法律建立的日內瓦教會戒律議會難道是一個臨時性機構，而且還要完全看小議會的臉色行事嗎？

再看《教會法》第九十七條。該條規定：「在需要按照法律懲辦的案件中，日內瓦教會戒律議會在聽取了原告與被告的陳述和提出了教會方面的裁處意見後，便把案子諮送小議會，由小議會『根據日內瓦教會戒律議會的諮文』（請注意：這裡用的是『諮送』和『諮文』這兩個詞），按照案情的輕重程度進行提審和做出裁決。」最後，請注意閱讀該條的結尾部分，因爲說結尾這段話的人，是主權者。「不論我們的主上帝給我們設立的機構與他在教會中建立的宗教法庭是多麼的互相關聯和不可分離，但我們無論在任何情況下都不能把它們混爲一談。但願人們充分認識到這位擁有全部權威，而我們也衷心服從其權威的上帝是政府和教會的建立者；認識到他已明確規定了這兩者的職權。」

不過，如果這兩個機構中的一個機構能任意侵犯另一個機構的權限，那麼，在立法者的統一權威下，這兩個機構應如何才能截然有別呢？如果這裡不產生矛盾的話，我就看不出在其他地方會產生矛盾了。

第八十八條明確規定了人們必須遵守對曲解教義的人所採取的訴訟程序；我再增加一個人們應當遵守的同樣重要的程序。這個程序是第五十三條標題爲「《教理課本》的講授」這一節。按照這一節的規定，凡是擾亂良好秩序的人，在經過多次訓誡之後仍堅持不改正，則將他傳喚到日內瓦教會戒律議會去接受詢問；「如果他依然不接受對他的訓誡」，則將他「移交給官員們處理」。

這裡指的「良好秩序」是什麼呢？一看標題就知道，它指的是講授教義時候的良好秩序，因爲它涉及的只不過是作爲教義的簡易讀物的《教理課本》的講授問題。然而，一般來說，良好秩序的維持是屬於官員們的職權範圍，而不屬於宗教法庭的職權範圍。你看，程序是多麼清楚啊！首先應當對被告「進行訓誡」，如果他堅持不改正，便將他「傳喚到日內瓦教會戒律議會去接受詢問」，如果他依然不接受對他的訓誡，這才把他「移交給官員們處理」。在一切有關信仰的問題上，最後的裁處權是屬於兩個議會的。這是法律，這是你們的法律明文規定的。我倒要看看：小議會能根據哪一條和哪一款的規定篡奪初審權，一下子就把這樣的案子當作刑事案件來審理。

小議會的這一做法，不僅違反法律，而且也不公平，不合情理和普遍的習慣。在世界各國，在有關一門科學或一門藝術的問題上，法庭在判決之前都要聽取這門學科的教授或這門藝術的專家的意見。爲什麼在一切學科之中，這門最難懂的學科[6]關係到一個人、一個公民的榮譽和自由的時候，官員們竟無視他們在審理最微小的案件時都習以爲常地遵守的規則呢？

在許多權威人士和一般的常理已經證明這一程序既不合法也違背常規的情況下，他們能用什麼法律和規章來說明他們做得對呢？《鄉間來信》的作者唯一能引用的條文也只不過是如下一段；不過，請注意，他在這段話的文字上又動了手腳，挪移了其中幾個詞的次序，從而改變了它們的意思。

「日內瓦教會戒律議會所做的訓誡，不得侵犯政府官員和民事法庭的權限，政府的權力應始終保持完整。」[7]

現在請看他從中得出的結論：「《教會法》的意思，並不像持不同意見者們所說的，認爲《福音書》的傳道士比議會[8]更有理由擔任這類案件的法官。」在這裡，如果我們把「議會」這個詞像《鄉間來信》的作者那樣寫成單數，就可看出問題來了。[9]持不同意見者們是在什麼地方說「《福音書》的傳道士比議會更有理由擔任這類案件的法官」呢？[10]

按照法律的規定，日內瓦教會戒律議會和小議會在各自的主管範圍內都是法官，一個是裁定教義問題的法官，另一個是懲辦罪行的法官。由此可見，政府的權力和教會的權力在主權者的統一的權威下，都各自是完整的。如果還有另外一個雖無名義但有實權的權威的話，「政府」這個詞在這裡還有什麼意義呢？在我看來，這段話中沒有一處改變了我所引述的那幾段話中的本來的意思；不僅沒有改變，而且，在緊跟其後的幾行文字中還明確指出了日內瓦教會戒律議會在把案件移交給小議會之前應當遵循的程序。這一點，與《鄉間來信》的作者從中得出的結論，恰恰是相反的。

現在請看：由於他不敢在文字的表述上攻擊《教會法》，他是如何利用他得出的結論攻擊這部法律的。

「《教會法》想束縛政府的手腳，只允許它在日內瓦教會戒律議會審訊之後才懲辦攻擊宗教的罪行嗎？如果眞的是那樣的話，那就必然會使著書反對宗教的人不受懲辦，因爲被告假裝改正就可以逃脫懲罰；肆意詆毀宗教的人就可以採取假裝悔改的辦法而不被定任何罪名。」[11]

由此可見，這位作者之所以不希望人們嚴格按照法律的條文辦案，是爲了避免出現這種輕易饒恕被告的情形；然而，相隔十六頁之後，這位作者又這樣說：

「從事政治和哲學研究的人主張寫作自由，想寫什麼就寫什麼，但我們的法律卻不允許。現在，應當弄清楚的是：小議會對盧梭先生的著作的判決和對他這個人發出的逮捕令是否違反我們的法律，而不是看它們是否符合政治和哲學學說。」[12]

在另一段話中，這位作者認爲對一本書所做的譴責，不但不能摧毀書中的言論，反而替它們做了廣泛的宣傳；「在這一點上，我在持不同意見者們的《意見書》中就發現我講的話有許多被他們引用，不過，我講的話不是我們的法律。」[13]

把這幾段話聯繫起來看，我發現，它們的意思大致如下：

儘管哲學、政治學和一般的常理主張寫作的完全自由，但在我們的國家中應當對這種自由加以懲罰，因爲我們的法律不允許這種自由。不過，我們不能嚴格按照我們法律的條文辦事，因爲按照條文的字面來執行的話，我們是不該懲辦這種自由的。[14]

老實說，我在這位作者的那幾段話中發現了某種令我吃驚的胡言亂語，儘管這位作者在我看來好像是一位很有才氣的人。但願我在上面所做的這段小結是錯了，但我不知道我錯在什麼地方。因此我請你自己把它和《鄉間來信》第十四條、第二十二條和第三十頁加以比較，看我說得對不對。

不論情況如何，我們都希望該作者能給我們指出哪些法律完全摒棄了哲學和政治學的原理；讓我們在下面接著談他對這件事情的反對意見。

第一，在一個共和國裡，不僅不允許官員藉口不讓任何一樁罪行不受懲罰便加重法律的量刑，甚至不允許他們把法律運用於法律未正式定性的罪行。我們都知道，正是由於法律措辭的細微差別，在英國才使許多罪犯逃脫了法律的懲處。正如沃弗納格[15]所說的：「誰比法律更嚴酷，誰就是暴君。」[16]

你看，在這類案件中，讓罪犯逃脫懲處的後果是不是像《鄉間來信》的作者所說的那麼嚴重。

爲了更好地領會法律的精神，就必須牢牢記住這一重要原則：最好的刑法是根據罪行的性質來量刑的。對殺人者判處死刑；對竊盜者剝奪他們的財產，如果犯人沒有財產，則剝奪他們唯一的財富，即剝奪他們的自由。同樣地，對只是反對宗教的罪行，便只能從宗教的角度來量刑，例如在需要宣誓的事情上，不允許罪犯請證人到場；又如將他逐出教會

（這是對曲解教義的人最嚴厲的懲罰）。如果罪犯犯的是民事違法行爲，則將他移交給官員按民法處理。

必須時時記住：《教會法》和《鄉間來信》的作者與我，在這裡談論的都是一些簡單的反宗教罪行；如果罪行複雜，例如我未經允許便在這個國家中印我的書，那麼，即使我沒有被日內瓦教會戒律議會起訴，我在官員們面前也不能被免予起訴的。

闡明了這個區別之後，我要接著指出：在反宗教罪與民事違法行爲之間有這樣一個差別：後者對人造成了傷害，觸犯了法律，因此，爲公眾的安寧計，必須對罪犯進行懲辦，並要他做出補償；而前者只不過是冒犯了上帝；對於上帝，人是無法造成傷害的。只要冒犯上帝的人悔改了，上帝就會寬恕他。既然上帝的怒氣已經消解了，就不應再懲辦罪人，就不應再提他的罪行了；當眾冒犯上帝的過錯當眾悔改了，就了結了。基督教的教義是主張與人爲善的，要像上帝那樣對人仁慈；如果用宗教所譴責的嚴酷手段替教會進行報復的話，那就言行不一，十分荒謬了。有人說：法庭是不會也不應當因爲罪犯已經悔改了就不對他進行懲罰；這我承認。然而，正是由於這類罪行可以用悔改的辦法來彌補，《教會法》才明確規定對這類罪行的初審權不屬於民事法庭。

由此可見，《鄉間來信》的作者所說的對反宗教的罪行如果政府不加懲處，必將帶來可怕的後果，這一說法是沒有根據的，他所說的理由是站不住腳的。他用來證明這種做法不符合法律的精神的理由，是不正確的，是違背正式的法律條文的。

他說：「一個被告無論犯了什麼反宗教的罪，只要假裝改正，就可以逃脫懲罰。」可是，《教會法》沒有說「只要假裝改正」。《教會法》說的是「只要改正了」，何況無論在任何情況下，人們都有準確的法則區別眞相和假象，尤其是在對外界的影響方面，更是如此；可見「只要改正了」一語，指的是這種情形。

如果罪犯在一度改正之後又重犯錯誤，那他就犯了更加嚴重的新罪行，就應當受到更加嚴重的懲處；他犯了重蹈異端罪，就應當採取更嚴厲的辦法，才能使他回到正路。這時候，小議會可以仿照宗教法庭的辦案模式[17]進行審訊。如果《鄉間來信》的作者不贊成小議會像宗教法庭那樣溫和，他至少應當讓它對案情要區別對待，因爲法律不允許藉口爲了不讓罪犯重犯錯誤，便把他當作已經重犯錯誤的罪人來懲處。

然而，這位作者正是根據這些假想的後果，認爲這條法律的目的不是規範辦案的程序和不同的法庭的權限。那麼，在他看來這條法律的目的是什麼呢？我們且看他的說法。

他認爲這條法律的目的是防止日內瓦教會戒律議會對那些被誣告發表了某些言論或其過錯被誇大的人的懲罰過於嚴厲；而我認爲，這條法律的目的是防止日內瓦教會戒律議會對那些尚未經過傳訊和尚未經過訓誡的人直接加以懲辦。

日內瓦教會戒律議會如何懲罰呢？將罪犯逐出教會，並將他移交給小議會處理。爲了避免日內瓦教會戒律議會過於輕率地將罪犯移交給小議會，法律卻規定將他直接交給小議會。這一做法眞新奇，它的新奇之處在於：對同一件案子，法律規定了許多辦法防止日內瓦教會戒律議會匆促判刑，但它卻沒有一條措施防止小議會匆促判刑；法律對亂加罪名的做法十分注意防範，但對濫施酷刑的做法卻不防範；法律多方防止一個人被無端逐出教會，但它卻不採取任何措施防止一個人被無端處以火刑；法律非常擔心教士們在審理案件時過於嚴厲，但對法官們審理案件時的過於嚴厲卻毫不在意！對信徒們的領聖餐禮十分關心，那當然是好的；但對他們的安全、自由和生命卻十分漠視，那就不對了。這個對它的保衛者如此寬容的宗教，不應當對替它洗雪惡名的人如此野蠻。

以上所述，就是《鄉間來信》的作者認爲《教會法》之所以沒有說它該說的話的理由；我認爲，把這一點公諸於眾，就等於是批駁了它。現在讓我們轉而談法律的運用；我們發現，在法律的運用方面，也如同在法律的解釋方面一樣，令人感到奇怪的地方眞不少。

《教會法》第八十八條是針對那些曲解教義和傳播異端的人而定的；它的目標，不是針對只出了一本書的作者，何況這位作者在出書之後就什麼話也沒有說。的確，在我看來，這個區別是很微妙的，因爲，正如持不同意見者們所說的，用筆下的著作來曲解教義，與口頭上用聲音來曲解教義雖然是一樣的，但其間存在著一個不同的微妙區別。我們發現，這一區別傾向於從寬處理，緩和法律的量刑，而不是從嚴處理，加重量刑。

在世界各國，員警對講授和傳播教義的人都是嚴加監督的；它只允許獲得授權的人從事這項工作；它甚至不允許沒有獲得傳教士資格的人講授教義，儘管他講授的是正確的教義。盲目的民眾是容易受人誘惑的，一個人如果吆喝一批人來聽他胡亂講說教義，他不久就會糾集一幫人製造亂子。在這一點上，只要稍微有一點舉動，就會從它可能產生的後果而被認爲是該受懲辦的圖謀。

從來就沒有一個只寫了一本書的作者進行這類活動；他在書中雖然講了許多意見，但他從來不糾合一幫人製造亂子。他從來不強迫任何一個人來聽他講話或讀他的書。他從來不去找你；只有你去找他，他才見你。他讓你對他所講的話進行思考；他從來不和你爭辯、從來不激動、從來不固執己見、從來不解答你的疑難和提出的問題、從來不沒完沒了地纏著你，你離開他，他也離開你。更重要的是，他從來不在大庭廣眾之中信口開河亂講。

由此可見，一本書的出版從來就沒有被任何一個國家的政府視爲胡亂傳播教義的行爲。在有些國家，出版圖書是完全自由的；不過，也從來沒有一個國家是不加區別地允許人人都可以從事講授教義的工作的。在那些不經允許就不能出版的國家中，不服從這條禁令的人，有時候是會因爲他違反了這條禁令而受懲罰的，但這些國家並不把一本書中發表的意見看作是什麼了不起的大事，因此它們放手讓這些書進入它們的領土，只不過是爲了表示它們不贊同書中的觀點，不允許這些書在它們的國家印刷罷了。

以上所述，都是眞的；對於那些不是爲廣大公衆寫的書（例如我的書），各個國家都是採取這種辦法對待的。你們的小議會在它的答覆中硬說：「按照作者的意圖，《愛彌兒》應當作爲父親和母親教育孩子的指南。」[18]他們的這種說法是毫無根據的，因爲我在這本書的序言和其他許多地方，都說明我是爲了另外一個目的而寫的；書中講的是一種供賢哲之士探討的新的教育方法，根本不是什麼硬要當父親和母親的人採納的方法；對於這種方法，我從來沒有想過。雖說我有時用的是相當通俗的語言，好像是在對他們講話，那也只是爲了使人們更容易理解或是爲了以更少的文字說明我的意思。事實是：我是應一位母親的要求[19]而著手寫這本書的。這位母親雖然年輕，但有一副哲學家的頭腦，對人的心靈十分了解。論容貌，她是女性當中的佼佼者；論才情，她是一個超群出眾的女人。我是為了那些具有與她相同性格的人而寫的，而不是爲了先生們寫的，也不是爲了那些雖然讀我的書，但根本不了解我的眞意的人而執筆撰文的；他們雖然侮辱我，但我對他們並不生氣。

從這個區別可以看出：既然《教會法》所規定的審理曲解教義的人的程序不適用於一本書的作者，那麼，如果他們還按這個程序來對待一個作者的話，那就太不應該了。這個如此自然的結論，你和我的讀者都會像我一樣得出的結論，與《鄉間來信》的作者得出的結論是大相徑庭的；他得出的結論與我們的結論是相反的。我們最好是看他自己的原話，因爲，如果我用轉述的方式敘述他的結論的話，你是不會相信的。

「只需讀一下《教會法》的這一條的條文，就可以很清楚看出它指的是那些散布危險言論的人；它說：『只要這些人改正了，就不再對他們進行追究，也不定他們什麼罪名。』爲什麼呢？因爲他們不再散布這種毒害人心的言論，人們就有了安全感，而他們也就不再是令人害怕的人了。而那些透過印刷品使大家都受其言論影響的人，即使有或眞或假的悔改表現，那有什麼用呢？因爲他們的罪行已經鐵板釘釘，是永遠存在的。這種罪行，從法律的角度來看，就屬於這樣一種類型，即：只要法院一經受理，進入審判程序，罪犯再怎麼悔改，都是沒有用的。」

在上面所引的這段話中，有幾個地方令人一看就生氣；不過，還是讓我們心平氣和地和他講道理。一個人只要一開始按他自己的意思曲解教義，他就會繼續不斷地為害於人；在他改正以前，這個人一直是令人害怕的，甚至他的自由也是有害的，因為他將利用他的自由去做有害於人的事，去繼續散布謬論，雖說他最後是改正了，那也於事無補，他在教義上散布的謬論始終存在；從這個角度看，他的罪行才真正的鐵板釘釘，抹殺不了；反之，一本書一旦出版，作者就不可能再做有害於人的事了；能為害於人的，是他那本書。不論作者是自由的還是被抓進了監獄，他那本書都照樣在書店銷售。把作者關起來，這固然是法律允許的一種懲辦辦法，但既無助於救治他造成的危害，也不能阻止危害的擴散。

可見補救這兩種壞事的辦法是不相同的。要堵住在教義問題上散布謬論的根源，最可靠的簡便辦法是把散布謬論的人關進監獄；然而，把一本書的作者關進監獄，不僅解決不了問題，反而替他那本書做了宣傳，正如《鄉間來信》的作者所說的，其結果反倒更壞。可見這不是正式啓動程序之前應當採取的措施，不是解決問題的好辦法。這種懲罰，只能由法院來判處，用來懲辦已經定罪的犯人是有用的。如果他犯的是民事違法行為，就應當先和他講道理，對他進行訓誡，說服他，規勸他彌補他造成的過失，並公開收回謬論；讓他自由表達他收回謬論的原因，以便使他的話能產生好的效果，使那些受他謬論影響的人回到正路；如果他不改正，並堅持錯誤，這時，也只是在這時才能對他進行懲辦。只有這樣辦，才能把事情辦得很圓滿，才能達到法律的目的。這是一個賢明的政府應當採取的辦法；一個賢明的政府「應多考慮如何防止該著作的影響，少考慮如何懲辦作者」。[20]

既然《教會法》在各方面都遵循基督教的精神，不贊成在未採取一切可能的辦法挽救散布謬論的人以前便逮捕他，那麼，爲什麼對一本書的作者不這樣做呢？《教會法》寧可冒讓散布謬論的人繼續散布的風險，也不行事不仁慈，請你告訴我，爲什麼單單對一本書的作者得出結論說《教會法》是主張把該書的作者先抓進監獄再說呢？

《鄉間來信》的作者說他在持不同意見者們的《意見書》中，發現引用了許多他對這個問題發表的看法；他說他的「那些看法並不是我們的法律的準則」；可是，隔了一會，他又說：「那些傾向於大度寬容的人頂多只能批評小議會在這件事上沒有讓一條看起來似乎不甚適合的法律不起作用。」[21]在花了許多力氣來證明那條唯一看起來適合於我的案情的法律，原來並不一定適合：這個結論是多麼令人吃驚啊！人們對小議會的指摘，不是指摘它沒有讓一條已經存在的法律不起作用，而是指摘它居然讓一條根本就不存在的法律起作用。

在這裡，這位作者使用的邏輯，在我看來眞新奇。先生，你覺得如何？像他這樣的論證方法，你可曾見過？

「法律將迫使小議會懲辦該書的作者。」

這條迫使小議會懲辦該書的作者的法律，在哪裡？

「實際上這條法律並不存在，相反地，倒是有另外一條法律明確規定：對曲解教義的人要從寬對待；而對於該條法律沒有提到的人，倒是要從嚴處理。」

在那些熟知莫雷里不是作爲散布謬論的人，乃是作爲作者而被查辦的人看來，這種說法太奇怪了。莫雷里先生寫了一本書，他就是因爲這本書而遭到指控的。而按照《鄉間來信》的作者的看法是：罪行在書的本身，而書的作者沒有被傳訊的必要。但事實是，他被傳訊了；不僅被傳訊，而且還給他時間，等待他表示認錯，每一步都是嚴格按照《教會法》的這條規定所說的程序辦的，而該作者卻認爲《教會法》的這條規定既不涉及書，也不涉及書的作者。在莫雷里離開日內瓦以後，當局既沒有下令燒他的書，也沒有下令逮捕他，更沒讓劊子手去捉拿他。[22]這一切，都是當著立法者的面，由《教會法》的起草人裁決的。那時候，《教會法》剛剛通過，而且，按照這位匿名的作者[23]的說法是：「正當從嚴懲辦的論調」甚囂塵上之時，而現在他竟用這一條來作爲今天必須對我嚴加懲處的理由。

現在來看他所說的區別對待。在列舉了當時對莫雷里的從寬處理和給他改正的時間，以及在燒他的書之前的審理程序進行得既緩慢又愼重等情形之後，他說：「這一切都進行得有條不紊，但是不是因此就可以得出結論說對各種不同的案件也非這樣做不可呢？對一個攻擊宗教但身居他處的人，也要像對一個身居日內瓦的批評教會紀律的人那樣採取同樣的程序嗎？」[24]換句話說就是：「對一個不攻擊法律而生活在法律管轄之外的地區的人採取的程序，也要像對一個攻擊法律而又生活在法律管轄地區之內的人那樣溫和嗎？」實際上，這樣的問題不可能發生。我敢肯定：這是第一次有人認爲法律之所以要加重對一個罪人的量刑，唯一原因是因爲他的罪行不是在國內犯的。

「是的」，他繼續說道，「持不同意見者們在爲盧梭先生辯護的《意見書》中，說莫雷里的書只不過是攻擊宗教的紀律問題，而審理盧梭先生案件的法官卻說盧梭先生的書攻擊的是宗教本身。他們的這個牢騷話不會得到大家的贊同，因爲那些把宗教看作是上帝的作品和憲法的支柱的人認爲，對攻擊宗教的罪行的處理，不應當像對攻擊宗教紀律的罪行的處理那樣從寬，因爲後者攻擊的只不過是人的作品；是人的作品，就容易出錯，至少可以產生無數種不同類型的錯誤。」[25]

我認爲，這番話如果出自一個聖芳濟教派的僧侶之口，還勉強可以容忍，但從一個官員的筆下寫出來，那就太令人吃驚了。如果有些人因爲持不同意見者們的那段話講的道理不夠透澈因而不贊同，這有什麼關係呢？

攻擊宗教，當然是一樁比攻擊宗教紀律更爲嚴重的罪惡，但在人類的法庭上，就不是了。人類的法庭是爲了懲辦罪行，而不是爲了懲辦罪惡而設立的；它不是替上帝報仇雪恨的機關，而是執行法律的機關。

除了涉及人的行爲問題以外，宗教永遠不能成爲法律的組成部分。法律可以命令人做某事或不做某事，但它不能命令人信仰什麼；由此可見，無論是誰，只要他不攻擊宗教，他就沒有觸犯法律。

然而，由法律規定的紀律是法律的組成部分；它本身就是法律。誰攻擊紀律，誰就觸犯了法律，其嚴重性無異於破壞國家的憲法。這部憲法在確立以前，是很可能會經過許多種不同形式的變動的，但它在摒棄其他形式而按其中的某一形式確立之後，則無論它採取的是這些形式當中的哪一種形式，它都是應當受到尊重和神聖的，而且，這部政治法從確立之日起，不就和神的律條一樣，是固定不變的嗎？

在這件事情上，那些不贊同持不同意見者們那段話的人的錯誤，還在於他們不知道那段話，正是小議會在對莫雷里的那本書的判決書中說的。該判決書著重指控的是那些「試圖在國家中製造分裂與混亂的人」。很顯然，想用這個話來指摘我，那是辦不到的。

民事法庭要捍衛的，不是神的作品，而是人的作品；它們照管的，不是人的靈魂，而是人的身體。它們是國家的眞正保衛者，而不是教會的保衛者。如果它們插手宗教問題的話，那也只能是由於那些問題是在法律管轄範圍之內，或者是由於那些問題涉及良好的社會秩序與公眾的安全，它們才能進行干預。這是官員們應當遵守的神聖法則；官員們不能依仗權勢按自己的意思行事，而必須理性地公正辦案。法庭如果背離了這一原則，就必然會濫用職權，就必然會引起動亂，使法律和它們的權威造成許多可怕的枉法醜聞。我要爲日內瓦人鳴不平：小議會竟如此地藐視他們，竟公然用歐洲最無知和最盲信的人都不會上當的話愚弄他們。在這件事情上，持不同意見者們講的道理，是政治家的道理；而你們的官員們講的道理，是僧侶的道理。

爲了證明莫雷里一案的案例不能作爲比附的標準，《鄉間來信》的作者以一六三二年對尼柯拉・安托萬（Nicolas Antoine）一案採取的做法來反駁；尼柯拉・安托萬是一個可憐的瘋子，在教士們的請求下，小議會爲了拯救他的靈魂，便下令將他燒死。處以火刑的事，過去在日內瓦並不少見；從他們對我採取的做法來看，我覺得，他們對我也想施加這種酷刑。

我絕不會像那些迫害我的人那樣胡編亂造，所以我把《鄉間來信》中的有關段落一字不改地抄錄如下：

「請看尼柯拉・安托萬一案。那時候《教會法》已經生效，離它起草的時間不遠，所以人們對它的精神是相當了解的。尼柯拉・安托萬是否被傳喚到日內瓦教會戒律議會了？在那麼多指摘這一殘酷判決的人當中，在那些心存仁厚的人爲挽救此人而做了許多努力之後，有誰還說這個判決不合法？莫雷里曾被傳喚到日內瓦教會戒律議會詢問，而安托萬沒有；由此可見，並不是所有的案子都要經過日內瓦教會戒律議會傳訊這一程序。」[26]

讀了上面這段引文，你也許以爲小議會對尼柯拉・安托萬也是像對我這樣辦的，以爲其間的差別只不過是是否經過了日內瓦教會戒律議會的傳訊和教士們的請求。是否如此，且看事實。

尼柯拉・安托萬在一次舊病發作時，曾試圖跳進羅納河（Rhone），因此，教士們將他從他所住的公寓送進醫院，交給醫生醫治。他在醫院裡住了一段時間，而且在住院期間還繼續散布反基督教的言論。「教士們每天都去看他，並在他的病情稍稍穩定時，勸說他改正錯誤，結果是白費勁。安托萬說他至死都堅持他的看法。他已做好準備，願『爲以色列的偉大的上帝的榮耀而死』。由於對他所做的工作沒有取得成效，教士們便把他移交給小議會。教士們在致小議會的諮文中，把安托萬說得比塞爾維、讓迪里斯和其他反三位一體論者還壞，結果便決定把安托萬關進牢房，嚴加看管。」[27]

你從上面的敘述就可以看出，安托萬之所以沒有被傳喚到日內瓦教會戒律議會，是因爲他當時已經病了，而且病得很重，在接受醫生的治療，不能到日內瓦教會戒律議會去；而且，雖然他沒有到日內瓦教會戒律議會去，但日內瓦教會戒律議會的人曾去看他，教士們也每天都去探視，每天都規勸他。最後，由於這一切努力都沒有使他改變他的看法，他們才把他移交給小議會，把他描述得比其他已經被處死的人還壞，要求小議會將他加以監禁，而小議會這時才根據教士們的請求，把他投入牢房。

在安托萬被關押的期間，教士們曾竭盡全力挽救他，並引用《聖經·舊約全書》中的話，和他一起討論，想了許多可能想到的最感人的辦法，試圖說服他改正錯誤，[28]但安托萬依然毫不動搖。在官員們審問他時，他還是表現得很堅定。當案子進行到要做出判決時，官員們徵詢了教士們的意見。當時，出席小議會的教士有十五人之多，既有牧師，也有經師。他們的意見相當分歧，最後是採納了大多數人的意見，於是，尼柯拉·安托萬被執行了火刑。案子自始至終都是按教會的意見辦的，因此可以說安托萬是被教士燒死的。

先生，《鄉間來信》的作者說安托萬沒有被傳喚到日內瓦教會戒律議會的眞相就是如此。他由此得出結論說並不是所有這類案子都要經過這一程序；你覺得他選的這個例子是否能說明他講的道理是對的？

現在姑且假定他講的道理是對的，其結果將如何呢？持不同意見者們將根據一個事實來肯定一條法律的適用性，而《鄉間來信》的作者也將根據一個事實來否定這條法律的適用性。即使這兩個事實中的每一個事實的權威都可以摧毀另一個事實的權威，但法律依然是完整無損的，儘管它曾一度被侵犯，難道它因此就不那麼有效，只要被破壞一次，以後次次都可以被破壞嗎？

現在讓我們按我們的看法來做結論。如果我故意曲解教義，我當然是觸犯了法律；如果我沒有故意曲解教義，他們將怎樣說我呢？沒有任何一條法律會找到我頭上來嘛！[29]可見他們不是篡改了現有的法律，就是憑空捏造了一條現在還沒有的法律。

是的，他們在審查那部著作時，並未審訊作者；他們說他們只是下了一道逮捕作者的命令，所以用不著大驚小怪。這樣說，我認爲是很難令人接受的。不過，雖說他們對我們不公平，但我們不能對他們不公平；如果他們沒有不公正的地方，我們當然不會找碴硬說他們不公正。我無意指摘小議會和《鄉間來信》的作者爲了替他們沒有對我進行審訊就徑直做出判決的做法辯護，就把人和書加以區別。法官可以按照他們對事情的陳述來審理，因此我也不責怪法官們在這件事情上過於草率或懷有惡意，但我要指出他們在一件如此重大的事情上犯了錯誤，因而傷害了我。爲了寬恕人而犯錯誤，那是可以原諒的，然而，爲了懲罰人而犯錯誤，那就是一個很嚴重的錯誤了。

小議會在它的答覆中說，儘管我的書受到了批評，但就我這個人來說，我依然可以提出抗辯，爲我自己進行辯護。

持不同意見者們在他們的《意見書》中反駁說，他們不明白一個人既然已經被宣布爲是一本褻瀆宗教、膽大妄爲和導人爲惡的書的作者，標有他名字的書已經被劊子手撕成粉碎並投入火中燒掉，他還能提什麼抗辯爲自己辯護？

對於這個問題，《鄉間來信》的作者回答說：「你們認爲小議會的判決是針對那本標有作者名字的書的作者，但實際情況並非如此。這個判決對他毫無影響，他依然可以提出抗辯爲他進行辯護。」[30]

我要告訴這位作者：「你錯了。」是的，小議會在有關抨擊那本書的判決中沒有攻擊那本書的作者的生命，但它已經毀壞了他的名聲。儘管在身受刑方面他依然可以提出抗辯爲他自己辯護，但他已經受到了加辱刑；他已經身敗名裂，他的命運全掌握在法官手裡了。現在要決定的唯一一件事情，是處他以火刑還是不處他以火刑。

在這一點上，把書和作者加以區別的做法，是荒謬的，因爲書的本身是沒有什麼可懲罰的：它本身既不褻瀆宗教，也不膽大妄爲。這些罪名只能加在書中的理論上，也就是加在提出那些理論的人的身上。當焚書的時候，劊子手做的是什麼事呢？他是在侮辱那本書的紙張嗎？誰曾聽說書有榮譽感？

《鄉間來信》的作者，錯就錯在這裡；產生這一錯誤的根源在於一個習以爲常的惡劣做法。

人們寫了許多書，但很少有人是眞誠爲了有益於人而寫的。在出版的一百本書中，至少有六十本是爲了獲取利益或滿足虛榮心而寫的；有三十本是出於黨派偏見或仇恨而匿名發表的，其目的是爲了在公眾中散布汙衊他人的言論或誨淫誨盜的毒素；也許有十本（頂多只有十本）是出於好意而寫的，書中講的是作者知道的眞理和他追求的美德。然而，千眞萬確的是，那個講眞理的人哪能獲得人們的諒解呢？因此，要想講眞理，便只好躲起來講；爲了講有益世人的話而又不受懲罰，便在書一面世時，作者便逃之夭夭。

在那些被法庭譴責和查禁的書中，只有幾本是壞書，其餘的差不多都是好書。其中的理由，我不說，大家也明白。其實，法庭的那一套做法，也只不過是一種形式，其目的，爲的是避免被人家說它們默許那些書在書店銷售。只要作者的名字不出現在書中，儘管大家都知道書的作者姓甚名誰，但官員們就不知道。有些作者爲了撈取榮譽，甚至還公開承認書是他們寫的。一個人是承認或是否認自己是一本書的作者，這要看他是在法庭的被告席上還是在與他人共進晚餐的筵席上。是承認還是否認，視情況而定，一點問題也沒有；這樣，便不用花多大的力氣，就既獲得了安全，也滿足了虛榮心。《鄉間來信》的作者批評我在這方面既行事欠謹慎，也不講究策略，然而在我看來，行事謹慎和講究策略，這兩點是用不著花多大心思就能做到的。

法院對它不想追究作者是誰的匿名發表的書所採取的這種做法，已經成爲判案的慣例。由於是匿名發表的，所以沒有可傳訊的物件，便一把火把書燒了，就了事了；事實上，法院也看得很清楚，那個隱蔽的作者是根本就不打算承認書是他寫的，說不定該作者下午聽說法院當天上午下令對他進行調查的消息時，還會啞然失笑呢！這種情況已屢見不鮮了。

不過，當一個行事愚魯[31]的作者，也就是說一個深明其義務而且願意履行其義務的作者，認爲自己對公眾發表的作品，就應當承認，就應當署上自己的姓名，表明自己對它負責。對於這樣的作者，按衡平法的規定，就不應當把一個有榮譽感的人的愚魯當作一項罪行來懲辦；法官們應當以另外一種審理方式對待他，不把他的書和他這個人分開，因爲作者既然署上了他的名字，就表明他和他的書是分不開的；法官們應當在聽取了對書負責的作者的答辯之後，才對書做出判決。由此可見，懲辦一本匿名發表的著作，只是懲辦書；而懲辦一本署名發表的著作，實際上就是在懲辦作者；如果不讓他有答辯的機會，就等於是不審訊他就直接判處他。

在這樣的案件中，在判處作者的書之前，發傳票傳訊（這一次，日內瓦當局竟然用一道逮捕令當傳票）這一程序是必不可少的。有些人和《鄉間來信》的作者唱同一個調，說什麼作者的罪行是昭然若揭的，作者的罪行就在書裡；這樣說是沒有用的，法庭是不能因爲他們這樣一說，就不按審理案件（即使是審理已經充分證實的刑事案件）的法定程序辦理，因爲，即使全城的人都親眼目睹某人殺了人，也不能因此就不經過初審或不給他以申訴的機會就判他的刑。

一個公開署名的作者的這一光明磊落的做法，爲什麼會反而給他自己帶來不利的後果呢？這麼坦誠的態度難道不應當受到人們的尊重嗎？法官們難道不應當更慎重地對待他嗎？當他論述那些令人耳目一新的問題時，如果他不能提出可保證他不會受到傷害的理由，他哪裡會冒此風險呢？如果他不深信公眾將根據他的行爲，認爲他所提的理由是可信的，他怎麼會這樣公開自己的姓名呢？《鄉間來信》的作者胡說他的行爲是不慎重的和愚魯的；而事實上，他的行爲是一個胸懷坦蕩的人的行爲。他認爲這樣做是出於他的責任心，而有些人卻認爲他這樣做，是欠考慮。他認爲只要人們公正地對待他，他就沒有什麼可怕的。他認爲發表自己的作品而又不承認是自己的作品，是一種該受譴責的儒夫行爲。

如果問題只涉及作者的榮譽，作者有何必要把他的名字印在書上呢？如何才能既獲得出書的榮譽而又不冒任何風險，如何裝出一副謙卑的樣子以享受沽名釣譽之實而又不負任何責任：這一套把戲，誰不會呢？這些小小的伎倆，稍有名氣的作者哪一個不知道呢？在他們當中，誰不知道有一個人自以爲用不著署名，每一個讀者無須猜測就知道是哪個大人物寫的。

然而，這些先生們只知道按通常的慣例行事，他們不僅不按照那個處處有利於我的例外的辦法辦理，反而用那個辦法整我。實際上，他們最好是只燒書而不提書的作者的名字，或者，如果他們想整作者的話，就等作者到庭或抗辯之時才燒書。但這兩個辦法他們都沒有採取。他們燒書，好像不知道書的作者是誰似的；而且下令逮捕作者，好像還沒有早已把書燒掉似的。先敗壞我的名聲，然後下令逮捕我！他們還想怎樣處置我呢？他們往後還將採取什麼更壞的手段對付我？難道他們不知道一個正直的人的榮譽比生命更重要嗎？他們從毀壞我的名聲開始整我，還有什麼壞招不敢使呢？不聽取我的申訴，就像對一個已經宣判的罪犯那樣處我以最殘酷的刑罰，在這種情況下，即使我能在法官面前申辯我無罪，又有什麼用呢？

他們一開始就千方百計把我當作惡人來對待，說我本來就沒有什麼榮譽，所以就懲辦我的身體，還假惺惺地說我完全可以提出抗辯，爲我進行辯護。請問：如果我被員警押到街上遊街示眾和遭受種種刑罰並投入監獄之後，我提出的抗辯能消除我的書和我這個人受到的羞辱和痛苦嗎？什麼！他們口中所說的公平對待，就是不分青紅皂白地把各種過錯和各種人都混爲一談嗎？一個無可指摘的公民的光明磊落的行爲，爲什麼竟被叫做「愚魯的行爲」，而且還因此就把他當作惡人關進監獄？既然五十年的光輝[32]都勝不過他們對我提出的那一點點指摘，不能保我不受羞辱，[33]那麼，公眾對我的敬重和我一生的正直爲人，哪裡還會被法官們放在眼裡呢？

「他們[34]把《愛彌兒》和《社會契約論》與那些受到寬容的書加以比較，並指摘小議會的處理辦法不公允；我認爲，他們所做的比較是不妥當的，對小議會的指摘是毫無根據的。他們認爲政府曾一次假裝沒有看見，以後就必須每次都假裝沒有看見；這樣推理是錯誤的。如果這是一次疏忽，我們可以糾正它；如果這是由於當時的情況或政治原因而被迫保持沉默，他們把這種被迫採取的做法作爲指摘的理由，那就不太公正了。我毫無替《意見書》中所說的那些書辯護之意，但從良心上來說，有些書只不過是零零星星有一些不恰當的攻擊宗教的言論，而有些書卻肆無忌憚地通篇直接攻擊宗教的教義和宗教的道德與它的社會影響，對於這兩種書，我們能同樣對待嗎？我們應當把這兩種書不偏不倚地加以比較，對他們在世人當中產生的影響加以評判；前者到處印行，廣爲流傳，而後者是受到人們怎樣對待的，我們大家都是知道的。」[35]

我認爲有必要把他這段話全文照錄在此。現在，我要分段來批駁它，對它進行分析。

在日內瓦，什麼書不能印？什麼書不能寬容？只要是讀起來不令人生氣的書，在日內瓦就可以公開銷售。官員們不管，教士們偷著樂，原來一本正經的樣子，一下子就變得喜笑顏開。唯獨我和我的著作受到小議會的憎恨；他們是如何憎恨的呢？他們對我的非難和指摘之強烈和可怕，是人們怎麼想像也想像不到的。我的天啊！我沒有想到我竟成了那麼一個可惡的人。

「他們把《愛彌兒》和《社會契約論》與那些受到寬容的書加以比較，我認爲他們所做的比較是不妥當的。」啊！我也認爲如此！

「認爲政府曾一次假裝沒有看見，以後就必須每次都假裝沒有看見；這樣推理是錯誤的。」說得不錯，不過，那要看什麼時間、地點和人；要看政府假裝沒有看見的是哪些書和《鄉間來信》的作者選出來不能假裝沒有看見的是哪些書；要看在日內瓦受到歡迎的是哪些作者和在日內瓦受到迫害的是哪些作者。

「如果這是一次疏忽，我們可以糾正它。」可以糾正，也應當糾正，不過，眞的糾正了嗎？我的書和我這個人不該受到譴責而竟然受到了譴責，而該受到譴責的書和它們的作者卻和從前一樣，依然得到寬容，只有我是例外。

「如果這是由於當時的情況或政治原因而被迫保持沉默，他們把這種被迫採取的做法作爲指摘的理由，那就不太公正了。」既然有人強迫你們容許那些該受懲罰的書，那就應當連那些不該受到懲罰的書也一起容許。可是你們卻千方百計地隱瞞實情，不讓公眾知道你們如此卑劣地用懲辦大奸大惡的辦法懲辦無辜的人的小過錯。怎麼？你們這樣欺凌弱者，對不對？能永遠把人們蒙在鼓裡不知道嗎？你們不是說有幾個黃色小說作家的命運與某幾個大君主國的君主大有關係嗎？不是說如果不允許那些在作者的國家被禁止的書在你們城中受到寬容和准許印行並公開銷售，[36]你們的城市就會被摧毀嗎？人民啊！他們就是這樣藉助大國的勢力，使你們相信他們的做法是有道理的。結果，在那幾個大國都不允許的這一壞事，卻在你們城中暢行無阻！

當我來到這裡[37]的時候，就聽說整個法蘭西王國都在追捕我。我的書在日內瓦被焚燒；他們是為了討好法國才這麼做的。日內瓦下令逮捕我，法國也下令逮捕我。我在伯恩被驅逐，這也是法國要求他們驅逐我的。他們跟蹤我一直到這個山區。人們之所以到處驅趕我，這也很可能是法國幕後主使的。由於受到了千百次侮辱，我寫了一封替我辯護的信；[38]這一下，全完了。我到處被包圍、被監視；法國派密探搜尋我、派士兵抓我、派匪徒暗殺我，只要我一走出房間門，就可能有生命危險。所有這些危險，都來自法國、來自巴黎的高等法院、來自教會、來自宮廷。在我這一生中，還沒見過哪一個以賣文為生的可憐人，一下子竟變成了這麼一個重要人物。由於對他們所做的那些蠢事實在厭惡透了，我便到法國去散心；[39]我了解法國人；我現在的遭遇很不幸。他們歡迎我、安慰我，用千百種出自眞心的方式接待我，而且，只要我願意，我還可以受到許多更友好的接待。我平平安安地回到我的住處。他們[40]一見到我，便大吃一驚，簡直吃驚得不得了，斥責我不動腦子；他們說，對我的威脅，不會來自法國；他們說得對：如果眞有什麼刺客要來結束我這痛苦的生命的話，那個刺客肯定不是來自法國。[41]

我不會把我遭受的屈辱的不同原因混為一談。我要把來自我所處環境的可怕的客觀原因與唯一來自我的敵人的恨的原因，加以區別。唉！上帝啊，但願我在日內瓦的敵人沒有我在法國的敵人那麼多，而且不會像我在法國的敵人那樣與我不共戴天！今天每個人都知道對我最沉重的打擊來自何方。你們那一幫人說我遭受的苦難不是他們造成的，他們託詞說我在日內瓦犯了案，便在瑞士煽動人迫害我；他們說我到處都無人接納，便唆使人驅趕我；他們的這種陰險手段，何其毒也！我哪裡能責怪朋友們請我來到與我的祖國相鄰的地方呢？我敢請全歐洲的人作證：除了瑞士以外，哪一個國家的人不接納我、哪一個國家的人不是盛情歡迎我？他們能舉出一個國家來嗎？我能怨我沒有選好我這塊隱居之地嗎？我雖然遭到許多打擊和羞辱，但我的所得多於所失。我結識了一個人，一個靈魂高潔的偉大的人——喬治・凱特。我的保護者、我的朋友、我的父親啊！不論你在哪裡，不論我將來在哪裡結束我這可悲的生命，不論我今生是否還能見到你，不，我都不會因爲我遭受這麼多苦難而怨上天，我都要把你對我的友誼看作是上天的賜予。[42]

「從良心上來說，有些書只不過是零零星星有一些不恰當的攻擊宗教的言論，而有些書卻肆無忌憚地通篇直接攻擊宗教的教義和宗教的道德與它的社會影響，對於這兩種書，我們能同樣對待嗎？」

從良心上來說……像我這樣一個褻瀆宗教的人，哪裡還敢講良心……尤其是對那些善良的基督徒……所以我只好閉著嘴巴什麼話也不說……不過，像這樣一種能使官員們來講說的良心，也的確是一種奇怪的良心；我們可以容許你褻瀆神靈，但不容許你講道理！先生，讓我們在這裡暫時不談題材的不同，單談思想方法：雅典人之所以對阿里斯托芬[43]劇作中的那些褻瀆神明的話鼓掌叫好，而把蘇格拉底[44]處死，就是因爲他們採取的是這種思想方法。

在我的論述中，最使我深信不疑的是，我發現他們在我最沒有事先料到的問題上發表的意見是非常正確的，例如在這裡談到的這個問題就是。從我對宗教以及對宗教至關重要的問題所做的分析中得出的結論之一是：在信仰問題上，除了與自己有關的事物以外，任何人都不應當干預別人的宗教信仰，因此，他們根本無權懲罰只冒犯上帝的言行，[45]因爲，如何懲罰這類言行，上帝自有權衡。持不同意見者們按照孟德斯鳩（Montesquieu）的話說：「我們應當做的事情是：爲上帝爭光，而不是替他復仇。」[46]他們說得對。應當受到懲罰的，是那些可笑的胡言亂語和粗暴的褻瀆與詆毀宗教的言行，而絕不是講說道理。爲什麼呢？因爲前者不僅攻擊宗教，還攻擊了宣講宗教的人，使他們受到了侮辱，使他們的敬拜儀式受到了干擾，對他們所尊重的事物表現了一種極端的輕蔑，因此對他們也表現了一種極端的輕蔑。這麼粗暴的言行，自應受到法律的懲處；它們傷害了人，人們就有權對它們做出回應；然而在這個世界上，哪一個人會因爲你和他講說道理便認爲你冒犯了他？誰會因爲你把他當作一個通情達理的人來對待而感到生氣？如果那個講說道理的人自己錯了，或者使我們也產生了錯誤，如果你愛護他或愛護我們自己，那你就應向他指出他的錯誤，並消除我們自己的錯誤，用他自己的武器攻擊他。如果你不願意找這個麻煩，那就什麼話也不說，也不聽他的，由他去說他的，由他愛怎麼講就怎麼講好了。一切就這樣不聲不響地結束，既不爭吵，也不傷害人。說到這裡，我要問一問那些先生們，問他們根據什麼定下這麼一條相反的規矩：對插科打諢的話、對蔑視人和侮辱人的話，應當表示寬容，而對於講理的話，則必須嚴辦；請問：這條規矩的根據何在？對這條規矩，我實在不明白呢！

這些先生們經常去見伏爾泰先生，[47]他們怎麼一點也沒有受到他不斷吹噓的寬容精神的啓發呢？[48]如果在這件事情上，他們稍稍問過伏爾泰先生的意見，我估計他也許會對他們這樣說：

「先生們，做惡事的，不是那些講理的人，而是那些僞君子。哲學照樣向前進步，一點問題也沒有。不過，一般老百姓不懂哲學，所以他們由它去說它的，而且以牙還牙：哲學家是怎樣用輕蔑的態度對待他們，他們也怎樣用輕蔑的態度對待哲學家。在人們的瘋狂行爲中，要數講說道理這種行爲對人類的傷害最少。我們發現，有些迷了心竅的賢哲之士有時候也有這種瘋狂行爲。是的，我不講說道理，但別人講說道理，這有什麼關係呢？你們看某書、某書和某書，[49]難道這些書中全是開玩笑的話嗎？說到我自己，我雖然不講說道理，但我有妙招：我讓我的讀者去講說道理。請看我講述猶太人那一章，再看這一章中關於《五十人誓言》的評說，我認爲它通篇都是在講說道理或等於是在講說道理。你們將發現，在那段文字中，『肆無忌憚』的話一句也沒有，而比『零零星星不適當的』言論更有過之的話倒是有一些。」

「我們這樣辦：你們藉助我在宮中的影響和我享有的所謂威望，把我這老頭子說的那些風趣話到處傳播；這樣做很好，不過，不要因此就去燒那些嚴肅的書，因爲那會引起公眾的不滿。」

「關於寬容問題，我講的話已經夠多了！不過，我們不能老是要求別人寬容，而我們對別人卻不寬容。那個可憐的人信上帝嗎？他信上帝或是不信上帝，我們用不著去追究，因爲他不會去進行宗派活動。他令人討厭嗎？凡是講說道理的人都是令人討厭的。好在我們不和他同一張桌子吃飯，那有什麼關係呢？如果把所有令人討厭的書都燒了，圖書館將成爲什麼樣子？如果把所有令人討厭的人都處以火刑，那就需要把整個國家變成一個柴堆，才能把他們通通燒死。你們要按我的話去做，讓那些允許我們說笑話的人去講說他們的道理，既不燒書，也不燒人，大家平平安安過日子；我的主張，就是如此。」在我看來，伏爾泰先生能心平氣和說的話，就是這些。我覺得，他這些話還算不上是給我們出的最壞的主意。

「把這些書不偏不倚地加以比較，從它們在世界各地的出版情況來加以判斷。」我衷心贊成。「有些書到處印行，到處暢銷，而另外一些書是受到人們怎樣對待的，這是大家都知道的。」

「有些書」和「另外一些書」，這個話說得很含糊，意思不清楚。我並不是說該作者的這個話是指我的著作，但我能夠說的是，在世界各地都印行，並譯成各種文字，而且在倫敦同時有兩個譯本的書，是《愛彌兒》；就我所知，除了《新愛洛伊斯》以外，還沒有哪一本書有此榮譽。此外，我還可以補充的是：在法國、英國、德國，甚至在義大利，人們都同情我、喜歡我，想請我到他們那裡去做客，而且他們都異口同聲地譴責日內瓦的小議會。我的書的命運就是如此，至於其他人的書的命運如何，我就不知道了。

現在到了該結束這封信的時候了。你看，先生，在這封信和上一封信中，我假定我是一個有罪的人，而在前三封信中我充分證明我不是，這前後一對照，你就可以看出，他們的辦法用來對付一個有罪的人，尚且不公正，何況用來對付一個清白無辜的人呢！

然而這些先生們依然按他們的辦法繼續做下去，而且還公然聲稱是爲了教會的利益，他們不能承認他們的錯誤；爲了政府的榮譽，他們不能改正他們不公正的做法。他們居然把法官們極不公正的做法說成是執行上天的旨意；要論證他們的這一論調將造成什麼樣的後果，就需要專門寫一本書。不過，現在不是寫這本書的時候，因爲，直到現在爲止，我都只限於分析他們是不是不公正，而沒有探討他們是否應當糾正他們不公正的做法。如果應當糾正的話，我們在後面將談到你們的法律應當採取哪些措施，才能彌補它所受到的破壞。現在，我要問你：對於這些固執己見的法官，我們應當怎樣看？他們斷案如此輕率，好像判輕或判重都無所謂似的；他們如此頑固堅持他們的判決，好像他們的判決是經過深思熟慮之後才下似的；對於這樣的法官，我們該怎樣評說呢？

我對於這些問題的論述雖然是文字長了一些，但我相信你會鑑於我論述這些問題的目的而耐心閱讀的；我甚至可以說你應當耐心地仔細閱讀，因爲，這些話既是爲你們的法律進行辯護，也是爲我進行辯護。在一個自由的國家裡，在一個尊崇理性的宗教裡，把一本類似我的書那樣的書說成是犯罪的法律，必然是爲禍無窮的法律。爲了國家的榮譽和利益，應當趕快把它廢除。謝天謝地，正如我在前面所說的，幸好你們的國家還沒有這樣一部法律。但願對我的這種不公正的做法是官員們採取的，而不是法律規定的。因爲，人的過錯是短暫的，而法律的過錯將像法律那樣長期存在。儘管我被永遠逐出我的國家不是由於我的過錯造成的，但我從來沒有像我在宣布我不再是日內瓦公民之時那樣好地盡我的公民義務，事實上，正是這件迫使我放棄日內瓦公民身分的事情，證明我配做日內瓦公民。[50]

請你回憶一下幾年前圍繞達朗貝爾寫的詞條「日內瓦」[51]發生的事情。教士們發表的那篇文章，不僅沒有平息由該詞條引起的爭論，反而使之愈鬧愈大；沒有一個人不知道我的那篇文章[52]比他們自己的文章對他們更有利。儘管新教徒對他們十分不滿，但強壓怒火，沒有吱聲，不過，或遲或早總有一天要大發雷霆的。不幸的是，政府的官員們對這麼一點點事情就驚慌不已，以致本來不久就會被人遺忘的神學家的爭吵，由於官員們的重視而演變成了一件大事。

至於我，我認爲，有這麼一些不拘泥於純思辨性的教義問題的人，以罕見的獨到見解把一切問題都歸納到做人與做公民的道德與義務這個範疇來考慮，這是祖國的光榮和幸福。我認爲：不直接對他們表示稱讚，而只論證他們的看法的正確性和防止某些人對他們的看法進行攻擊，是我應當爲國家做的一件事情。我在文章中指出了他們疏忽而沒有談到的那些事情，是既不確切、也沒有什麼用處的；我希望我在這方面發表的意見能堵住某些人的嘴，以免這些人試圖把這一點說成是教士們的罪過；我在文章中既沒有提那些教士們的名字，也沒有指出是哪些人，更沒有一句話涉及他們的傳統教義：我這樣做的目的，是以他們作爲向其他神學家做示範的榜樣。[53]

這項工作是很大膽的，但不是冒冒失失地去做的，也不是沒有難以預料的情況需要克服的，但我深信它必然是會成功的。不僅是我一個人有此看法，許許多多有眞知灼見的人，甚至大名鼎鼎的官員，[54]也有此同感。你只要稍微觀察一下在我這本書[55]出版時的歐洲的宗教狀況，你就會發現這本書定將到處大受歡迎。被哲學家們詆毀得威信掃地的宗教，已失去了它對人民的影響；然而教會裡的那些頑固派還一個勁地拿宗教的那些弱點來炫耀，結果，使其餘的好的教義全都被埋沒：整個大廈已經到了即將崩潰的邊緣。目前，爭論之所以停止，是因爲已經無人對它感興趣了；各派之所以相安無事，是因爲誰也不對自己一派關心了。爲了去掉壞的樹枝，就需要把整棵大樹推倒；要重新把它栽起來，就只能保留樹幹了。

爲了牢固地建立普遍的和平，哪裡還有比大家都消除宗派的敵對情緒和傾聽理智的聲音更好的辦法呢？一本不指摘誰和排斥誰的書，誰讀起來會不高興呢？它讓大家都看到人們相處得很和諧，不再有那麼多的紛爭，不再有人由於意見不合而流血，每個人都誠心遵奉自己的信仰而且不干擾別人的信仰，人們到處都敬奉上帝、愛鄰人、服從法律：這樣一本把良好的宗教的種種要義全都講得詳詳細細的書，誰不喜歡讀呢？它既讓人們享有哲學家宣導的自由，同時又增進了人們對宗教的虔誠；它把對秩序的愛和對別人的意見的尊重結合起來，不僅不摧毀不同的教派，而且還使它們都向人道主義和理性的共同目標前進；它不僅不挑起爭端，而且還將斬斷滋生爭端的根苗，如果不斬斷它們的根苗，那麼，當目前暫時沉睡的宗教狂熱一旦醒來，早晚有一天，它們必將會再次爆發。從以上所說可以看出，在這擺脫了宗教偏見的和平時代裡，這本書將使每個人都具有高度的理性，成天像他現在這樣生活而又不知道何以能這樣生活。

如果大家都聽從我的忠言，許許多多即將產生的禍患都可以被防止。會不會有害處伴隨好處而來呢？不會，一個害處也沒有，我敢說：除了有些可免受懲罰的無心過失和迫害者們難以達到目的的小手段以外，誰也舉不出一個必將產生或可能產生的壞處。我眞不明白：經歷了那麼多可悲的苦難之後，在一個如此光輝的時代，各國政府怎麼還不知道應當把這個必須掌握許多技巧才能使用、否則就會割傷使用者的手的可怕武器趕快扔掉和打碎呢？聖皮爾（Saint Pierre）神父主張關閉神學院只保留教會；採用什麼辦法才能不聲不響地達到這個顯然可合而爲一的雙重目的呢？我認爲：只有採取我在前面提出的辦法。

有一個惡劣的環境不允許我的好辦法得到實施；它把我想爲人類消弭的災禍全都集

中落在我的頭上。會不會再誕生另外一個不懼怕遭遇我這樣的命運而敢說眞話的人呢？這我不知道。即使他比我明智，但是，如果他也像我這樣熱情的話，他是否就能比我更幸運呢？對此，我深表懷疑。我抓住的機會既然已經浪擲，就一去便不再回來了。我衷心希望巴黎高等法院將來有一天不後悔它把我從宗教迷信者們手中奪下的匕首，又重新交到他們手中。

現在，讓我們放下遙遠的地方和遙遠的時代不談，回過頭來談日內瓦。我想最後說幾句你完全能理解並感到驚訝的話，使你重新想到這個城市。你放眼看一下你周圍發生的事情，是哪些人在迫害我？是哪些人在爲我辯護？看一下持不同意見的那些公民中的菁英，在日內瓦還有比他們更受尊重的人嗎？我不想談論那些迫害我的人；願上帝保佑，不要讓那些插科打諢和尖酸刻薄的語言來玷汙我的筆和我的工作。我毫不惋惜地把這個武器留給我的敵人去使用。我讓你自己去比較和判斷。如今，哪一邊的人還保持了昔日的風俗和美德，與虔誠的宗教信仰及眞正的愛國主義？[56]什麼？他們說我違犯法律，可是，那些積極維護法律的人正在爲我辯護呀！他們說我攻擊政府，可是，最好的公民全都贊成我發表的意見呀！他們說我攻擊宗教，可是，那些宗教信仰最堅定的人沒有一個不支持我呀！單單這樣一說，你就全明白了，就知道我眞正的罪過和遭到屈辱的原因何在了。那些恨我和汙衊我的人，反而不由自主地稱讚我；他們對我的仇恨，其本身就說明了這個問題。這一點，哪一個日內瓦人不明白呢？

◆注 釋◆

【1】此處的「議會」一詞的原文 conseils 是複數而不是單數 conseil。這個區別很重要。這一點，後文即將談到。——譯者

【2】第六十六頁。——作者

【3】見第七封信。——譯者

【4】這個字母，指表示名詞複數的「s」，參見注八。——譯者

【5】在十六世紀，對靈魂得救與否是由神預定這一說法發生過許多爭議；這類爭議，今天也許連小學生也感到可笑，但在當時，按照人們的習慣卻是國家大事，而且，對這一問題的裁決權是屬於教士的，即使他們的裁決有違背公眾利益的地方，也是由他們說了算。就我所知，自從有了法律以來，就沒有發生過小議會在沒有教士參與的情況下裁定教義問題的事例。我只知道有過一次這類裁定；這個裁定是由二百人議會做出的。在一六六九年的大爭論中，爭論的是特殊的神恩問題。在耶穌會與日內瓦教會戒律議會之間多次冗長而無果的爭論之後，那些博學的人們始終未達成一致意見，於是把問題提交給小議會，但小議會卻拒不受理。二百人議會只好把問題收回來，由他們自己來審議。爭論的焦點是：耶穌是單單為選民的靈魂得救而死，還是既為選民的靈魂得救，也為被打入地獄的人的靈魂得救而死。經過多次會議和認真的討論之後，尊敬的二百人議會宣稱耶穌只是為了他的選民的靈魂得救而死。可以想像得到，這次裁定是以勢

壓人做出的，如果博學的特龍香*比他的對手**更有威望，裁定的結果便很可能是耶穌也是為了被打入地獄的人的靈魂得救而死的。這一切都是很可笑的，與對教義的信仰毫無關係，爭來爭去，實際上爭的是對公眾的教育內容要整齊劃一的問題，而對於公眾教育的監督，無可爭辯地是屬於政府的事情。這次大爭論引起了人們如此密切的關注，以致全城的人都騷動起來了。不過，這沒有關係，小議會有辦法平息而又不對教義問題發表什麼意見。對於這類與誰也沒有關係、誰也不真正明白的問題，最好的辦法是交給神學家去解決。——作者

*指路易・特龍香。——譯者

**指弗朗索瓦・圖赫蒂尼。——譯者

【6】指宗教學或神學。——譯者

【7】《教會法》第九十七條。——作者

【8】此處的「議會」一詞，原文是複數 conseils，指兩個議會，即普遍議會和小議會，前者是主權者，後者是行政機構。——譯者

【9】如果像《鄉間來信》的作者那樣寫成單數 conseil，就意味著指的是小議會。參見注四。——譯者

【10】他們在《意見書》第四十二頁說：「對於這類事情的探討和審理，最好是由傳道士主持，而不由尊敬的小議會主持。」這段話說的是哪類事情呢？問題是：從表面上看來好像是有疑問，但實際情況是，我的那本書是否真的充滿了許多閹割、動搖和摧毀基督教的基本教義的論點呢？《鄉間來信》的作者就是以此藉持不同意見者之口，說在這類事情上，傳道士比議會更有理由擔任法官。毫無疑問，傳道士在神學問題上是最理所當然的法官，但在對罪行的定罪方面，就不是了。這一點，持不同意見者們既沒有說也沒有暗示這個意思。——作者

【11】第十四頁。——作者

【12】第三十頁。——作者

【13】第二十二頁。——作者

【14】著重號是原有的。——譯者

【15】沃弗納格（一七一五—一七四七），法國十八世紀一位英年早逝的青年文學家，逝世時年僅三十二歲；法國文學史家朗松認為，從哲學思想和倫理觀來看，沃弗納格可以說是一個前連費訥龍後接盧梭的人物。——譯者

【16】由於日內瓦沒有一部正式的刑法，所以官員可以任意對罪犯定罪。不過，儘管這在立法工作上是一個很大的缺陷，是自由的國家中濫用權力的典型，但官員們的這一權力頂多也只能懲辦那些在全社會的人看來都是違犯自然法的罪行和成文法明文禁止的事情；從來不允許官員利用這一權力給無罪的人捏造罪名，而且，對任何一種罪行的審理，都不得因為擔心罪犯逃脫懲處便打亂法律規定的訴訟程序。——作者

【17】參見《宗教法庭法官手冊》。——作者

【18】見《意見書》（鉛印本）第二十二、二十三頁。——作者

【19】「我對教育問題也思考了一段時間。這是舍農索夫人請我在這方面下功夫的，因為她丈夫對兒子的教育方法不當，使她對自己的兒子非常擔憂。」（盧梭：《懺悔錄》，第九卷）。——譯者

【20】第二十五頁。——作者

【21】第二十三頁。——作者

【22】官員們對這件事情的處理非常謹慎，無論是程序的進行還是日內瓦教會戒律議會的諮文的送達和法庭的判決，都既緩慢又逐步完成一個之後再進行下一個。法官們登上法官席，呼喚上帝的名，把《聖經》放在自己面前，經過慎重審理和徵求公民們的意見之後，當著人民的面做出他

們的判決，使人民了解他們那樣判決的理由，並把他們的判決印發給大家。對一本書的簡單的判決竟如此慎重，既不侮辱作者，也不逮捕作者，儘管這位作者既固執己見又抗拒法庭的傳喚。可是如今的那些先生們從這件事情中學到的是：千萬別那麼慎重地對待人的榮譽與自由，尤其是公民的榮譽和自由，因為，請注意：莫雷里不是公民。*——作者

*據《案情摘要》說：莫雷里「原籍巴黎，在日內瓦城中居住的時間不多」。——譯者

【23】指《鄉間來信》的作者特龍香。——譯者

【24】第十七頁。——作者

【25】第十八頁。——作者

【26】第十七頁。——作者

【27】參見《日內瓦史》，第二卷，第五五〇頁和注釋，十二開本。——作者

【28】安托萬如果改正了，他會不會照樣被燒死呢？按照《鄉間來信》作者的意見，安托萬將依然會被燒死的。然而，他也很可能不會被燒死，因為，儘管他很頑固，官員們也不會不去徵求教士們的意見的；他們認為，從某個角度看，安托萬依然是歸教士們管轄的。——作者

【29】任何一種不違反自然法的行為，除明文禁止的以外，都不會構成罪行。我這個話的目的是讓那些膚淺的理論家認識到我的二難推理是很嚴格的。——作者

【30】第二十一頁。——作者

【31】「愚魯」二字是《鄉間來信》的作者特龍香的原話，他說：「一本應受懲辦的書的作者，行事必然是行事不謹慎的和愚魯的。」（見《鄉間來信》，第二十頁）——譯者

【32】盧梭誕生於一七一二年，到他一七六二年發表《愛彌兒》時，正好是五十年，「五十年的光輝」一語指此。——譯者

【33】仔細一分析，就可看出在《鄉間來信》的作者對我提出的那一大堆指摘中，有許多地方不值一

駁，例如他說我那本受到法院譴責的書和我的其他著作的版式是完全一樣的。是的，它們都是十二開本和八開本；請問：其他作者的書又是幾開本呢？他還說它們是同一個書商出版的；這就說得不對了。《愛彌兒》是由幾個不同的書商印製的，而不是由我那個書商出版的，*用的是我的其他幾本書沒有用過的字體。由此可見，由他的指摘得出的結論，不僅不對我有害，反倒可以幫我辯護。——作者

*句中的「我那個書商」指曾出版盧梭的《論不平等》等書的荷蘭阿姆斯特丹的書商雷伊，而《愛彌兒》，正如盧梭所說的，是由另外幾個書商出版的。「一七六一年《愛彌兒》脫稿後，巴黎的書商杜什納與盧梭簽訂了出版合約。接著，杜什納於同年十一月和十二月分別與荷蘭海牙的印刷商勒歐姆和法國里昂的印刷商讓・布呂瑟簽約，由這兩個印刷商承印；前者負責『法國以外的地方』的發行，後者則在法國境內發行。」（李平漚：《如歌的教育歷程》，山東人民出版社二〇〇八年版，第三頁）——譯者

【34】指持不同意見者。——譯者

【35】第二十三、二十四頁。——作者

【36】盧梭的這句話，是有所指的：伏爾泰的著作，包括他那本受到公眾批評的《戇第德》，在日內瓦一版再版；他的《路易十四時代》和《風俗論》在法國被禁止，而在日內瓦卻暢銷。——譯者

【37】指普魯士王國治下的莫蒂埃。——譯者

【38】指他一七六二年十一月十八日寫給巴黎博蒙大主教的信。——譯者

【39】在《致博蒙大主教的信》發表後不久，大約在一七六三年五月，盧梭與索特恩曾到法國蓬塔利埃一遊。（見《懺悔錄》第十二卷）——譯者

【40】指友人。——譯者

【41】一七六三年五月，勒尼普自巴黎寫信給盧梭說：「我不相信此間有人想加害於你，何況現在在你所住的地方，那位君王也不允許任何人這麼做；在你目前所在的地方，唯一對你抱敵對態度的，是當地的教會人士。」（《盧梭通信集》，第九卷，第三〇七頁）——譯者

【42】關於盧梭與普魯士王國納沙泰爾邦總督喬治·凱特的友誼，以及在盧梭逃匿莫蒂埃的兩年多時間裡，喬治·凱特對他的關懷與庇護，請參見《懺悔錄》，第十二卷。——譯者

【43】阿里斯托芬（約西元前四四六—前三八五），古希臘劇作家。——譯者

【44】蘇格拉底（約西元前四六九—前三九九），古希臘哲學家。——譯者

【45】請注意，我是按照習慣來使用「冒犯上帝」這個詞語的，不過，我不贊成按它的本義使用，因為我覺得用起來也不確切，好像確實曾經有那麼一個人或那麼一個天使，甚至魔鬼故意冒犯上帝似的。我們用「使上帝感到不悅」來表達，較為合適，《聖經》中有許多地方都是這樣表達的；這證明我的看法是正確的。那些滿腦子神學概念的人按照他們的狹隘思想來解說這本聖潔的書，必然會把它的原意弄得面目全非；他們就是用這套辦法使人們陷入瘋狂和盲信的。我發現羅馬教在用通俗的語言翻譯《聖經》方面是很謹慎的。由於既沒有必要一定要人們在詠唱《雅歌》*時有一種安樂的感覺，也沒有必要一定要人們像大衛那樣對敵人罵不停嘴，更不需要像聖保羅那樣把上帝的恩寵說得神乎其神，所以，用不準確的詞表述作者的意思，用不準確的語言表述《福音書》中的微言大義，那是很危險的，因為，差之毫釐，就失之千里。——作者

*《雅歌》是《聖經·舊約全書》中的一卷。——譯者

【46】見孟德斯鳩：《論法的精神》，第十二卷，第四章。——譯者

【47】盧梭在《山中來信》中有好幾處不指名地提到了伏爾泰，但只有在這裡點了伏爾泰的名。——譯者

【48】句中的「寬容精神」一語，指伏爾泰一七六二年發表的《論寬容》一書。——譯者

【49】在納沙泰爾圖書館收藏的手稿中，此處不是「某書、某書和某書」，而是「你們看《精神》，看《東方的專制主義》」，很顯然是指愛爾維修的《精神論》（一七五八）和尼柯拉・安托萬・布朗熱的《論東方的專制主義的起源》（一七六一）。——譯者

【50】關於盧梭放棄日內瓦公民身分一事的原因和經過，請參見《懺悔錄》，第十二卷。——譯者

【51】指一七五七年達朗貝爾發表在《百科全書》第七卷中的詞條「日內瓦」。——譯者

【52】指盧梭為批駁達朗貝爾的「日內瓦」而發表的《致達朗貝爾的信》（一七五八）。——譯者

【53】盧梭的這個話說得不錯；他在《愛彌兒》中的「信仰自白」裡，就是以日內瓦的教士為模型來描寫他心目中的基督徒的；在本書的第六封信中，他還把日內瓦的政治制度描寫成一個良好的政治制度的典型。——譯者

【54】指當時的法國圖書總監瑪律澤爾布（一七二一—一七九四），盧梭的《愛彌兒》之所以能在法國出版，瑪律澤爾布是起了很大的作用的。——譯者

【55】指《愛彌兒》。——譯者

【56】這個問題，盧梭是有所感觸而提出的。到十八世紀上半葉，加爾文教義和按這個教義規範的生活方式，在日內瓦已逐漸淡化，只有一般的中下層人民還保持昔日的風尚，而上層人士已沾染了法國的習氣，崇尚奢侈，喜歡講究排場的社交生活，甚至有時候還模仿伏爾泰，用風趣的俏皮話談論宗教問題。盧梭不贊成他們這樣做，所以他在前面說他「毫不惋惜地把這個武器留給我的敵人去使用」。——譯者

第六封信

《社會契約論》的作者眞的是在攻擊各國的政府嗎？對他這本書的簡短分析。日內瓦採取的做法是前無先例的；沒有哪一個國家跟著它那樣做。

先生，再寫一封信，我就不寫了。不過，剛一開始動筆，我就發現我面臨的問題很奇怪：這封信我非寫不可，但又不知道寫些什麼。請你想一想：想在一件案子上替自己辯護，但又不知道自己犯了什麼罪、不知道人家指控了些什麼，這豈不是令人爲難的嗎？[1]在涉及政府的問題上，我就處於這種情形。我雖然沒有被指控，但我被判了刑；而且，由於我發表了兩本「膽大妄爲、褻瀆宗教並導人爲惡，試圖摧毀基督教和推翻各國政府」的書，便受到百般屈辱。在宗教問題上，我們至少有某些線索可尋，知道他們想說些什麼，從而對他們想說的問題進行分析；然而在政府問題上，卻一點線索也沒有。在這個問題上，他們始終避而不談他們有哪些看法，沒有說明我在什麼地方試圖推翻各國政府，更沒有說明我如何和爲什麼要推翻各國政府，一字未提他們有何根據證明他們所指摘的罪行不是憑空臆造的。他們的這種做法，有點像說某人殺了人，但又說不出他是在什麼地方殺的、什麼時候殺的、殺的是什麼人：這簡直是一樁無頭公案。即使是在宗教裁判所，法官也只是強迫一個被告自己猜他爲什麼被起訴，但從來不在未向被告說明根據什麼定他的罪以前就判他的刑。

《鄉間來信》的作者處處留心，避而不談這個所謂的罪行；他在信中把宗教問題和政府問題合併在一起，略微提了一下政府問題就進而談宗教問題；他說他只限於談宗教問題，他倒也說話算數，只談了宗教問題。不過，如果起訴的人拒不說明他們指控些什麼，我們怎麼去評說他們關於政府問題對我的指控呢？

請注意這位作者在他的文章中，是如何筆鋒一轉就改變了問題的性質的。小議會說我的書是旨在推翻各國的政府，而這位作者只是說各國政府在我的書中都受到了強烈的批評。他的話和小議會的話大不相同。一項批評無論是多麼強烈，都不可能是一個陰謀；對某些法律進行批評或譴責，並不等於想廢除所有的法律。他的話無異於指控某人殺害病人，卻說過錯在醫生。

還有，對於他們不願意講的理由，應如何回答呢？對於他們毫無根據所做的判決，應如何批駁呢？在雙方都沒有提出證據的情況下，那些先生們說我想推翻各國政府，而我，我說我沒有推翻各國政府的意思，雖然這兩種說法正好是針鋒相對、完全相等的，但我認爲我的說法是對的，因爲，我想做什麼，只有我比誰都更清楚。

這兩種說法不相等的是它們產生的結果。根據他們的說法，我的書被焚毀，並下令逮捕我；而我的說法，卻一點作用也起不了。不過，如果我能證明他們的指控是錯誤的、他們的判決是不公正的，那麼，他們對我的指摘就會反過來指摘他們：逮捕令和劊子手的手全都會反過來落在他們頭上，因爲，再也沒有什麼辦法比他們那樣採用直接違反政府建立的目的的手段，更能徹底推翻政府了。

單單這樣陳述還不夠，還需要我詳細論證。在這裡，人們將看到：當官員們對主權者毫無敬畏之心並任意踐踏法律的時候，一個人的命運聽任這樣不公正的官員們的擺布，是多麼可悲啊！在毫無證據的情況下，他們一句話就可定案，使無辜的人受到懲罰。更有甚者，他們還把無辜的人提出的申辯當作一項新的罪行；該不該因爲這個無辜的人辯稱自己無罪而懲辦這個人，全由他們決定。

我應如何著手，證明他們沒有說眞話呢？如何證明我沒有推翻各國政府之意呢？不論我對我書中的哪一個論點進行辯護，他們都說他們譴責的不是那個論點；他們對我書中的論述，好壞不分，一律譴責。爲了不讓他們有任何一個藉口，就需要把我的書全都談到，就需要一本又一本，一頁又一頁，一行又一行，甚至一字又一字地從頭談到尾。此外，由於他們說我想推翻各國政府，所以還需要對各國的政府一個又一個地加以研究。這是多麼艱巨的工作啊！要花多少年時間來做這個工作呢？要寫多少本對開本的書呢？寫好之後，誰看呢？

因此，人們只能要求我做我能做的工作。每一個明智的人唯讀一下我向你講的話，就行了，而你也就不要再提更多的要求了。

我的兩本書[2]遭到了同樣的指摘，並同時被當眾焚毀。可是在這兩本書中，只有一本是論述政治權利和政府的運作。雖說那一本書[3]也談論這兩個問題，但通篇也只不過是這一本書[4]的一個摘要。[5]因此我推斷，他們所指摘的是這一本書。既然他們對其中的一些說法進行指摘，他們就應當把它們向公眾全文引錄，或者，至少也要像他們針對我有關宗教的論述那樣摘錄其中幾個說得對或說得不對的觀點。

既然他們說我闡述的那一套理論是旨在破壞政府，那麼，就讓我把那一套理論陳述出來或者對全書做一個分析。如果在我的分析中顯然看不出什麼破壞性的言論，那他們就按照作者的陳述到書中去找，看是不是有。

不過，先生，我所做的分析是很短的；儘管你從我的分析中可以得出某些結論，但你千萬別匆忙行事。現在就讓我們來一起研究，等研究完了以後，你再回過頭來下結論，如果你願意的話。

是什麼使國家成爲一個整體的？是它的成員的結合。[6]它的成員何以會結合在一起？是由於有把他們聯繫在一起的義務。這一點，大家迄今是完全同意的。

不過，請問這種義務的基礎是什麼呢？在這個問題上，學者們的意見是有分歧的。有些人[7]說是強力，另外一些人[8]說是父權，還有一些人[9]又說是神的旨意。每個人都可以對自己提出的觀點講出一番道理，並批評別人的觀點是錯誤的。我本人也一樣，我將像那些在這個問題上發表過有益的意見的人那樣，提出我自己的看法。我的看法是：政治共同體的基礎，是它的成員們的公約。[10]對於一切與我的看法不同的論點，我已經進行過駁斥了。

且不說我的看法是多麼符合事實，單拿其依據的可靠性來說，就已經勝過其他人的觀點了。因爲，在人與人之間，除了承擔義務的人的自由之約定以外，還有什麼其他更可靠的基礎使他們承擔義務呢？對於其他人的觀點可以進行爭論，[11]而對於我的觀點，是沒有什麼可爭論的。

正是由於必須要有「自由」這個條件（這個條件就包含了其他條件），所以，一切沒有這個條件的約定都是無效的，即使拿到人類的法庭上去裁判，也是無效的。因此，爲了明確這個約定的內容，我們就需要闡明它的性質，指出它的用途和目的，並證明它是適合於人的，而且與自然法毫不牴觸。我們不許以社會契約來違反自然法，不許以個別的契約來違反人爲法：正是由於有了法律，自由才能存在，從而使公約具有力量。

根據以上所說，我的結論是：社會契約是一種特殊的公約。由於有了這個公約，每一個人對所有的人都承擔了義務；反過來，所有的人也對每一個人承擔了義務。這就是成員們結合的直接目的。

我之所以說這種公約是一種特殊的公約，是由於它是絕對的、無條件的、無保留的，因此它不可能是不公正的，也不可能遭到濫用，因爲，只要整個集體都爲大家著想，共同體是不會自己傷害自己的。

我之所以說這種公約是一種特殊的公約，另一個原因是：它雖把參加公約的人都結合在一起，但它不使他們受任何一個個人的奴役；[12]儘管它把他們唯一的意志作爲法規加之於全體訂約者，但它能使每一個個人和以往一樣的自由。[13]

由此可見，全體的意志就是秩序，就是最高的法規。這個普遍的和人格化的法規，我稱之爲主權者。

因此，主權是不可分割的、不可轉讓的；[14]它實質上存在於共同體的全體成員。

不過，這個抽象的集體如何行動呢？它透過法律而行動；除此以外，它就沒有其他的行動辦法。

什麼叫法律？法律是公意對一個涉及共同利益的事物的莊嚴的公開宣告。[15]我說的是「涉及共同利益的事物」，因爲，如果該事物不是與所有的成員都有關係，則法律將失去它的力量，而且是不合理的。

從性質上說，法律是不能針對個別的物件而制定的，但它卻可以應用於個別的物件。立法權應掌握在主權者手裡，但它所立的法卻需要另外一個權威來執行，也就是說，該權威可以把法律制定成個別的法令。這個執行法律的權威的存在，其目的就是在執行法律，而且只能是執行法律。爲此，就需要建立一個政府。[16]

什麼叫政府？政府是在屬民與主權者之間建立的一個中間體，它的目的是使這兩者互相適應，並負責法律的執行和保障公民的與政治的自由。

作爲政治共同體的一個組成部分，政府應表達組建它的公意；但就政府本身來說，它也有它自己的意志。這兩種意志有時候是協調一致的，有時候又是互相衝突的。正是在這既協調一致又互相衝突的關係中，整個機器才能運轉。

不同形式的政府的組建原則，取決於組成政府的人員數目。人數愈少，政府便愈有力量；人數愈多，則政府便愈軟弱。[17]由於主權總傾向於愈來愈鬆弛，所以政府的勢力將愈來愈加強，其結果，行政機構將逐漸地凌駕於立法機構之上，最後，到法律聽命於人的時候，就只剩下奴隸和主人了，而國家也就被摧毀了。[18]

在國家被摧毀以前，政府將自然而然地改變其形式；組成政府的人數將逐步由多變少。

就政府可能採取的形式而言，主要有三種。[19]把這三種形式的政府的優缺點加以比較以後，我傾向於選擇介於兩個極端之間的那一種，即貴族制政府。[20]必須記住的是：國家的組成和政府的組成，是兩種截然不同的事物，我從來沒有把它們混爲一談過。在這三種政府當中，最好的形式是貴族制政府，最糟糕不過的是由貴族掌握主權。

根據這些論點，人們就可以推導出我在政府蛻化的方式上，以及延緩政治共同體的毀滅的方法上，將發表些什麼意見了。[21]

最後，在《社會契約論》的最後一卷，我以歷史上曾經存在過的最好政府即羅馬的政府爲例，論述了最有利於建立國家良好體制的方法；接著，在卷末和全書的結尾部分，指出宗教不僅能夠，而且應當作爲一個合法的組成部分納入政治共同體。

先生，你讀了我對《社會契約論》所做的這個簡短而忠實的分析之後，有何感想？

你們的感想我是猜得出來的。你們將眾口一詞地說：「盧梭講述的，就是日內瓦政府的情形。」其實，這個話，凡是了解你們政治制度的讀者，讀了《社會契約論》以後，都這麼說過了。【22】

請問：書中論述的那個原始契約和主權的實質與法律的威力，以及政府的組建和政府爲了用強力來彌補其效力之不足而採取的不同程度的緊縮方式與篡取主權的傾向，還有人民定期舉行的集會以及政府取消這種集會的手段，和一天天威脅你們而我極力防止的國家的毀滅；所有這些，難道不是一筆一畫全按照你們的共和國從誕生到今天的形象描述的嗎？

由於我認爲你們的憲法是很好的，所以我拿它作爲政治制度的典範，並建議你們把它作爲樣本向全歐洲推廣。我不但絲毫沒有推翻你們的政府之意，反而提出了許多保護它的方法。不過，你們的憲法雖然好，但並不是沒有缺點；幸而人們可以防止它受到曲解，並保護它不遭到它今天遇到的危險。我早已預見到這一危險，而且告訴了人們，提出了相應的預防辦法。我這樣做，是在破壞它，還是在想辦法維護它呢？正是由於我忠於它，我才希望它不遭到任何破壞。你看，這就是我的全部罪行；我也許有錯誤，但是，即使由於我對祖國的愛，而在這件事情上的看法有些錯誤，難道就因此要懲辦我嗎？

我把你們政府的運作模式當作典型來描述，怎麼就是旨在推翻各國的政府呢？單單這一點，就足以駁倒他們提出的指摘，因爲，只要有一個政府按照我描述的模式存在，就不能說我想推翻所有一切現存的政府。啊！先生，如果我只是提出一套理論的話，你肯定會說我言之無物，等於白說，一定會把《社會契約論》與柏拉圖（Platon）的《理想國》及《烏托邦》[23]與《塞瓦蘭人》[24]一起束之高閣，一眼都不看的。然而我描述的是一個現存的國家，我希望這個國家的面貌能煥然一新。我的書是一個見證，證明有些人正在破壞它；他們不能原諒我的，就是這一點。

現在，請你看一看你必然會感到奇怪的事情。他們說我的書攻擊所有各國的政府，然而我的書卻沒有遭到任何一個國家的禁止！我的書只宣揚了一個政府，把這個政府作爲楷模，然而，就唯獨我所宣揚的這個政府下令把它燒了。所有受到攻擊的政府什麼話也沒有說，反而是這個受到稱讚的政府懲辦它，這不是很奇怪嗎？什麼？日內瓦的官員們自以爲是其他國家政府的保護者，要替它們懲辦這本攻擊它們的書！他們竟公然因爲自己國家的這位公民說自己國家的法律優於其他國家的法律，就懲辦他！這簡直是豈有此理、不可想像！要不是你親眼見到，你能相信嗎？在歐洲的其他地方，有什麼人想查禁這本書？沒有；即使在那個印刷這本書的國家裡，[25]也沒有；甚至在圖書審查極爲嚴格的法國，也沒有。在法國，宣布禁止這本書了嗎？[26]沒有；他們起先是不允許在荷蘭印刷的本子進入法國，但在法國有人盜版翻印，而且在各書店上架銷售，一點問題也沒有。可見這是出於商業上的考慮，而不是政策問題；他們的目的是讓法國的書商賺錢，而不讓外國的書商受益。事情的眞相，就是如此。

除了日內瓦，《社會契約論》在任何其他地方都沒有被焚燒，但此書卻不是在日內瓦印的；只有日內瓦的官員發現書中有破壞各國政府的言論，然而他們卻不具體指出書中的哪些言論是破壞性的。在這一點上，我相信他們是經過再三考慮才這麼做的。

草率下禁令的結果是：不僅無人遵守，而且還削弱了政府的威信。我這本書，不僅傳到了所有日內瓦人的手中，而且還深入到了他們的心中！先生，你讀一下這本書；它雖遭到一些人的百般詆毀，但卻是人們十分需要的書。你將在書中處處都可看到法律被置於一切人之上，書中雖處處都在要求享有自由，但它主張的是在法律治理之下的自由；沒有法律，自由就不可能存在；在法律的治理下，不論用什麼方式統治，人們都是自由的。有人說我這些話在當權的人聽起來是不中聽的；他們不願意聽，就不聽好了；只有我知道他們的眞正利益是什麼，如果他們願意去尋求，他們是會找到的。不過，人的欲望將迷惑人的眼睛，使他們看不到他們的眞正利益何在。只有那些使法律聽命於人的欲望的人，才是一手摧毀政府的元凶；應當懲辦的，是這些人。

政治體制的基礎，在各國的政府中都是一樣的；對於這些基礎，我這本書比任何其他的書都闡述得更詳細。當後來對不同的政府形式進行比較的時候，人們將不可避免地要分別把每一種形式的政府的優點和缺點加以衡量。這個工作，我認爲我已經不偏不倚地做了。經過全面權衡之後，我傾向於選用我們國家的政府形式。這是很自然的，也是很合理的；如果我不這樣做，人們也許還會責怪我呢！但我也不排除其他的政府形式，而且，恰恰相反，我在書中指出每一個人都有他根據人、時間和地點而寧可選擇這一種形式而不選擇另一種形式的理由。由此可見，我不但沒有推翻各種政府之意，反而肯定了它們全都可以存在。

尤其是在談到君主制政府的時候，[27]我還特意強調了它的優點，而又沒有隱瞞它的缺點。我這樣做，是一個講說理論的人的權利。如果我排斥它（我當然不會這樣做），我會不會因此就在日內瓦受到懲罰呢？霍布斯的理論是大有害於各個共和國政府的生存的，而他是不是因此就在哪一個君主國中被逮捕呢？誰曾向各國的君王起訴那些攻擊共和國的作者呢？權利不是互相平等的嗎？共和主義者不也是可以像國王那樣在他們自己的國家裡是主權者嗎？我，我沒有排斥任何一個政府，也沒有藐視任何一個政府。在對它們進行研究和比較的時候，我一碗水端平，持論公允，不偏向哪一個。

他們不應當懲罰講述理論的人和他提出的理論。事實證明，這一懲罰對實施這種懲罰的人是大不利的。持不同意見者們已非常清楚地闡明我書中的論述沒有超出一般的問題，沒有攻擊日內瓦政府，而且不是在日內瓦管轄的地方印的，因此應當被看作是探討自然權利和政治權利之類的書；對於這一類書，只要它們公開在城中出售，則無論它們提出了什麼理論，也不論它們發表了什麼看法，小議會都沒有任何法律根據對它們進行查辦。從抽象的概念著手探討政治問題並大膽提出自己的見解，不只是我一個人；當然，並非每個人都這樣做，但每個人都有權利這麼做。許多人都行使了這個權利，但只有我一個人因行使這種權利而受到懲罰。不幸的西德尼（Algernon Sidney）[28]和我的看法是一樣的；他不只是有看法，而且有行動；他之所以光榮地獻出了他的生命，其原因，不是由於他的書，而是由於他的行動。阿爾蘇西烏斯在德國招惹了許多敵人，但誰也沒有想把他當作罪人來對待。洛克（Locke）、孟德斯鳩和聖皮爾神父也對這類問題進行過探討，而且很自由地發表了他們各自的見解；尤其是洛克在這個問題上的看法和我的看法是完全吻合的。這三個人都誕生在君主國，在他們的國家裡平平靜靜地度過了一生，最後都光榮地安葬在他們的國家的土地上。至於我這一生受到了怎樣的對待，你是完全了解的。

我可以肯定地說，我不僅不因受到他們的指摘而羞愧，反而感到很光榮，因爲它正好表明我之所以受到指摘的原因，而這個原因本應當受到我的國家的讚揚的。小議會對我採取的行動，當然使我受到了傷害，割斷了我十分珍惜的與祖國的聯繫，然而，他們能貶低我嗎？不能；不僅不能，他們反而提高了我的聲譽，把我列入那些爲爭取自由而奮鬥犧牲的人的行列。不論他們怎樣處置我的書，我的書本身就足以證明它們是好書；它們受到的對待，反而能挽救那些在它們之後可能被焚燒的書，使這些書不致遭到他們的無端指摘。

◆注釋◆

【1】在《山中來信》中，第六封信是文字最短的一封，是專門為《社會契約論》辯護而寫的。由於《鄉間來信》的作者特龍香沒有在書中說明他指摘《社會契約論》及其作者的理由，所以盧梭不知道如何著手批駁，因而只能集中筆墨闡述《社會契約論》中的主要論點，從而表明自己沒有攻擊任何一個國家的政府，是沒有什麼罪行可指摘的。——譯者

【2】指《社會契約論》和《愛彌兒》。——譯者

【3】指《愛彌兒》。——譯者

【4】指《社會契約論》。——譯者

【5】這個「摘要」指《愛彌兒》中的那篇「遊歷」。這篇「遊歷」的大部分內容是經過簡寫的《社會契約論》的撮要，不僅文字暢曉，以簡明的詞句闡述了《社會契約論》中的一些艱深的義

理，而更重要的是，它針對書中陳述的原理，用提問的方式啓發人們對許多政治問題進行深入的思考。（見盧梭：《愛彌兒》，李平漚譯，商務印書館二〇〇七年版，下卷，第六九〇—七二三頁）——譯者

【6】「國家或城邦只不過是一個道德人格，它的生命在於它的成員的結合。」（《社會契約論》，第二卷，第四章）——譯者

【7】參見《社會契約論》，第一卷，第三章。——譯者

【8】參見《社會契約論》，第一卷，第二章。——譯者

【9】指十七世紀的神學家博絮埃（一六二七—一七〇四）等人。——譯者

【10】參見《社會契約論》，第一卷，第五章。——譯者

【11】甚至對「神的旨意」這一觀點也是可以爭論的，至少在具體問題上是可以爭論的，因為，儘管「神希望什麼，人也應當希望什麼」這層道理是大家都明白的，但對於「神是否希望人們喜歡這樣的政府而不喜歡那樣的政府，是否希望人們服從張某人而不服從王某人」，那就不明白了。這就是可爭論的問題。——作者

【12】「每個人都是把自己奉獻給全體，而不是奉獻給任何一個個人。」（見《社會契約論》，第一卷，第六章）——譯者

【13】「每一個在這種結合形式下與全體聯合的人所服從的，只不過是他本人，而且和以往一樣的自由。」（見《社會契約論》，第一卷，第六章）——譯者

【14】這句話，正好是《社會契約論》第二卷第一章和第二章的標題。——譯者

【15】參見《社會契約論》，第二卷，第六章。——譯者

【16】參見《社會契約論》，第三卷，第一章。——譯者

【17】參見《社會契約論》，第三卷，第二章。——譯者

【18】參見《社會契約論》，第三卷，第十章。——譯者

[19] 三種形式的政府：民主制政府、貴族制政府和君主制政府，參見《社會契約論》，第三卷，第三章。——譯者

[20] 就政府的形式而言，盧梭傾向於選舉而又不世襲的貴族制政府（參見《社會契約論》，第三卷，第五章），「貴族制」是政治學上關於國家政治體制分類的一個用語。盧梭在《社會契約論》中也使用這個詞，但詞中的「貴族」二字沒有人們通常所說的公爵、侯爵或皇家與王室成員的意思。——譯者

[21] 參見《社會契約論》，第三卷，第十—十四章。——譯者

[22] 一七六二年六月十五日，有一個名叫莫爾杜的人寫信告訴盧梭：「我們城中（指日內瓦。——引者注）的有產者說《社會契約論》是他們獲得自由的武器。雖然一小部分人把它燒了，但大多數人卻揚揚得意。」（參見雷蒙·特魯松：《盧梭傳》，李平漚、何三雅譯，商務印書館一九九八年版，第二九五頁）——譯者

[23] 指湯瑪斯·莫爾的《烏托邦》（一五一六）。——譯者

[24] 指德尼·維拉斯的《塞瓦蘭人的歷史》（一六七七）。——譯者

[25] 指荷蘭：《社會契約論》是由阿姆斯特丹的書商雷伊出版的。——譯者

[26] 在巴黎和日內瓦的做法起初引起的議論鬧得甚囂塵上之時，那位受驚嚇的官員*曾一度禁這兩本書，**但經過他親自審查之後，這位明智的官員就改變了看法，尤其是改變了他對《社會契約論》的看法。——作者

*指法國圖書總監瑪律澤爾布。——譯者

**指《愛彌兒》和《社會契約論》。——譯者

[27] 參見《社會契約論》，第三卷，第六章。——譯者

[28] 西德尼，指英國共和主義者阿爾傑農·西德尼，著有《關於政府的幾點思考》一書，因涉嫌參與賴伊反政府陰謀，被判處死刑。——譯者

第二部分

第七封信

按《調停法》確立的日內瓦政府當前的狀況。

先生，你也許覺得我的信寫得太長了，不過，我不能不寫得長，因爲我要論述的問題是不能簡短幾句話就講得清楚的，何況在我看來，這些問題遠遠不像它們對你那樣與我無關。在談及我個人的時候，我想到了你們；你們的問題和我的問題是如此緊密地聯繫在一起，以致，只要解決了其中的一個，也就解決了另一個，剩下的工作，就是做結論了。哪裡的清白無辜的人不安全，其餘的人便全都不安全；哪裡的法律可以不受懲罰地加以破壞，哪裡就沒有自由。

由於個人的利益與公眾的利益是可以分開的，所以你在這個問題上的看法是搖擺不定的，並再三要我向你闡明該持什麼看法。你問我你們共和國目前的狀況怎樣了？它的公民們應當怎麼辦？第一個問題比第二個問題容易回答。

第一個問題，由於沒有人們圍繞著你們而提出的那些互相矛盾的解決辦法，所以它本身不會使你們感到多麼困惑。有一些好心人對你們說：在世界各國的人民中，只有你們最自由；而另外一些好心人又對你們說：你們生活在最痛苦的奴役狀況中。你問我哪一個說法是對的？先生，他們都說得對，都說得有道理，只不過著眼點不同罷了。有一個很簡單的辦法使這兩種說法調和一致。再也沒有什麼人是像你們在法律的治理下那麼自由了，然而，也再也沒有什麼人是像你們在當前的情況下這麼受到奴役了。

你們的法律的權威，來自你們；你們只能承認你們所制定的法律，只能交納你們所規定的捐稅。統治你們的首領，應由你們選舉；他們只能根據法定的程序對你們進行審判。在普遍議會裡，你們是立法者和主權者，不受任何個人權威的約束。條約應由你們批准，才能生效；是和平還是戰爭，應由你們決定。你們的官員應稱你們為「尊敬的、光榮的和執掌國政的大人們」。做到前面所說的幾點，你們就享有自由；如果只光享有這個頭銜，你們就會受奴役。

負責執行你們的法律的那些官員們，[1]是法律的解釋者和最高的仲裁者。只要他們願意，他們就可以使法律發揮作用或不發揮作用；他們甚至可以破壞法律，而你們還無法糾正；他們高居在法律之上。

你們所選舉的首領，其實不是出自你們的選擇，因而擁有其他一些並非你們所授予的權威，而且還以授予他們執行法律之權的人的利益為犧牲，逐步擴廣他們的權力，把你們的選舉限制於少數幾個觀點相同和利益相同的人，而你們還煞有介事地隆重舉行一點也不重要的選舉呢！[2]在這件事情上，重要的是要能夠否定他們強迫你們選舉的那幾個人。在表面是自由的選舉中，你們是如此地感到難堪：既不能選舉一位首席執政官，也不能選舉一位衛隊司令官；共和國的首腦和城防司令官，都不是由你們選擇的。

雖說他們沒有權力向你們徵收新的捐稅，但你們也沒有權利免交舊的捐稅。其實，就國家財政的目前狀況而言，用不著你們再另交其他捐稅，也是足夠國家的各種開銷的。他們沒有必要再向你們提什麼增加捐稅的要求了；你們現在交的稅，事實上已經可以部分免除或不交了。

審判案件應當遵循的程序，是早有規定的，然而，如果小議會不按照規定的程序辦，那是誰也無法強迫他們按規定的程序辦的，更不可能要求他們彌補違規操作造成的損害。在這一點上，我本人的遭遇就是明證，而你們也知道我是否是唯一遭受他們損害的人。

在普遍議會上，你們的主權權威受到約束：只有在官員們同意的情況下，你們才能行動；只有在他們詢問你們的時候，你們才能發言。如果他們不想召開普遍議會，你們的權威、你們的存在，就化爲烏有了；儘管你們表示不滿，嘀嘀咕咕鬧一陣，他們根本就不理你們。

雖說你們在議會上是尊貴的主權者，但只要你們一離開議會，你們就一文不值，等於零了。你們每年當四個小時的主權者，就一輩子當庶民，毫無保留地受他們的擺布。

先生，在其他與你們的政府相似的政府中發生的事情，現在在你們的國家也發生了。最初，構成主權的立法權與行政權不是截然分開的。當權的人民可以自己斟酌，並自己決定想做什麼事情。但不久以後人們就發現，事事都要大家一起來辦，是很不方便的。這一困難迫使當權的人民只好委託成員中的某幾個人去辦。這些官員在完成了他們的任務並向大家彙報了情況以後，又回到了與大家平等的地位。然而，像這樣交給幾個人去辦的事情一點一點地變得愈來愈頻繁，最後竟變成經常性的了，而那幾個受委託去辦事的人不知不覺地就變成了一個主持日常工作的集體。一個主持日常工作的集體不能對每一件事情都要做彙報，因此只能彙報其中主要的事情，而不久以後，他們索性什麼事情都不彙報了。主持工作的人愈活躍，主權者的權威便愈削弱。昨天的委託今天仍然有效，而昨天做的事情今天還得照樣做。最後，由於主權者的不作爲，結果使其權威服從執行者的權威。執行者漸漸地獨立行事，自作主張，自行其是；不僅不爲主權者效力，反而一意孤行。這時候，在國家之中便只有一種主事的權威，即行政權；只有行政權有力量：在只有一種力量統治的地方，國家就解體了。[3]先生，所有一切民主制國家就是這樣消亡的。

查一下你們國家的歷史，我們發現，你們的官員當初原本是人民爲了處理這樣或那樣的事情而委派的一般代理人。他們摘下帽子，恭恭敬敬地向委託人做完完成任務的情況彙報以後，便立刻又回到平民的行列。可是後來，這些代理人無視首領和法官的權利，儘管他們是由首領或法官選派的。他們凡事以他們那個集體（其成員不是由人民選舉的）的名義獨斷專行，而且違背法律，使自己高居在人民之上。從起初到後來的演變過程來研究，你就可以看出你們現在處於何種地位和你們是怎樣落到這種地步的。

兩百年前有一位政治學家也許已經預見到了你們將遭遇的情況；他說：你們所建立的制度，目前是很好的，但將來卻是很壞的；它在建立公眾的自由方面是很好的，但在保持自由方面卻是很壞的；現在保證你們安全的事物，不久以後將變成束縛你們的鎖鏈。這三個集體，[4]是如此地一個牽制另一個，以致人數最多的那個集體的行動要取決於人數最少的那個集體的行動，而且只有在那個最大的集體的行動是需要的，並在沒有立法者的提議便不能立法的情況下，這三個集體才能保持平衡。然而在這種制度建成之後，由於那個建立這一制度的集體手中沒有維護它的權力，所以這一制度必將土崩瓦解。使你們遭到毀滅的，正是你們自己的法律。你們現在遭遇的情況，就是如此。除了大小不同的差異以外，波蘭政府之所以崩潰，則是由於另一個相反的極端。波蘭共和國的體制只能對一個無事可做的政府是好的；[5]而你們的體制，恰恰相反，則只有在那個掌管立法權的集體經常活動的情況下才是好的。

你們的官員總是一直不停地想方設法使最高權力透過二百人議會從普遍議會轉移到小議會手中。他們的努力將根據他們採取的方式而產生不同的效果。然而，他們所有的那些圖謀都失敗了，因為那時候他們遇到了阻力；在你們這樣的國家中，公眾的抵制只要按照法律行事，總是必定成功的。

產生這種情況的理由，是顯而易見的。在每一個國家裡，只要主權者有權威，法律就有權威；在一個人民是主權者的民主國家裡，即使內部的紛爭使各種形式的機構都陷於停頓，各方面的事務都無法推行，但人民的權威依然存在；人民是絕大多數，法律的權威存在於人民之中。

如果聯合在一起的公民和有產者都不是主權者的話，則沒有公民和有產者參加的小議會和二百人議會就更不是主權者了，因為他們在人數上是最少的。在最高權威的行使方面，按照法律的規定，在日內瓦是人人平等的：「應使各階層的公民和有產者都感到滿意，誰也不試圖獲取多於別人的權利和尊榮。」除了普遍議會以外，就只有法律具有最高的權威。在法律本身受到執行法律的人的侵犯時，那就要由立法者來維護它。在一切享有眞正的自由的地方，都是這樣做的；在有章可循的事情中，人民幾乎總是占優勢的。

不過，你們的官員不是透過有章可循的事情使局面發展成現在這種樣子的。他們採取一點一點地從小事做起的手段，透過你們幾乎難以覺察和預見其後果的變化，來達到他們的目的。人民是不可能無止無休地老盯著觀察他們所做的事情的；如果眞的老盯著觀察的話，還會受到責備，被指摘爲凡事老是那樣不放心、老是那樣大驚小怪，在一旁嘀嘀咕咕挑毛病，然而，正是透過這些大家睜隻眼閉隻眼放手不管的小事，日積月累，小議會終於達到了他們的目的。目前發生在你們周圍的事情，就是明證。

共和國的一切權力都掌握在由普遍議會選舉的執政官手中；他們在普遍議會向他們唯一的上級宣誓。他們只能在普遍議會上宣誓，因爲他們只對普遍議會報告他們所做的工作和如何忠實地履行他們的誓言。他們應宣誓做到司法公正；他們是唯一在普遍議會做此項宣誓的官員，因爲他們是由主權者授予並唯一在主權者的監督之下行使此項權力的。[6]在公開審訊刑事犯的時候，他們還要單獨在人民面前宣誓：他們站起身來，[7]高舉手中的法槌，高聲說出這樣一段誓言：「我們要公正審理，既無仇恨之心，也無偏袒之心，如果我們不這樣辦案，請上帝懲罰我們。」從前，對刑事犯的判決書，都是單獨以他們的名義做出的，除了普遍議會以外，便不提任何一個議會的名字；這一點，我們從前面引錄的對莫雷里的判決書和加爾文的書中所說的對瓦倫丹・讓迪的判決書就可以看出來。

你也許已經看出，正是由於這一排他性的權力是直接從人民手中接受的，所以小議會的一舉一動都要受到牽制。爲了擺脫這一從屬關係，小議會一步一步地削弱執政官的權威，分化執政官手中的司法權，並一點一點地把它自己所推選的執政官手中定期享有的大權，轉移到這個其成員不是由人民選舉的常設機構。[8]執政官們自己不但沒有反對這一變化，反而是非常贊成，因爲執政官的任期只有四年，四年期滿不能連任；好在今後不管發生什麼情況，他們都可當一個終身參議員；大家都知道，參議院實際上是一個徒有虛名的擺設。[9]

這一步驟成功之後，執政官的選舉也變成了一種徒具形式的事情，和在普遍議會上的選舉一樣，只走一下過場；不過，儘管這一程序起不到多大作用，但小議會依然密切注意：它冷眼旁觀，看人民是不是選小議會的成員當執政官。

爲了達到這個目的，小議會有一個不讓人民了解其內情的好辦法；這個辦法是按小議會的辦事細則行事；這個細則雖然是由法律規定的，但小議會可以隨心所欲地改變其具體的做法，[10]沒有任何人可以監督；對此，總檢察長也無能爲力。[11]不過，這還不夠，還需要使人民對他們這種偷梁換柱式的轉移權力的做法習以爲常，不加過問。爲了達到這個目的，他們在開始的時候並未設立清一色由顧問組成的法庭審理重大的案件，而是設立不怎麼引人注意的法庭審理一些不怎麼重要的案件。這種法庭，通常是由一位現任執政官主持，有時候又派一位老執政官主持，後來又由一位顧問主持。誰也沒有對主持法庭的人員的變換加以注意：一而再，再而三地照此辦理，誰也沒有異議，以致後來竟變成了一種習以爲常的做法了，甚至發展到審理刑事案件也如此辦理。案情重大時，本來是有專門審訊公民的法庭的，然而他們卻利用迴避法的規定，派一位顧問主持這種法庭，這時，人民才猛然覺醒，七嘴八舌，表示不滿，而他們卻對人民說：「你們嚷什麼呀！你們看一看從前的先例，這不是我們發明的嗎？」

先生，你看你們的官員們的政治手段是多麼高明；他們一點一點地，慢慢地按他們的想法辦，誰也沒有看出他們的辦法將產生多麼嚴重的後果，及至後來發現想糾正時，他們反咬一口，倒打一耙，說你們想改變老規矩。

現在，讓我們還是以這件事情爲例，看他們是怎麼說的。他們拿迴避法做擋箭牌，我們回答他們說：按照國家的基本大法規定，公民只能由執政官審判。當這兩個法律都適用時，則用後者而不用前者。有時候爲了同時遵照這兩種法律，就臨時推選一位特派執政官。一看「特派」二字，就知道事情全完了！一位特派執政官！他們說這是新辦法呢！至於我，我並不認為這個辦法是像他們所說的那樣新鮮。是說「特派」二字是一個新詞嗎？其實人們在每年選舉的時候都在用。是說這個辦法是新辦法嗎？那就更不對了，因為這個城市的最初幾任執政官都是特派的。當總檢察長應依法迴避的時候，不是要臨時指定一位特派檢察長去接替他的工作嗎？從二百人議會中抽調去充實法庭的人員，不是特派的助理又是什麼呢？在新的弊病產生之後，若用新的辦法去糾正，這不能稱為革新，恰恰相反，這是在原先的基礎上使事物重新恢復原來的狀態。這些先生們不喜歡你們在日內瓦城裡的古跡中去發掘寶物；他們只允許你們到迦太基和羅馬的故紙堆中去尋求你們法律的依據。

我不打算把他們失敗的計畫和成功的計畫加以比較；他們失敗的次數和成功的次數，雖然在數目上相差不多，但在總體效果上，就無法相比了。他們的某個計畫如果成功了，他們就可獲得許多力量；即使某個計畫失敗了，他們損失的只不過是時間。相反地，你們努力尋求的是維持你們的現狀，而且只能維持你們的現狀。如果你們失敗了，那你們的損失就是實實在在的眞損失；即使你們贏了，你們也什麼都得不到手。在這樣一種事物的進程中，怎麼能指望永遠停留在原地不動呢？

在所有一切可引起我們反思你們政府的有教育意義的時期中，要數那個產生了《調停法》[12]的時期最突出，因為，從原因上看，這個時期最令人深思；從後果上看，這個時期最重要。當初使這個時期之所以留名於世的原因，是你們的官員們在不恰當的時候做了一件莽撞事。他們一點一點地竊取了規定捐稅的權力，然而在他們的權力還未相當穩固以前，便試圖濫用這項權力，不僅不克制，反而貪得無厭：一項捐稅剛開徵不久，又增新稅，而且恰恰是在一次騷亂事件還未完全平息之時增加的。這一錯誤招致了更大的和更難以補救的錯誤。那麼精明的政治家，怎麼不知道他們這一次違背了一個很簡單的道理呢？每一個國家的人民都是在官員們覬覦他們的錢包時，才發現他們的自由早已遭到侵害。狡猾的篡權者是在一切其他的計畫都完成之後才開始做此事的，可是你們的官員們卻想顛倒這個次序，結果發現事與願違，做得很糟糕。[13]這件事情引發了一七三四年的大動亂和這場動亂必然產生的大陰謀。

這是第二個錯誤，它比第一個錯誤更大。時間本來是對他們很有利的，可是由於他們行事莽撞，失去了全部有利的條件，使運轉中的機器一下子就重新返回到原來的位置；這件事情可以說是屬於這種情形。在《調停法》之前發生的那些事情，使他們失去了一個世紀的時間，並產生了一個對他們很不利的後果：全歐洲的人都知道他們想摧毀的這個被他們描繪成一群桀驁不馴的有產者，是知道行事要克制，要等待有利的時機的，而他們卻反而不知道。

他們求助於其他國家的調停來解決問題，這我不知道能不能算作第三個錯誤。此次調停是或者說好像是三個國家主動提出的；[14]無論眞的是三個國家主動提出的，還是日內瓦請求的，我都不能，而且也不願意深談。我只知道當你們處於最危急的時候，這三個國家都保持沉默，一聲不吭，直到危險轉移到對方的時候，它們才打破沉默。不過，我不怎麼責怪你們的官員去請求人家調停，但我要責怪他們公然說誰敢談論這件事情誰就犯了一大罪行。

有一位公民因遭到一次非法關押，名譽受到了極大損失，便請一位官員告訴他應如何進行才能依據《調停法》中的保證，[15]得到平反。那位接待他的官員竟公然回答說：單單因他提出這個請求，就該處以極刑。而且，即使由小議會向主權者提出這一請求，其罪行也和由一個普通人提出一樣大，說不定還更大。不過，按照《調停法》中的保證，第二次上訴是第一次上訴的繼續，是合法的，因此我不知道：如果提出第二次上訴，他們當中哪一個該被處以極刑。

再說一次：我不打算討論一個既十分複雜又非常之難解決的問題；我只按照我們的目標，簡單地論述一下你們政府的現狀，因爲，這個由三個國家的全權代表制定的《調停法》確定的政府，由於你們的官員們的那套做法，已經大變其樣了。爲了達到我的目的，我不得不繞一個很大的圈子，因此，請你也跟著我繞這個圈子，最後到達我們的目的地。

我絕不冒冒失失地批評那個《調停法》，相反地，我非常讚賞它的明智和公允；我認爲它的用意是很好的，條款也訂得非常恰當。如果你們知道在那關鍵時刻有多少事情對你們是不利的、有多少一偏之見需要克服、有多少惡勢力需要戰勝、有多少謬論需要駁斥，另外再回憶一下你們的對手是多麼自信地以爲可以用別人的手把你們打垮，只要你們知道和回憶一下這些情況，你們就必然會衷心稱讚你們的保護者是多麼熱心、堅毅和有才能，就必然會衷心稱讚那幾個調停國是多麼公平，稱讚爲完成這一和平事業而努力的全權代表們是多麼的大公無私。

不管怎麼說，《調停法》都是共和國的救星；只要沒有人阻撓它的實施，它必能保持共和國的存在。雖說它本身不是十全十美的，但相對來說是相當完美的；就時間、地點和環境而言，它也是很有針對性的；它是你們所能找到的最好的辦法。雖說它是由於情勢的需要而制定的，因此不是神聖不可違反的，但你們應慎重對待它，使之成爲不可違反的和神聖的。你們可以廢除它，但一個字也不可改動它。何況從理性上考慮，也必須使它保持完整。由於每一個條款都是經過仔細掂量的，所以整體才保持了平衡；只要有一條改變了，其他各條全都會受到影響。它們愈是有用，則任何斷章取義地解釋和應用它們，便愈帶來危害。最危險的是把一些條款與總體割裂開，使它們脫離它們所支撐的整體。寧可將整座大廈夷爲平地，也不能讓它老是那樣搖搖晃晃，早晚總要倒塌的樣子：只要從拱頂中取走一塊石頭，你們就必然會被埋葬在大廈的廢墟下。

只要對那些條款一加研究，就可看出哪些條款是小議會想加以利用的，哪些條款是它力圖規避的。先生，請你時時記住我進行此項研究的目的；我不僅不建議你們對《調停法》進行修改，我反而提請你們注意：千萬別對它有一絲一毫的破壞。雖然表面上看起來我是在批評其中的某些條款，但那也只是爲了說明如果去掉那些可對它們起到糾正作用的條款，將產生什麼後果。雖說我提出的辦法似乎與它們無關，但那也是爲了說明那些認爲其中的困難是無法克服的人，心中懷有險惡的圖謀；其實，要消除那些困難，是最容易不過的事。把這一點解釋清楚以後，我就要轉而談論正題；我毫不懷疑我與之談論的是這樣一個人：他爲人太公正了，所以不會說我談論的目的有違我的初衷。

我覺得，如果我是向外國人談論此事，爲了讓他們明白我的意思，我最好是先從你們的政治體制開始談起。不過，關於你們的政治體制，在達朗貝爾先生的那篇「日內瓦」[16]中已經談得很詳細了，如果我爲你們另外再寫一篇文章的話，那是多餘的，何況你們對你們的政治法比我更了解，比我更詳細地觀察了事情的發展，因此我只限於就《調停法》

中，與當前的問題有關，並最能提供解決辦法的條款談幾點看法。

在第一條中，我發現你們的政府是由五個彼此隸屬但又互相獨立的機構組成的，[17]這就是說，它們必須同時存在，而其中的任何一個機構都不能侵犯另一個機構的權利和職權；在這五個機構中，包括了普遍議會。由此可見，在五個機構的每一個機構中都要行使政府的一部分權力，但費解的是，我看不出是哪個權威部門組建它們、聯繫它們和統轄它們，這就是說，我看不出誰是主權者。然而在任何一個國家中都需要有一個最高權威、一個凝聚一切的中心、一個一切力量所來自的源泉、一個無所不能的主權者。

現在讓我們假想有一個人向你這樣講述英國的政治體制：「大不列顛的政府是由四個機構組成的，其中的每一個機構都不得侵犯另一個機構的權利和職權；這四個機構是：國王、上議院、下議院和國會。」不等他把話說完，你肯定會馬上駁斥地說：「你錯了，只有三個機構；國會在國王出席時，國會便包括了所有各個機構；它不是第四個機構，它是全部，它是唯一的最高權威；每一個機構的存在和權力，都是由它授予的。立法權是掌握在它手裡的，因此，它甚至可以修改每一個機構所賴以存在的基本法；它能這樣做，而且已經這樣做過了。」

你的話講得很正確，道理也講得很清楚。不過有這樣一個區別：英國的國會是由於法律的規定而成為主權者的，完全是由代表們組成的，它的職權是有法律規定的，反之，日內瓦的普遍議會不是由任何人建立的，不是任何人可以代表的；它是自動成為主權者的，它就是活的基本法；其他議會的存在和力量，都是由它所賦予的；除了它自己的權利以外，它不需要有其他的權利；它不是國家中的一個機構，它就是國家。

第二條規定執政官只能由二十五人議會中產生。由人民選舉的任期一年的執政官，不僅是人民的法官，而且是人民的保護者，在必要時替人民去對付那些不是由人民選舉的長期任職的小議會的成員。[18]

這一限制的效果如何，取決於小議會成員的權力與執政官的權力之間的差別。如果差別不太大，如果一個執政官不把他任期一年的權力看得比小議會成員的長期權力更重要，則在他看來此項選舉便是無關緊要的，就不會花多大力氣去爭取，也不會對它發表什麼議論。然而，如果小議會的成員抱成一團，按一個步調行事，那麼，即使人民也按一個步調行事，那也無濟於事，既不能阻止小議會的人不當選，也不能不選已經是小議會的成員當執政官，不僅不能保證選出的人，能成為保護他們不受小議會侵權行為的危害的後盾，反而會給小議會增添新的力量去壓迫自由。[19]

雖然這種選舉在體制建立之初也舉行，但由於它是自由的，所以其效果是不相同的。

是由人民自己提出小議會成員的候選人，或者是間接由人民任命的執政官提出，這都沒有多大關係；甚至更有利於在已經是小議會的成員[20]中選舉執政官，選舉對公務有經驗的人充任，不過，在今天有一個更重要的問題比這一點更值得考慮。如果某種做法由於其他與它有關的做法發生了變化，因而產生了不同的效果，那麼，在這種情況下，你不改進它就等於是改進了它！

《調停法》中最値得注意的是第三條。它的全部內容都是有關合法召集的普遍議會的條款。它規定了普遍議會應有的權力和掌管的工作；它有權把在它之下的幾個議會竊取的權力收回到自己手中。總體來看，這些權力是很大和很好的，但由於它們個個都是有特殊規定的，所以，單單從這一點來看，就是有限的，甚至排除了《調停法》中沒有提到的權力，而且在第三條中就明白無誤地使用了「限制」這個詞。[21]然而最關鍵的問題是：最高的主權權威是不受任何限制的；它要麼是無所不能的，否則就什麼也不是。[22]由於國家的一切權力都歸它掌握，由於國家只能靠它的存在而存在，所以，除了它自己的權力和它授予其他機構的權力以外，它不承認其他任何權力。否則，這些權力的擁有者便不能成爲國家政治體的組成部分，它們就會由於擁有不是由它授予的權力而變得與它無關，而缺乏統一的道德人格就會消失。

在稅收方面的限制是很明確的；掌握最高權威的普遍議會本身沒有權力廢除一七一四年以前規定的捐稅。它在這件事情上受到了比它高一級的權威的限制；這個比它高一級的權威是誰呢？

立法權包括兩項不可分開的事情，即：法律的制定與法律的維護，這就是說它有權對行政權進行監督。在這個世界上，沒有哪一個國家的主權者不進行這一監督；不進行這一監督，則兩者之間就沒有聯繫，就沒有隸屬關係，後者就不會依附於前者，行政權就和法律沒有任何必然的關係，法律就會成爲空有其名的東西，「法律」二字就什麼意義也沒有了。普遍議會在任何時候都應當對它制定的法律有此監督的權力並時時行使。然而在這一條中卻沒有一個字談到這一點；如果不是在另一條中做了補充規定，則單單由於沒有明文規定這一點，你們的國家就會被推翻；這一點是非常重要的，我在後文還要談及。

如果說你們的權力在這一條中一方面受到了限制，但由於第三段和第四段的規定，你們的權力在另一方面又有所擴大；這樣是不是就得到了補償呢？從《社會契約論》中的論述來看，[23]與一般人的看法相反，國家與國家之間的結盟、宣戰與媾和，都不是主權者的行爲，而是政府的行爲。這個看法是符合最了解政治權利眞正原理的國家的習慣做法的。權力的對外行使，不適合於人民；國家的這類大行動他們是很難提出什麼意見的；他們應當把這些事情交給他們的首領去辦理；對於這類事情，首領比他們更清楚，是不會對外訂立不利於祖國的條約的。普遍議會應當讓官員們去辦理對外事務，而它只應一心專注於自身地位的鞏固。對每一個公民來說，最重要的事情是：法律要得到遵守，個人的財產與人身安全要得到保障；只要這三件事情辦得很妥當，就讓小議會放手去和外國進行談判和訂立條約的事宜。最令你們擔心的危險不是來自國外；你們應當把人民的權利集中用之於個人利益的維護。如果他們分別對某個個人進行侵犯，你們應馬上加以制止。我認爲羅馬人最明智：他們讓參議院對外具有很大的權力，但在羅馬城中，卻要求他們即使對最卑微的公民也要非常尊重。我們用不著到遠處去尋找這方面的事例，你看納沙泰爾的有產者們在他們的總督治理下，比你們在你們的官員治理下生活得好。[24]他們既不管與外國宣戰或媾和的事，也不批准什麼條約，成天平平安安地享受他們寧靜的生活。由於法律沒有推定在一個小城市中必然有少數人是壞人，所以在他們的城中從來沒有發生過隨便拘捕人的事情，更沒有見過不經過一定程序就把人投入監獄的事例。可是在你們城中，你們經常受表面現象的迷惑而忽略了實質問題。你們只關心普遍議會是召開還是不召開，而對它的成員的安危從來不重視。你們應當在主管事情的多少方面少花心思，而在自由的維護方面多動腦筋。現在，讓我們回過頭來繼續談普遍議會。

除了第三條的限制以外，第五條和第六條還提出許多更奇怪的限制。[25]一個不能自主行動的主權者，在其活動和處理的事情方面，就必然會聽命於其下屬的機構。這些機構的官員是肯定不會通過對他們自己不利的提案的；當國家的利益與他們的利益相衝突時，他們必然會把他們的利益看得比國家的利益更重要，因而只允許立法者通過他們認可的議案。

由於一切都要按規則行事，人們反倒忘記了各項規則當中的第一個規則，即：以公正和公眾的福祉爲第一要義。再也沒有什麼壞事是比專橫武斷的權力更有害的了；人們什麼時候才能認識到這一點呢？我們能用這種權力去糾正其他壞事嗎？這種權力的本身就是一切壞事當中最壞的事；如果用它去防止其他壞事，便等於是：爲了防止一個人發燒，把他殺掉就完事了。

一大堆亂哄哄的人是會做出許多麻煩事來的。在人數眾多的大會場裡，即使井然有序，但是，如果每個人都可以發言，想提什麼意見就提什麼意見，大家就會把許多時間浪費於聽那些七嘴八舌的荒唐話；這樣做，是很危險的。這是不可辯駁的事實。不過，使普遍議會完全依附於那些一心想取消它的議會，而且，除了這些一再暗中損害它的議會的人以外，誰也不能在大會上發言，不是就可以用一個合理的辦法防止那些缺點了嗎？先生，事情不就是這麼簡單嗎？然而，人們須知，如果普遍議會的存在完全取決於小議會，普遍議會不是就永遠形同虛設了嗎？這一點，哪個日內瓦人還懷疑呢？

在日內瓦，唯一能召開普遍議會並能在會上想說什麼就說什麼的權威，就是這個小議會，二百人議會的作用只不過是重複小議會的命令而已；小議會一擺脫了普遍議會的約束，二百人議會就很難掣它的肘了，就只能和你們一起按照小議會所指的方向走了。

對一個我不需要的礙手礙腳的上級，而且只有在我允許他出席的時候他才能出席，只有在我問他的時候他才能發言，我有什麼可怕的呢？我已經把他降低到這種程度，這不就等於是擺脫了他的約束嗎？

如果有人說國家的法律在防止普遍議會被取消方面早已做了明文規定，其目的是爲了選舉官員和批准新的法規；我將回答說：關於第一點，既然政府的全部權力已經從人民選舉的官員手裡轉移到了不是由人民選舉的，並從其中產生主要官員的小議會，則這樣選舉和爲舉行這種選舉而召開的議會，就只不過是沒有實際意義的形式，爲了這個唯一的目的而舉行的普遍議會，便只不過是虛應故事地走過場。我還要指出：根據情況的發展，他們可以很容易地繞過法律的規定行事，而且還不會使選舉因此而陷於停頓，因爲，他們可以拒不討論所有的提案，或者另找藉口不舉行執政官的選舉，你以爲這樣一來，小議會（它已經一點一點地把執政官主管的工作抓在自己手裡了）就不能在執政官缺席的情況下舉行選舉嗎？他們現在不就是在沒有執政官在場的情況下，獨立地選任政府的主要官員嗎？不是已經有人公然敢對你們說：「小議會的人即使不擔任執政官，小議會也是政府」嗎？由此可見，沒有執政官，國家也不會因此就無人治理。至於說到新的法規，我認爲，根本用不著制定什麼新的法規；小議會用舊的法規和它竊取的權力，就可以很容易地找到其他辦法塡補法律之不足了。凌駕於舊法律之上的人，是沒有必要制定什麼新的法律的。

他們採取了種種措施，使你們的普遍議會永遠沒有召開的必要；不僅法定的定期召開的普遍議會，[26]或者說得更確切一點，不僅一七〇七年恢復的普遍議會只召開過一次（這一次還正是爲了取消它才召開的），[27]而且，按《調停法》第三條第五款的規定，它可以在沒有你們出席的情況下召開，而且費用是作爲行政費支付的。只有在想像中的非打不可的戰爭眞的發生了的情況下，普遍議會才必須非召開不可。

由此可見，小議會是有絕對的權威阻撓普遍議會的召開的；除了招致某些人提幾點不同意見以外，是不會遇到其他麻煩的；對於那些人的意見，他們三言兩語就頂回去了。如果有人嘀嘀咕咕表示不滿，他們充耳不聞，根本不當一回事，何況第七條、第十三條、第十四條、第二十五條和第四十三條已明文規定，不論在任何情況下都是不允許以任何方式表示抵制的，更不允許採取法律規定的辦法以外的手段進行反抗；即使採取了，也是不能糾正這方面的缺點的。

當然，小議會是不會眞的阻撓普遍議會的召開，因爲，對它來說，普遍議會早已成爲一個無關緊要的機構了；給普遍議會披上一件虛有其表的自由的外衣，就可以使之靜靜地聽從它的驅使。它略施小惠，就可以使你們高興得歡天喜地，例如：讓你們在它授予的權力方面和在它已經選定的候選人方面進行挑選，或者制定一些表面上看起來很重要但他們有辦法使之成爲一紙空文的法律，他們願意遵守才遵守。

你們在議會上什麼議案也不能提、什麼問題也不能商討；你們的會議實際上是小議會在主持；或者由它親自主持，或者由執政官主持，由執政官把小議會的意見帶到你們的會議上去貫徹執行。他們就是官員，甚至是主權者的主人。由行政機構來規定立法機構的議事規則，規定立法機構應討論的問題，不給立法者以發表意見的權利，由行政機構來行使立法機構的絕對權力，甚至制定約束立法機構的規章，這一切，難道不是有違常情的嗎？

在一個人數眾多的議會上[28]是需要有規則和秩序的；這一點，我完全同意。然而，誰也不能利用規則和秩序來改變會議召開的目的。難道制定一個適用於幾百個行事一貫穩重的人之沒有強制性規定的規則，是像有些人[29]所說的，比在雅典爲有幾千個吵吵嚷嚷不受管束的公民參加的大會制定規則更困難嗎？難道比在人民還直接行使一部分行政權的世界的首都[30]制定這樣的規則更困難嗎？難道比今天在人數和你們的普遍議會一樣多的威尼斯的普遍議會制定規則更困難嗎？他們批評英國的國會亂哄哄的沒有規矩，然而在這個有七百多人商討國家大事的國會裡，儘管各方的利益錯綜複雜，互相交叉；儘管黨派林立，每個人的情緒都很激動，但大家都有發言權，一切事情都處理得十分妥善，都得到了解決；這個龐大的君主國治理得很好。而在你們的國家裡，各方的利益是那麼簡單，一點也不複雜，可以說，要處理的事情簡直就像一個家庭的家務事那樣簡單，可是他們卻嚇唬你們，就好像天翻地覆，暴風雨馬上就要來臨似的。先生，爲你們的普遍議會制定規則，其實是一件最容易不過的事情，只要大家眞誠爲公眾的利益著想，則一切都將進行得有條不紊，比今天進行得更順利。

假使在《調停法》中規定了一套與他們採取的辦法完全相反的辦法，對普遍議會的權力不做規定，而規定其他議會的權力，讓它們行使普遍議會今天行使的那些權力；如果這樣的話，就不會讓小議會單獨擁有那一大堆在自由和民主的國家裡簡直是難以置信的權力了，就不會讓那些不是由人民選舉的終身任職的官員擁有這些權力了。

首先就不會讓小議會把國家的行政權與對公民的財產、人身和榮譽的最高保護權這兩個互不相容的權力，全都抓在它的手裡。

就不會讓它成爲一個按等級來說是最末一級，而按權力來說卻是最高一級的議會。

就不會讓它成爲一個權力無邊的下級議會，以至於如果沒有它的推動，則共和國的一切都將陷於停頓；而且，只有它能提出議案並第一個做出決定；它讓誰發言，誰才能發言。

就不會讓另一個議會[31]的權威要由它來認可；就不會讓這個議會的成員要由它來提名，雖然它是這個議會的下級。

就不會讓它成爲一個審理一切上訴案件的最高法庭；或者相反，雖然它是下一級的法庭，但卻讓它審理本該由上一級法庭審理的案件。

就不會讓它在以下一級法庭的法官的身分主持了上訴法庭的審理工作以後，接著還不僅以下一級法庭的法官的身分主持上訴法庭的其他工作，而且，這個上訴法庭的法官都要由它來挑選。

就不會讓它成爲這樣一個議會：它的活動由它自己決定，而其他議會的活動也由它來決定，並讓它在其他議會中發言支持它自己的決定；這樣，它就能發表兩次意見，投三次票。[32]

小議會向二百人議會提出的申訴，完全是一種兒童遊戲；如果它眞的提出的話，也只不過是上演一場政治鬧劇而已，因此不能把它的申訴稱之爲「申訴」，因爲這實際上是二百人議會求它給一個面子，以掩飾它強行撤銷二百人議會的決定；這種手法是一般人無法了解的。你以爲小議會不知道這一程序實際上是毫無意義的嗎？你以爲它會自動放棄它的權力嗎？它行事是不會這樣大公無私的。

雖說小議會的判決在二百人議會上並不是每次都得到認可，但那也只是對個別自相矛盾的事情的判決，才不予認可；而這類事情不涉及官員們的利害關係，因此爭執雙方誰贏誰輸，對官員都沒有多大關係。然而在與官職有關的事情中，在與小議會本身有利害關係的事情中，二百人議會能糾正小議會的不公正做法嗎？它能保護受迫害的人嗎？它敢不認可小議會所做的判決嗎？它可曾理直氣壯地使用過一次它的赦免權？我非常遺憾地回想起從前發生且至今回憶起來還是十分可怕的事情。有一個因遭到小議會的仇恨而被判處死刑的公民[33]向二百人議會提出上訴；這個不幸的人甚至苦苦哀求赦免。大家都知道他是清白無辜的，然而在審理他的過程中，一切規則都遭到了破壞；他沒有得到赦免，這個無辜的人最終被處死。法西奧非常清楚，向二百人議會上訴是沒有用的，因此他沒有向這個議會提出上訴。

我曾仔細觀察過蘇黎世、伯恩、弗里堡和其他幾個貴族制國家的二百人議會，但我沒有發現哪一個是像你們國家的這種二百人議會，也不知道你們國家的二百人議會在你們的憲法中占據什麼地位。它是一個高等法庭嗎？如果是，那麼，讓下一級法庭的法官來主持這個高等法庭的工作，就是一件很荒謬的事了。它是一個代表主權者的機構嗎？如果是，那麼，就應當由被代表者[34]任命他們的代表。二百人議會設立的目的，完全是為了減弱小議會的巨大權力，然而結果卻恰恰相反，它反而加強了小議會的權力。由此可見，凡是與當初組建之時的目的背道而馳的機構，都是組建得很不健全的。

在這裡花這多筆墨談這些沒有一個日內瓦人不知道的怪事，有什麼用呢？二百人議會本身是空有其名的；它純粹是小議會以另一種形式出現的機構。只有一次它曾經試圖擺脫它的主人的控制而獨立存在。然而這唯一的一次努力，差一點使國家被毀滅。二百人議會之所以能在表面上看起來好像還有點權威，那也完全是靠普遍議會之力。這一點，在我提到的那個時期表現得最明顯；往後，如果小議會的圖謀得逞的話，這種情況還將表現得更清楚。如果二百人議會想與小議會聯合起來壓制普遍議會，其結果，必將促使其自身遭到覆亡；如果它想學伯恩的二百人議會的樣子，那它必然會愈學愈不像的，因為它不但缺乏智慧，尤其缺乏勇氣，從它一貫的行事方式來看，它是很難另有作為的。[35]

先生，你看，對於最高主權者[36]的權力，其實用不著特別明確規定；只明確規定它的下級議會[37]的權限，反倒對普遍議會更爲有利。不久以後，你就可以很清楚地看到，由於某些另外單列的條款的規定，小議會竟成了法律的最高仲裁者，並從而成爲所有人命運的主宰。儘管在大會上討論公民和有產者的權利時，公民和有產者是無比的風光，然而一離開了大會，這些風光一時的公民和有產者就成了普普通通的個人，這時候，他們算什麼呢？他們變成了什麼樣的人呢？他們就成了一個武斷專橫的權威機關的奴隸，一點自衛的辦法也沒有，完全聽憑二十五個暴君的擺布。雅典人至少有三十個暴君，我爲什麼說二十五個呢？九個就足夠審理民事案件了，十三個就足夠審理刑事案件了。[38]在這麼多人中，只要有七個或八個人達成意見一致，對你們來說，就可以辦羅馬十執政官辦的事了；羅馬的十執政官是由人民選舉的，而你們的執政官卻沒有一個是由你們挑選的。他們竟公然說這是自由的！

◆注　釋◆

【1】指日內瓦小議會的二十五個成員；盧梭稱他們為二十五個暴君。——譯者

【2】按一七三五年頒布的《執政官選舉條例》，普遍議會每年舉行一次執政官換屆選舉，從小議會

事先在其成員中指定的八名候選人中選舉四位當年的執政官。——譯者

【3】「從政府篡奪了主權之時起，社會公約便被破壞了。」（參見《社會契約論》，第三卷，第十章）——譯者

【4】指普遍議會、二百人議會和小議會。——譯者

【5】在談到波蘭的政治體制時，盧梭在《社會契約論》第三卷第七章中指出：「由於每一部分的權力是獨立的但是是不完備的，……政府內部沒有統一性，因而使國家缺乏聯繫。」——譯者

【6】此項權力後來被授予他們的副手，而副手只不過是代表他們去行使，因此無須在普遍議會進行宣誓。然而，《鄉間來信》的作者卻認為「小議會的成員們的宣誓難道不是必不可少的，而且，和神訂立的約定的執行，難道不是要看在什麼地方訂立就在什麼地方執行嗎？」不，當然不；不過，是否因此就可以說無論在什麼地方和無論向誰宣誓都沒有關係呢？這方面的選擇難道不表明此項權力是由誰授予和應向誰彙報執行的情況嗎？在需要查詢這些事情的時候，我們應向政府中的哪些人查詢呢？他們是真的不知道，還是假裝不知道呢？——作者

【7】小議會的成員也出席，但他們不宣誓，一直坐在自己的座位上。——作者

【8】指小議會；小議會的二十五個成員是由二百人議會推選的。——譯者

【9】在執政官制建立的初期，四位新當選的執政官和四位老執政官每年都要撤換小議會留任的十六個成員中的八個成員，並提出八個新的候選人，由二百人議會投票表決通過或否決。然而這個辦法後來不知不覺地變成只撤換那些行為遭到譴責的參議員；而且，如果他們犯了某種重大的錯誤的話，那就用不著等到選舉的時候才懲辦他們：人們先把他們關進監獄，並像對待最卑微的人那樣對他們提出起訴。透過這個提前嚴懲的辦法，就只有無可指摘的行端品正的參議員才能留任；今天徒具虛名的參議員和參議院就是這樣演變而來的。這是自由的政府*的一種很高明的手段；它在篡奪主權者的權力方面竟然是透過道德規範來實現的。

這兩個議會的相互權力，本來是可以防止它們當中的任何一個無視另一個而擅自單獨使用這一權力的；一個必須和另一個聯合起來，才能行使這一權力，否則就會遭到報復。參議院的作用是協助它們聯合起來對抗有產者，並協助它們互相撤換對方沒有團體精神的成員。——作者

*指力圖擺脫普遍議會的監督而自由行動的小議會。——譯者

【10】從一六五五年起，小議會和二百人議會就是這樣實行違法的內定候選人的辦法的。——作者

【11】總檢察長原本是司法系統的人，可是後來變成了小議會的人。使這個職務的行使必將違背設立此職的初衷的原因有兩個：一個原因是這個制度本身的弊端使這一官職成了進入小議會的階梯，而總檢察長原本是不應當指望再升任更高的職務的，而且法律也禁止他覬覦其他的官職；第二個原因是由於人民的考慮不周，把這個職務交給那些與小議會有直接或間接關係的人擔任，而沒有想到他們不久就會使用人民交給他們保護人民的武器來反對人民。我聽說有些日內瓦人認為人民的人和擔任司法工作的人是有區別的，好像這兩者不是同一個人似的。總檢察長在任職的六年時間裡是有產者的首領，任滿以後就擔任人民的顧問；這種做法，就能使有產者們得到很好的保護和諮詢嗎？就能說選人選得很恰當嗎？——作者

【12】從一七三四年起，日內瓦連續經歷了幾年嚴重的內部騷亂；經過伯恩、蘇黎世和法國的從中調停，到一七三八年騷亂才結束。這三個國家的全權代表經過協商，提出了一個和解方案：《為和平解決日內瓦的紛爭而制定的調停法》，於一七三八年五月八日在普遍議會上得到批准，並與日內瓦的憲法和民法一起構成日內瓦的基本大法。——譯者

【13】一七一六年增收捐稅的目的，是為了籌措修建新的城防工事的費用。這項新的城防工事的計畫很龐大，已實施了一部分。那麼龐大的工事，當然需要一支龐大的城防隊伍。而事實上，這支龐大的城防隊伍是用來控制公民和有產者的。官員們就是這樣用公民和有產者的錢來打造束縛他們的枷鎖的。這個計畫雖很周密，但實行起來卻處處掣肘，因此沒有成功。——作者

【14】參見第七封信注二十一。——譯者

【15】指《調停法》的末尾一章所說的「保證」：「為實行上述條款，特提出如下保證……」——譯者

【16】指達朗貝爾一七五七年發表在《百科全書》第七卷中的詞條「日內瓦」。在商務印書館出版的盧梭《致達朗貝爾的信》中有這個詞條的全譯文，對日內瓦的政治、宗教和社會狀況有極精闢的分析和評論，值得一讀。——譯者

【17】關於這五個機構，《調停法》第一條是這樣說的：「所有組成日內瓦政府的各個機構，即：四執政官署、二十五人議會、六十人議會、二百人議會和普遍議會，各自行使其由國家的基本法規定的權利和職權……」——譯者

【18】在向二百人議會提出小議會成員的候選人時，再也沒有什麼事情是比按照基本法的規定辦理更容易的了。不過，還需要增加這樣一條規定，即：只有曾經擔任過小議會成員的助理的人才能被選入小議會。這樣，職位的晉升辦法就更完善，三個議會都可為那個推動一切的議會的人員的選舉共同努力。為了保持體制的完整，這一步驟不僅很重要，而且是必不可少的。從今天大家把助理人員的遴選不當一回事情來看，就知道日內瓦人沒有認識到增加這一條的好處，不過，當這個職務變成唯一能進入小議會的門徑時，大家的看法也許就會大為改變了。——作者

【19】此處，在納沙泰爾圖書館收藏的手稿本中作：「壓迫人民」。——譯者

【20】小議會的成員起初只不過是執政官的助手，由執政官在人民中挑選幾個有聲望的或辦事老到的人充當。每一個執政官可以在人民中間挑選四個或五個，其任期與執政官的任期相同，有時候還可以改換他們當中的一個或幾個。一四八七年，外號人稱「埃斯帕涅」的昂利當選為第一個終身小議會議員，並得到了普遍議會的批准。後來，甚至不需要先成為公民之後才能擔任這個職務。有一個名叫米舍爾·基耶·多隆的傢伙被選入了小議會，因他經常玩弄他在羅馬學到的

那套手腕便被逐出了小議會；人們有鑑於此，才制定了小議會成員的選舉法。那時候日內瓦的官員們，個個都像人民的父兄，對奸詐狡猾的人是深惡而痛絕之的。——作者

【21】關於這一點，第三條的開頭就講得很清楚；它說：「合法召開的普遍議會的權力和工作始終是不可更改地規定和限制於如下各條……」接著就分條列舉了這樣六項權力：立法權、選舉權、結盟權、宣戰和媾和權、新增稅收權和籌劃城防工事權。——譯者

【22】「最高權威是不能轉讓的，也是不能改動的。如果限制它，那就必然會摧毀它。說主權者給自己頭上加一個上級，這個話是很荒謬的，也是矛盾的。」（《社會契約論》，第三卷，第十六章）——譯者

【23】《社會契約論》是這樣論述的：「公意一有了個別目的，它就會改變它的性質，就不能再作為公意對某個人或某件事情做出判決。……如果不加區別地用許許多多個別的法令來做應該由政府來做的事，這時候，人民就不再有真正意義的公意，他們就不是作為主權者行事，而是作為行政官行事了。這似乎與一般人的看法相反。……」（《社會契約論》，第二卷，第四章）——譯者

【24】這個話，是撇開他們的生活放蕩而言的；對於他們的放蕩行為，我當然是不贊成的。——作者

【25】《調停法》第五條規定：「所有一切提交大會審議的事項，都必須通過執政官、小議會和普遍議會提交。」第六條規定：「一切議案，在未經過二十五人議會審議通過以前，不得提交二百人議會審議；只有在經過二百人議會審議通過以後，才能提交大會審議。」——譯者

【26】從《教會法》最後一條就可看出，定期召開的普遍議會是和該法同樣古老的。在一七三五年印行的一五七六年的《教會法》中，普遍議會是規定為每五年召開五次；而在一五六二年印行的一五六一年的《教會法》中，又規定為每三年召開三次。我們不能說召開普遍議會的目的只是為了宣讀《教會法》，因為當時已經把它印發給每一個人了，所以每一個人都可從容閱讀，用

不著單單為了宣讀它而花力氣召開一次普遍議會。不幸的是，他們處心積慮地廢掉了這一古老的傳統。這些傳統在當前對各項法規的解釋是大有用處的。——作者

【27】我將在後面對那道廢除令進行評述。——作者

【28】從前在日內瓦經常召開普遍議會；事情無論大小都拿到會上討論。一七〇七年，執政官舒埃先生在一次有名的發言中說國家的衰弱和災難從前都是由於經常集會造成的（我們從後面的敘述就可看出他這個話是否可信），他還說，由於到會的人數急劇增加，因此，今天要想經常集會已經是不可能了。他說，從前的會不超過二、三百人，而現在已經達到一千三百到一千四百人。我們發現，他的話在兩個方面有所誇大。

最早的普遍議會，出席的人數至少有五、六百人；很難舉出哪一次普遍議會是只有二、三百人。一四二〇年，在出席會議的人中，單單簽約的人就有七百二十人之多；不久以後又增加了二百多個有產者。

儘管日內瓦愈來愈變成商業城市，愈來愈富有，但它的人口並未大量增加，也沒有擴建環城一帶的城防工事，而且還拆除了幾個城郊的居民區。由於缺乏土地，一切生活必需品都要仰仗鄰國，因此，若再擴大的話，就勢必會削弱國力。一四〇四年城中至少有一千三百戶人，總人數至少有一萬三千人，今天至少有兩萬人；這個比數還不到三比十四，而且，從這個總人數中還要減去不能參加大會的土著人、暫住居民和外國人。自從大批法國避難者來到日內瓦和工業獲得長足發展以後，這些人的人數的增加比有產者的人數的增加快得多。如今，有幾次普遍議會出席的人數已經達到一千四百到一千五百人。不過，通常到不了這個數字。有幾次普遍議會雖然有一千三百人出席，那也只是在關鍵時刻好公民們認為若缺席不參加就是不履行誓言，而官員們也把他們的支持者團弄到會上，以壯他們的聲勢。在十五世紀就沒有出現過今天的官員們玩弄的這種花招，因為那時候根本就不需要。在通常的情況下，出席大會的人數介於八百和

九百之間，有時候還少於一四二〇年的人數；尤其是在夏季和討論不甚重要的事情時，出席的人數就更少了。我本人在一七五四年參加過一次普遍議會，那次到會的人數肯定不到七百人。從以上所說的情況可以看出，通前徹後地拉平來計算，今天的普遍議會大約和兩、三個世紀以前的普遍議會人數差不多，即使有差別，差別也不大。可是，那時候大家都可以在會上發言，當時還沒有我們今天所見到的這些規則；會場上的人有時候也大聲嚷嚷，但大家是自由的，官員們也受到尊重，開會的次數也很頻繁，可見執政官舒埃先生的說法不對，他的推理也是錯誤的。——作者

【29】指《鄉間來信》的作者特龍香等人。——譯者

【30】指羅馬。——譯者

【31】指二百人議會。——譯者

【32】在按共和制治理的法語國家中，應當單獨確定一種語言為政府使用的語言。例如 délibérer、opiner 和 voter 分別指的是三件大不相同的事情，可是法國人用起來卻不嚴格區別。délibérer 的意思是：慎重考慮是贊成還是反對；opiner 的意思是：發表意見和說明理由；voter 的意思是：投票表決。首先，人們把事情提出來商討，讓大家發表意見，最後是投票表決。各國法庭的形式都差不多是相同的。不過，在君主國中，公眾用不著了解這些詞的意思；它們是律師慣用的語言。孟德斯鳩先生對這一點是完全了解的，但他也有用語不準確的地方；他在書中經常說 puissance exécutive；他這樣說，是不符合語言類推法的原則的，把本來是名詞的 exécuteur 變成了形容詞；他書中的 le pouvoir législateur，也是這樣錯用的。——作者

盧梭在這裡列舉的小議會的「難以置信的權力」是一點也沒有誇大的；正如阿梅德・洛熱在他的《小議會》一文中所說的：「沒有一件事情不屬於小議會的管轄範圍」。——譯者

【33】這樁案子發生在一七〇七年；這位公民的名字叫尼可拉・勒梅特，因支持後面提到的法西奧為

捍衛人民的權利而進行的鬥爭，便遭到小議會的仇恨，被判處死刑。——譯者

【34】「被代表者」指人民。——譯者

【35】我這個話，只是就這個機構的精神而言。我深知在二百人議會裡也有一些明智和充滿熱情的人，然而由於他們一直是在小議會的監視之下，聽任小議會的擺布，既沒有外援支持，而且在內部還受到排擠，所以不敢貿然採取徒勞無益的行動，以免招來麻煩，甚至丟掉職位。現在的局勢是：宵小狂呼亂叫，揚揚得意，而智者只能哀聲嘆息，沉默無語。不過，二百人議會從前倒也不是沒有威信的，沒有墮落到今天這個樣子。從前，他們也受到公眾的尊敬和公民們的信任；公民們放手讓他們行使普遍議會的權力，然而後來小議會透過這條間接的管道把權力抓到了它自己的手裡。這方面的新的證據，後文即將談到。日內瓦的有產者們不大愛活動，而且很少過問國家的事情。——作者

【36】指普遍議會。——譯者

【37】指二百人議會和小議會。——譯者

【38】《民法》第一編第三十六條。——作者

第八封信

《調停法》的精神。它對專橫的權威採取的抵制辦法。小議會通過既成事實而消除了這一辦法產生的效力。對人們所說的幾種弊病的評述。對有關監禁的法令的分析。

先生，我根據你們的政府賴以建立的《調停法》，對你們現在的政府進行了一番研究之後，我不僅不責怪調停者們是存心把你們降低到奴隸的地位，相反地，我要證明他們曾使你們的處境在好幾個方面都比那場迫使你們接受他們的調停的騷亂發生之前好得多。他們面臨的是一座人人都手執武器的城市；在他們到來之時，全城都處於危急和一片混亂的狀態；在這種狀態下，他們是不可能制定什麼解決辦法的。因此，他們只好追溯到和平時期；他們研究了你們政府的原始組建方案。他們發現，從你們政府走過的道路來看，最好的辦法是對它進行改造，重新組建。從理智和公平的原則出發，也不容許他們給你們建立另外一個政府；即使他們給你們建立，你們也不會接受。由於不可能消除政府的那些缺點，他們只好讓它們照你們的父輩留下它們之時的樣子繼續存在；不過，他們對其中幾個缺點還是做了糾正；至於我在前面指出的那些弊端，沒有一個不是早在調停者們發現它們之前，就在共和國存在的。他們對你們唯一做錯的事情是：不讓立法者[1]行使一切行政權，不讓它用強力支持正義。不過，由於給了你們一個既穩妥又合法的辦法，他們就把這個表面上的壞事變成了眞正的好事：由他們來保證你們的權利的行使，就省得你們自己去保衛你們的權利了。唉！在人類經歷的許許多多苦難中，哪一項財產値得用我們同胞的鮮血去獲取？花這麼大的代價去爭取自由，這個代價也太大了。

調停者們也是人，是人就可能犯錯誤，但他們並未存心欺騙你們，他們也想處事公正。這一點是有目共睹，大家都可證明的。事實上，從各方面看，他們所擬的那部《調停法》中的缺點和含混不清的地方，往往產生於某種需要，有時候產生於判斷錯誤，但絕不是出自壞心。他們必須調和許多幾乎是不可能調和的事物，例如人民的權利與小議會的圖謀、法律的威信和人的權威、國家的獨立和《調停法》的有效實施。這一切，做起來是不可能一點矛盾都沒有的。你們的官員們正是從這些矛盾中撈到了許多好處，使一切都朝向於他們有利的方向發展，用一部分法律去破壞另一部分法律。

首先，非常明顯的是：《調停法》本身並不是調停者們強加給共和國的一部法律；它只不過是在共和國的成員之間達成的一項協定，因此，對國家的主權並未造成任何損害。我認爲，這一點在第四十四條中講得很清楚，它使合法召開的普遍議會有權按自己的意志修改《調停法》的各個條款。由此可見，調停者們並未使自己的意志凌駕於普遍議會的意志之上。他們只是在人們產生分歧的時候才進行調停；這在第十五條中講得很明白。

然而這樣一來，就使第三條中對普遍議會的權限所做的規定和限制成了空文，因爲，如果普遍議會認爲那些規定既然不能限制它的權威，那它們就不能限制它的權威的行使。當一個主權國家所有的成員要對他們自身的權力做出規定的時候，誰有權反對？從第三條推導出來的意思不是別的，而是：普遍議會是自己決定遵守那些限制，而在它認爲應當超過那些限制的時候，它完全有權超過。

這就是我所說的矛盾之一；產生這一矛盾的原因，是很容易看出來的，不過，對那幾位滿腦子充滿了不同政府的規章制度的全權代表們來說，[2]是很難深入了解你們政府的眞正性質的。民主制政體至今一直沒有得到人們的深入研究。所有那些談論這個問題的人，不是對它不十分了解，便是對它不太感興趣，或者從錯誤的方面對它加以論述。他們當中沒有一個人對主權者與政府、對立法權與行政權詳加區別。儘管沒有哪一個國家的這兩種權力不是互相分離的，但人們往往硬把它們混爲一談。有些人認爲民主政治的政府是這樣一種政府：人民全都是官員和法官；另外一些人認爲只有在選舉首領這件事情上才有自由；還有一些人由於一直是處於君主治理之下，因此認爲誰發號施令誰就是主權者。民主制政體當然是政治藝術中的一項傑作，但它是人爲的；它人爲的地方愈是值得稱道，便愈是禁不起大家的眼睛深入觀察。先生，你先看第一條規定：只有小議會召開的普遍議會才是合法的；再看第二條：沒有小議會的認可，就不能提出任何議案；單單這兩條，就足以使普遍議會完全處於從屬地位。這難道不是眞的嗎？還有第三條：在處理事情的權力方面，儘管讓普遍議會享有最高的全權，但卻窒礙難行，因爲不經小議會的同意，它就不能行使，如此一來，所謂「處理事情的權力」豈不成了一句大空話嗎？雖然不限制擁有最高權力的普遍議會的權力，但並不使它在事實上不聽從於小議會；這樣就避免了一個矛盾。這充分證明調停者們因不深入了解你們國家的政治體制，所以才訂立了這些其本身不僅無用而且在目的方面是自相矛盾的條文。

也許有人會說，這些限制的目的，只不過是說明在哪些情況下，這個下級議會就必須召開普遍議會。這一點，我當然知道；不過，明確規定它有哪些權力不需要普遍議會的認可也能行使，這不更自然和更簡單嗎？對這邊規定的限制不就少於對那邊規定的限制了嗎？如果這個下級議會想超過這些限制，不就顯然要得到它的上級議會的批准嗎？我認爲，這樣做就可以更加明確地把更多的權力集中在一個議會手裡；只有這樣做，才能如實地反映事物的本來面目，才能從事物的性質中找到明確規定不同議會的不同權力的方法，才能避免許多矛盾。

《鄉間來信》的作者硬說小議會就是政府；說它可以以政府的名義行使一切沒有授予國家其他機構的權力。他這個話的意思是：小議會的權力是先於法律的，是其他權力的始源；小議會手中還保留了許多沒有讓與其他機構行使的權力。先生，你現在從他的說法中看出你們的政治體制的性質了嗎？如此奇怪的論調，值得我們好好地想一想。

首先請注意：這裡[3]指的是與小議會的權力相對立的執政官的權力，也就是說，它論述的是兩個彼此分離的權威機構中的每一個機構的權力問題。法律表述了執政官的權力，但未提小議會；它一字未提沒有執政官的小議會有哪些權力。爲什麼呢？因爲沒有執政官的小議會就是政府。可見，法律之所以對小議會的權力隻字未提，不僅不是表明它的權力沒有用處，反而是表明它的權力的範圍很廣闊。你看，這個結論多麼新奇。不過，只要前面講的那些話說得通，我們也承認這個結論是對的。

即使是由於小議會就是政府，法律才沒有明確規定它的權力，但它至少應當說明「小議會就是政府」，除非有充分的證據證明法律之所以沒有說明這一點，正是爲了表明它的目的與它所表述的意思是相反的。

我現在要問：哪一部法律曾經說過小議會就是政府？相反地，我倒要指出有一部法律說的話與他們所說的話是恰恰相反的。在一五六八年的《政治法》中，我發現它的序言是這樣說的：「由於本城和本國的政府是由四位執政官、二十五人議會、六十人議會、二百人議會、普遍議會和一位普通法庭的庭長與其他機關組成的，因此，爲了對公共財產和法庭工作進行管理，就需要保持良好的秩序。我們所奉到的命令迄今已完全執行；爲了使它能在將來繼續得到執行……特做出如下規定……」[4]

我發現一七三八年頒布的法律的第一條說：日內瓦政府由五個機構組成。在這五個機構中，四位執政官單獨組成一個機構；二十五人議會（其中當然包括四位執政官）組成另一個機構。四位執政官還進入其他三個機構。由此可見，沒有執政官，小議會就不能成爲政府。

我翻開一七〇七年頒布的法律，當我發現第五條說：「執政官有管理和推行國家政務之權」時，我馬上闔上書本說：按照這條法律的說法，可以肯定的是，沒有執政官，小議會就不是政府，儘管《鄉間來信》的作者硬說它是政府。

也許有人會說我本人在《山中來信》中也常常把小議會說成是政府。是的，我這樣說過，但我說的是在執政官主持下的小議會，因此，這個臨時的政府依然是我賦予「政府」這個詞所意指的政府；我賦予這個詞的意思，不是《鄉間來信》的作者在他的信中所說的意思，因爲，按照我賦予它的意思，政府只能行使法律規定它行使的權力，而按照他所說的意思，則政府可以行使除法律明文規定它不能行使的權力以外的其他一切權力。

由此可見，持不同意見者們提出的反對意見是很有道理的，因爲，法律對執政官所做的規定，是側重於規定他們的權力；而對小議會所做的規定，是側重於規定它的職責。我認爲這個說法是完全正確的，而《鄉間來信》的作者竟用一個違背所有一切法律的論點來回答他們。先生，如果我的看法錯了的話，請你惠於指出我的看法錯在哪裡。

《鄉間來信》的作者認爲他自己的論點是很正確的，並且問：「即使立法者沒有這樣看待小議會，難道人們就可以認爲法律沒有在其他地方表述過它的權力嗎？就沒有在任何地方提過和規定過它擁有哪些權力嗎？」[5]

現在讓我來回答他這幾個莫名其妙的問題。立法者之所以沒有規定小議會擁有哪些權力，是因爲他根本就不曾賦予它任何一種不受執政官約束的權力。雖說他有時候也提過小議會的權力，但那也是有前提的，那就是：小議會在執政官的主持下，才享有權力。既然明確規定了執政官的權力，再另外規定小議會的權力，便是多餘的。沒有小議會，執政官什麼事情也做不成，而沒有執政官，小議會也同樣什麼事情也做不成；沒有執政官，小議會什麼也不是，比在助理議長薩哈贊主持下的二百人議會還不如。

關於幾部法律之所以對小議會的權力隻字未提的原因，我認爲這是唯一合乎情理的解釋方法。但執政官不宜於採取這個方法。因爲，如果他們採取相反的方法，不僅不明確規定普遍議會的權力，反而規定他們的權力，那麼，在文件中就不會出現他們的那些奇奇怪怪的解釋了。爲了不表述法律沒有說過的話，他們這樣做，反而使人們把法律從來沒有說過的話當作是法律曾經說過的話。

有損公眾的自由和公民與有產者的權利的事情，何其多啊！我沒有講到的這類事情，還有多少呢？你們的憲法所產生的和好像是由它產生的弊端，儘管看起來不動搖憲法就難以消除，但都巧妙地由它規定的補救辦法而得到了糾正；這樣做，正符合調停者們的初衷。他們宣稱他們的宗旨是：「維護每一個人享有的國家的基本法規定的權利和特有的職權。」米舍利・杜克雷（Micheli Du Crest）先生由於自己的不幸遭遇而感到十分氣憤，因而反對這部法律，說它推翻了政府的基本法規，並剝奪了公民和有產者的權利。他沒有看到有許許多多的公眾和個人權利因這部法律第三條、第四條、第十條、第十一條、第十二條、第二十二條、第三十條、第三十一條、第三十二條、第三十四條、第四十二條和第四十四條的規定而得到了維護和重新釐定；他尤其沒有認識到所有這十二條法律是否有效力，完全有賴於它給你們保留的那條唯一重要的法律。這是一條必不可少的法律，其威力足可壓倒所有那些對你們不利的法律；而且，爲了要發揮那些於你們有利的法律的效力，這條法律是如此之非有不可，以至於如果他們能想辦法規避它的話，他們就會使所有那些於你們有利的法律變得一點用處也沒有。敘述到這裡，就敘述到了最重要之處了；爲了很好地了解它的重要性，就需要把我以上所說的話仔細思考一番。

我們切不可把獨立和自由混爲一談，這兩者的區別是如此之大，以致可以說它們是互相排斥的。儘管每個人做的都是他自己喜歡的事，但若他做的往往是使別人不高興的事，這就不能叫做自由狀態。「自由」二字的意思不是一個人想做什麼就做什麼，而是可以不做別人強要他做的事；「自由」還意味著不強要別人的意志服從我們的意志。誰當了主人，誰就不自由了：統治就是服從。你們的官員比任何人都更了解這一點；他們像奧托（Othon）那樣：爲了統治他人，就不能不也要爲他人當奴隸。[6]我認爲，只有他人無權阻撓的意志，才是眞正的自由意志。在共同的自由中，誰也無權做他人的自由禁止他做的事；眞正的自由，其本身從來不是破壞性的。由此可見，不符合公理的自由是一種荒謬的行爲，因爲，任何一種不合理性的事，一開始做，就必然會處處窒礙難行。

由此可見，不受法律約束的自由，是沒有的；高居法律之上的人，也是沒有的。即使是在自然狀態中，也只有按照人人都必須服從的自然法行事，人才是自由的。自由的人民也有服從的時候，但他們不做任何人的僕從。他們有首領，但沒有主子；他們服從法律，而且只服從法律。正是有了法律的力量，他們才不屈從於人。在共和國中，人們給官員的權力設置界限，其目的是爲了防止他們侵犯法律的神聖領域。官員是法律的執行者，而不是法律的主宰者；他們應當保衛法律，而不應當違犯法律。不論政府的形式如何，只要在治理人民的政府中，不是某些人在起作用，而是法律的機制在起作用，人民就都是自由的。總而言之一句話，自由是隨著法律的命運前進的；它的興亡是隨法律的興亡而定的。這一點，是最準確不過的了。

你們有很完善的法律，無論從它們本身來看，還是單單從它們已被大家公認爲是良好的法律這個事實來看，它們都是很好的法律。由全體對每一個人規定的條件，對誰都不會是過於苛刻的。即使是法律之中最壞的法律，它也比最好的主人好得多，因爲任何一個主人都是有他的偏向的，而法律則沒有。

從你們國家的憲法有了一個穩定的形式之時起，你們作爲立法者的任務便結束了。爲了大廈的安全，你們當前的任務雖然是要多方設置防止破壞的屏障，但首先還是要著力尋求鞏固它的方法。從這個意義上看，小議會的否決權是共和國的保證：《調停法》第六條講得很清楚；[7]在這一點上，我完全贊同《鄉間來信》作者的觀點；我認爲他講的道理是無可辯駁的，即使你們的官員要行使這項違背你們利益的權力，你們也只好忍受和默不作聲。明理的人是不會閉眼不看事實和違背眞理的。

大功已經告成，今後的任務是使之永不變易。人們須知：立法者的事業之所以發生變化和遭到毀滅，純粹是由於執掌法律的人濫用法律，以法律的名義要求人們服從他們，而他們自己卻不服從法律。[8]這樣一來，從最好的事情中便產生了最壞的後果：原本是用來防止暴政的法律竟變得比暴政更可怕。正是爲了防止這種情況的發生，所以你們的法律才明確規定了人們有提出不同意見的權利，儘管這一權利後來受到了限制，但得到了《調停法》的確認。這項權利使你們可以進行監督，不過，不是像從前那樣對立法工作進行監督，而是對行政工作進行監督；你們的官員雖然可以藉法律的名義行使權威，但他們也只能向立法者提出新的法律，由立法者加以審議，看他們是否背離了明文規定的法律。單單這一條，你們的政府儘管有好幾個大缺點，但也能成爲最好的政府，因爲，在政府中，只要各部分都保持平衡，任何人就不能違犯法律，因爲他要受到法官的監督；而法官也不能違犯法律，因爲他們要受到人民的監督；這樣的政府，豈不是比任何其他政府都好嗎？

的確，要想從這一有利的地位中得到某些實際的好處，就不能把這一有利的地位建立在虛有其名的權利上；對任何一種權利的享有，都不能徒託空言。對一個違犯法律的人講說他在哪一點上違犯了法律，這純粹是多餘的，因爲他本人早已知道，並和你一樣清楚。

普芬道夫（Pufendorf）說：權利是一項法定的資格，根據這個資格，我們有權獲得我們理應獲得的東西。一個人可以自由自在地發一頓牢騷，但這不能說是因爲他有此權利；要說這是權利的話，那也是大自然讓每一個人都有的權利，沒有哪一個國家的法律曾剝奪過這種權利。誰曾說過要在法典中規定一條讓打輸官司的人有發牢騷的自由的法律？誰曾見過一個人因打輸官司而發牢騷便受到懲罰？哪一個國家的政府（不論它是多麼專制的政府）曾公布過一條法律不允許它的公民就他認爲有益國家的事，向君主或他的大臣提交諫書？如果一個國家的法律眞的公布一條允許臣民有提交這類諫書之權的法律，這豈不反而令人好笑？這種事，不曾發生在一個專制國家，如今竟發生在一個共和國，發生在一個民主國家；他們竟公然說什麼允許公民，允許主權者的成員有向官員行使這種在專制國家中連最卑賤的奴隸也可行使的權利。

什麼！這項提交《意見書》的權利，難道只獨一無二地限於提交一份他們甚至連看都不看一眼的文件嗎？對於這份文件，他們只乾巴巴地說一聲「不行」就了事了嗎？[9]這項如此神聖規定的權利，是花了許多代價才換來的，難道只能在少數幾種時機才能行使嗎？提了《意見書》之後，什麼結果也得不到嗎？他們說：誰敢提交這樣一種《意見書》，誰就是在指摘調停者用最卑鄙的手段欺騙日內瓦的有產者，而且這樣做的結果，等於是在否定全權代表們的正直和調停國的公正，不僅不合禮儀，而且還違背人之常情。

現在，我們不禁要問：這一權利究竟是什麼樣的權利？它的範圍有多大？如何行使？這一切，爲什麼在第七條中不明確規定呢？人們有理由提出這些問題，其中的疑難值得我們仔細研究。

只要解決了其中的一個問題，其他的問題便可迎刃而解。現在，讓我們來揭示這一機制的眞正精神。

在你們這樣的國家裡，主權是由人民掌握的。立法者雖然不經常露面，但始終是存在的。他們只能夠在普遍議會召開之時聚集在一起和發表意見；而在普遍議會閉會之後，他們並不因此就完全消失了；他們雖然分散在各處，但並沒有死亡；他們雖然不能以法律的名義發言，但可以監督法律的執行者。這既是他們的一項權利，也是他們的一項義務，在任何時候都是不能被剝奪的。無論是一位公民或一位有產者提交的《意見書》，還是幾位公民或幾位有產者聯合提交的《意見書》，都是他們就他們職責範圍內的事情發表的看法。關於《意見書》的定義，在一七〇七年公布的法律的第五條中已經講得很清楚了。

在這一條中，規定了當場簽字這一程序；這是很有道理的，因爲一簽了字，就等於是投了贊成票，就像在普遍議會上那樣按人數計算了票數。不過，普遍議會的形式是只有在它合法召開的時候才能採用，因此，提《意見書》這個辦法有普遍議會的那個優點，而無普遍議會的這個缺點。當然，這不是像在普遍議會上那樣正式投票，而只是對提交普遍議會審議的事項進行討論，所以不計算票數；不投票表決，而只是發表各自的意見。不過，這個意見雖然只是某個個人或幾個人的意見，但由於這些人是主權者的成員，有時候因爲他們的人數眾多，所以可以代表主權者，因此人們理應尊重他們的意見；雖然不把他們的意見看作一項決議，但應當把它看作一項希望得到採納的提案；至於最終是否採納，有時候還眞的需要做出明確的決定。

這些《意見書》的內容，主要是兩件事情；這兩件事情的區別，將決定小議會採用什麼辦法對待這些《意見書》。這兩件事情，一件是對法律進行某些修改，另一件是如何糾正某些違犯法律的行爲。這一部分的內容最爲全面，它包括了《意見書》中提出的一切問題。它將根據相關法律的規定，按照事情的內容分別用不同的詞句，責成總檢察長視公民向他提出的是「訴狀」還是「要求」[10]而提出「公訴」或做出「批覆」。

這個區別一經確定，收到《意見書》的議會就應當按照《意見書》中所涉及的兩件事情中的每一件事情進行研究。在政府和法律已牢牢建立的國家中，人們應當盡可能不要變動它們，尤其是在小共和國，任何一點點變動都會牽動全域。對新法律的厭惡，是普遍存在的；尤其是你們，你們肯定是感到不習慣的，而政府又不能過分阻撓新法律的訂立。當然，不論新法律多麼有用，它們的好處的可靠性總是不如它們的弊害之顯而易見的。從這個角度看，一個公民或一個有產者提出他的意見之後，他就盡到了他的職責，就應當相信官員們會認爲他是了解他向他們提出的意見的好處的，而且，如果他們認爲他的意見對公眾的福祉有益，他們是一定會採納的。因此，法律非常明確地規定：類似這樣的新法律的制定，甚至類似這樣的新建議的提出，沒有議會的認可，就不能通過；他們之所以堅持認爲他們有否決權，其原因就在於此，而我也認爲這個權力是無可爭辯地屬於他們的。

第二件事情的主要目的，卻恰恰相反；現在讓我們從不同的角度研究它。它的主旨不是修改法律或制定新法律，相反地，它要竭力防止人們修訂法律；它不僅不制定新的法律，反而要竭力維護舊有的法律。當事物出現改變的傾向時，就應當不斷地想辦法加以阻止。對一切變革都嚴加防範的公民和有產者依法提出的意見，要達到的就是這個目的。立法者[三]始終密切注視著他們制定的法律的利弊，並仔細觀察他們制定的法律是得到遵守還是遭到違犯，是得到正確的解釋還是遭到曲解。他們無時不密切觀察和監督。這是他們的權利、他們的職責，而且在誓言中已明確表明要忠實履行這個職責。他們在《意見書》中通篇陳述的就是這個職責涉及的事情；他們行使的就是這個權利；如果想把小議會的否決權擴大到否決這個權利，那是毫無道理的，甚至是很荒謬的。

就立法者來說，如果容許他們把否決權擴大到可以否決這個權利，那是違反理性的。因爲這樣一來，法律的神聖性就會蕩然無存，國家的一切全都聽命於小議會的意志，而不按法律行事；小議會就成了絕對的主人，可任意踐踏、無視和更改法律對他們所做的規定。法律說「白」，他們偏說「黑」，把誰都不放在眼裡。在這種情況下，與其在聖彼得教堂隆重集會，批准根本就不起作用的法律，還不如索性對小議會說：「先生們，這是我們爲國家制定的一部法律，我們請你們做這部法律的執行者，你們認爲什麼時候可以實行就什麼時候實行，你們高興在什麼時候違犯就什麼時候違犯。」

就《意見書》來說，若容許他們任意否決的話，那也是違反理性的，因爲這樣一來，在一七〇七年的法律中明文規定，而且在一七三八年的法律中又再次確認的權利，就會成爲一種徒有其名的虛假的權利；表述意見的自由就會成爲一句空話，說了也等於白說：從來沒有任何人有異議的這一自由，若還需要法律來確認的話，這豈不可笑！

由此可見，這是很荒謬的，因爲，假使眞的出現了這種情形的話，人們就會懷疑調停者的公正，就會把你們的官員看作是騙子，把你們的有產者看作是容易上當的傻瓜，說他們花了那麼多力氣談判、討論和協商，爲的竟然是把兩方中的一方交給另一方去全權處理；做了那麼大的讓步，而得到的回報是空話連篇的「保證」。

這些先生們[12]也許會說那條法律的條文[13]講得很清楚：「應首先經過二十五人議會的討論和通過，然後經過二百人議會的討論和通過之後，才能提交普遍議會。」

首先應當指出的是：就我們目前討論的問題來說，這條法律的條文，除了說明應當按照法律規定的程序進行以外，還說了其他的意思嗎？除了說明下級議會有先行討論和通過提交普遍議會的事項的義務以外，還說了其他的意思嗎？使法律規定的事項得以通過，這難道不是下級議會的職責所在嗎？什麼！如果下級議會不允許進行執政官的選舉，人們就不能進行執政官的選舉嗎？如果人們提出的人選遭到否決，就不能再提其他的人選嗎？

還有，這項贊成權和否決權，按照它的嚴格意義來說，是只適用於提出新法律的提案，而不適用於其目的是爲了維護舊法律而提出的提案；這一點，誰不明白呢？你是否平心靜氣地想過：爲了糾正違犯一項舊法律的行爲，難道還需要先重新對該法律進行審議嗎？在該法律頒布時，在文告中就已經包含了一切與它的執行有關的事項了。只要議會一通過，該法律便宣告生效，就應當得到遵守，因此，誰違犯它，誰就要受到懲罰。何況有產者們在他們的《意見書》中，只要求糾正違犯該法律的行爲而隻字未提懲罰問題，這樣一項議案難道還需要他們批准才能提出來嗎？先生，這不是拿人開玩笑，又是拿什麼開玩笑呢？

這裡的分歧完全是這樣一個事實問題：法律遭到了破壞還是沒有遭到破壞？公民和有產者們說它遭到了破壞，而官員們說沒有。我請你想一想：還有什麼事情比官員們在這樣的事情中運用否決權更不合理的？人們對他們說：「你們違犯了法律。」他們回答說：「我們沒有違犯法律。」他們成了有關他們自身的案件中的最高裁判官；你看，就這麼一句話，眞理就在他們一邊，就把明白無誤的事實給否定了。

你也許會問我是否認爲只要他們這樣一說，就是他們違犯法律的明證？我沒有這麼說；我的意思是：你們的官員們違犯法律之後，他們難免不利用所謂的否決權來否定他們違犯法律的事實。現在的問題已明擺在你們眼前：情況對誰最不利？如果不是確有其事，無權無勢的老百姓，怎麼敢對明天就很可能擔任他們的法官的官員說「你辦事不公平」？這些老百姓，即使確信不會受到懲罰，他們爲什麼要做這麼一件傻事？他們圖的是什麼？難道他們以爲那些即使做錯事也十分高傲的官員，會愚蠢到承認他們沒有犯的錯誤嗎？恰恰相反，他們歷來是錯了也不認帳的；這不是很自然的嗎？他們手中有權，做了錯事也不會受到懲罰，在這種情況下，他們爲什麼要承認他們犯了錯誤？他們怎麼會不受引誘去做錯事？當弱者和強者為某事發生爭執時（其實，弱者敢和強者發生爭執的情況是很少見的），吃虧的總是弱者，而實際上，有過錯的很可能是強者。

我當然知道不能用可能發生的情況當作證據；不過，請問：在人所共知的違犯法律的事情中，如果許多公民都說事情辦得不公平，而被指責辦事不公的官員說沒有，在這種情況下，由誰來當裁判官呢？如果不讓了解情況的公眾來當裁判官，又讓誰來當裁判官呢？在日內瓦，不到包括雙方在內的普遍議會去找了解情況的公眾，又到什麼地方去找呢？

在這個世界上，任何一個國家的人民在受到不公正的官員的傷害後，都能透過某種途徑向最高當局訴說他們的委屈；這使官員們感到害怕，因而防止了許多不公正事情的發生。在法國，法院是極其嚴格地按照法律辦事的，但就是在法國，也有多起案件經過司法途徑被最高法院撤銷了原判。日內瓦人沒有這麼幸福。被小議會判處的一方，無論案情如何都沒有任何辦法向最高的主權者提出上訴。不過，一個老百姓不能為個人的利益做的事，大家為公眾的利益卻可以做，因為一切違法的行為都是有損自由的，因此是涉及公眾利益的事情；當大家都發出了不滿之聲的時候，就應當向主權者提出申訴；如果不這樣的話，則世界上就沒有哪一個法院、參議院或法庭不擁有那種只有你們的官員才敢竊取的可怕權力了。任何一個國家的人民的命運都沒有你們的命運這麼糟糕。我認為你們的自由是一種有其名而無其實的自由！你想必會同意我這個看法。

如何行使這項提《意見書》的權利，是與你們的憲法的實施緊密聯繫在一起的。只有透過這個辦法，才能把自由與服從結合起來，才能使你們的官員按法律行事而不對人民濫用權威。如果人民的訴求有確切的依據，而且理由很充分，就應當認爲議會能秉公辦理。如果他們不秉公辦理，或者人們申訴的理由不足以使人不產生懷疑，則情況就會發生變化，就必須要由公意來解決了，因爲在你們的國家裡，公意是最高的裁判官和唯一的主權者。從共和國建立之初，公意就已經透過許多途徑得到了人們的理解，而且這些途徑在憲法中都是有明文規定的。因此，對建立在一項早已有之的權利，和對這項權利習以爲常的行使方法之基礎上的一七〇七年法律，是用不著多做解釋的。

調停者們奉行了這樣一項基本原則，即：盡可能不背離舊有的法律，因此他們讓這一條保持了原先的樣子，甚至對它還著重重申。由此可見，根據《調停法》，你們在這方面的權利和以往是完全一樣的，因爲那條規定這項權利的條文原封未動。

然而，調停者們沒有意識到：由於他們不得不對其他條文有所改動，因此就必須使這一條的意思更加明確，並增加必要的新解釋。遭到忽視的個人的《意見書》終將變成公眾的聲音，並迫使官員們不敢不受理他們的訴求。這個轉變是合法的，是符合基本法的規定的；無論在哪個國家，主權者最終都是以公眾的力量來執行其意志的。

調停者們沒有估計到官員會拒不受理人們的訴求；後來的事態發展表明他們是應當估計到這一點的。爲了保證公眾的安寧，他們很正確地使權利和權力分離，甚至禁止有產者的和平集會和成群結隊地聚集在一起。不過，既然他們肯定了有產者們的權利，他們就應當以條例的形式規定行使這一權利的方法。然而他們沒有這樣做，因此他們制定的法律在這一點上是有缺陷的，因爲，既然此項權利和以往是完全一樣的，則它便應當保有原來的效力。

現在，請看你們的官員是多麼巧妙地利用調停者們的疏忽，玩弄花招！不論你們的人數是多少，他們都把你們看作是單一的個人，加之他們已經禁止你們集會，所以把你們的集會看作是應被取締的不法行爲（事實上，你們的集會並不違犯法律，因爲你們保持了你們的一切權力，你們始終是國家和立法者的主要組成部分）；他們從這個錯誤的假定出發，給你們在責成他們召開普遍議會的權力的行使上，製造許多根本就不存在的難題。事實上，只要他們遵守法律，則除了法律的權力以外，就沒有其他的權力能召開普遍議會。不過，儘管他們可以違犯法律，但法律的權力依然掌握在立法者手中，因此，他們不敢公開否認這項權力是掌握在最大多數人的手裡，便想方設法利用他們的否決權來否定行使這項權力的方法，然而，只要他們允許，這些方法使用起來是很簡便的，毫不困難的，要防止濫用，也是很容易的。

由此可見，在這件事情上，根本不會產生騷亂或使用暴力的問題，因為這兩者雖然有時候是需要的，但畢竟是可怕的，所以他們已經很明智地禁止你們採用，何況你們也從來沒有隨便採用過；而且，恰恰相反，你們從前也只是在迫不得已的時候，為了自衛才很慎重地偶爾採用（也許正是因為你們行事穩重，所以他們才允許你們還保有攜帶武器的權利，如果某些攜帶武器的人不隨意使用的話），我祈求上蒼，不論情況如何，今後在你們國家都永遠不要出現那種以刀劍相向的可怕情景。《鄉間來信》的作者多次在信中說：「當情況壞到極點的時候，什麼手段都是可以使用的。」即使他說得對，那也不能什麼手段都可以採用；即使暴政的淫威使受暴政之苦的人遭到非法的迫害，他為摧毀暴政而做的努力還是有成功的希望的。他們會不會迫使你們採用極端的手段呢？我認為不會；萬一你們真的採取極端的手段的話，我認為，你們反倒沒有辦法走出困境。從你們當前的處境來看，每走錯一步路，都會帶來極其嚴重的後果。一切引誘你們採取極端手段的事情，都是他們設下的陷阱；即使你們一時能當上主人，但用不了兩個星期，你們就會被徹底擊敗。不論你們的官員怎麼做，不論《鄉間來信》的作者怎麼說，暴力都是不適合用來實現正義的事業的。我不相信他們會迫使你們走到採用暴力這種境地，但我相信他們看見你們使用暴力反而會感到高興。我認爲，你們不應當把這種將使你們失去一切好處的辦法看作是對付他們的好辦法。正義和法律是在你們這一邊。我當然知道用這兩者去對抗權勢和陰謀詭計，顯然是力量不夠的，但你們只有這兩種手段可以採取，所以你們要自始至終緊緊依靠它們去達到你們的目的。

唉！爲了國家的安寧，我已經把我所有的一切都奉獻於它了，我怎麼能贊成你們爲了一點點利益就去擾亂它呢？先生，你是知道的，許多人都盼望我，甚至請求我回到日內瓦，[14]說只要我一到日內瓦，我的權利就會得到恢復，我遭受的恥辱就會得到洗雪；還說只要我一露面，至少就會使那些迫害我的人感到震驚。現在，我正處於一種令人羨慕的地位：有一些愛出風頭的人還巴不得有此機會把自己大肆炫耀一番，然而我，我寧可永遠流亡國外；我寧可放棄一切，甚至放棄了前途，也不願影響公眾的平靜。我爲公眾的幸福奔走呼籲，我是值得人們相信我的眞誠的。

公民們的和平集會，只有一個合法的目的，而且歷來是由官員們依法召開的，如今爲什麼會遭到禁止呢？既然賦予有產者們提《意見書》的權利，爲什麼又不讓他們按適當的程序提呢？爲什麼不允許他們在他們之間商討呢？即使不召開人數過多的大會，難道不能讓他們的代表聚在一起討論嗎?除了按連隊開會[15]和按有產者們在他們還是國家的主人的時候採用的討論方式以外,還有其他更好的和更合適的方式嗎?看見三十個人代表他們的全體同胞來到市政廳,不是比看見全體有產者一窩蜂似地來到市政廳更井然有序嗎?看見他們每個人都有意見要發表,但沒有一個人是在爲個人的利益發言,這難道不值得稱讚嗎?先生,你是親眼見過的:人數眾多的代表爲了不發生擁擠和喧囂的情形,便分成小組,每三十個人或四十個人,一群一群地進入會場,一舉一動都做得比法律要求的樣子更莊重和更得體。日內瓦的有產者們的精神,就是如此。他們所做的一切,始終是他們權利範圍以內的事情。他們有時候雖表現得言語生硬,但從來不亂哄哄地聚眾鬧事。他們始終衷心遵守法律,敬重他們的官員,即使在氣憤得快要發怒的時候,快要控制不住自己情緒的時候,他們也從不大發雷霆。他們心存公正,因而是性格最堅強的,心胸最寬宏的。那些對他們百般迫害的人,也是這樣的嗎?大家都知道他們從前使日內瓦的有產者們遭到了多麼殘酷的命運;他們今後還將使日內瓦的有產者們遭到什麼樣的命運,大家也是可以預料得到的。

眞正配享自由的人們如今竟淪落到如此地步;他們從來沒有濫用過他們的自由,然而卻被當作最卑賤的群氓那樣處處加以防範和束縛。日內瓦的公民和主權者,竟被視爲臣民，甚至還不如臣民，因爲在絕對專制的政府管轄下，人們尚且允許臣民們召開沒有任何官員主持的社區會議。

像他們那樣做法，兩個互相矛盾的規定是無法同時實行的：他們一方面允許你們有提《意見書》的權利，但另一方面又責怪你們缺乏凡事多加考慮的習慣，因而便不讓你們行使這項權利，這是不公平的；他們在不允許你們集體行使這項權利之後，就不應當再反對你們以個人的名義行使。如果說《意見書》的多寡取決於提意見的人數，因而在大會上不可能讓人們一個又一個地提出，那麼，讓官員們按照法律的規定接連不斷地批閱一千個人的條陳或聽一千個人的發言，這不也是很麻煩的嗎？這一點，他們怎麼沒有想到呢？

要解決《鄉間來信》的作者認爲無法解決的困難，[16]有一個很簡便的辦法。如果官員們不願意受理個人以《意見書》的形式提出的訴求，那就讓有產者的連隊分別在不同的時間和不同的地點集會，由連隊大會派代表遞交經大多數人投票支持的《意見書》，然後計算代表的人數，算出總數以後，立刻就可看出他們的意願是否反映了全國人民的心意。

請注意：以上這段話的意思，並不是說這樣分別以連爲單位召開的連隊會，除了陳述他們對《意見書》中所說的事情的看法以外，還有其他的權利。由於這種會是單獨爲此事召開的，所以除了個人的權利以外，便無任何其他權利。他們的目的不是修改法律，而是評說法律是否得到遵守；不是糾正不公正之事，而是指出如何防止不公正之事的發生。他們的意見，即使是全體一致的，也只能被看作是一份《意見書》。這樣做，人們就可以很清楚地看出《意見書》中的意見是否值得採納，或者，如果官員們允許的話，是否值得提交普遍議會審議；或者，如果公民和有產者們願意的話，是否由他們自己去解決他們提出的正當要求。

這個辦法不僅簡便，而且很穩妥，一點不便之處都沒有；不但不需要爲此而制定新的法律，只消把那道單獨爲禁止集會而發布的命令撤銷就行了。如果這個辦法依然使你們的官員感到害怕的話，還有另外一個也是非常簡便易行的辦法。這個辦法也不是什麼新辦法；這個辦法是：恢復定期召開的普遍議會，[17]並限定它的目的只是討論人們在上次議會和這次議會之間的休會期間以《意見書》的形式提出的要求，而不審理其他問題。由於一項重要的區別，[18]這樣召開的議會不享有主權者的權力，而只享有最高級別的行政官的權力；不僅不能對現有的法規進行修改，而且還應竭力一方面防止有人在會上提出新的法案，另一方面還應努力把一切事務都納入立法程序，讓行使公共權力的立法機關毫無阻礙地放手行使它的職權。這樣，官員們只需嚴格按照法律的規定行事，就可使這樣的議會自行休會，因爲，在沒有任何事項需要提交普遍議會審議的情況下，如果召開普遍議會的話，那是沒有用的，而且是很可笑的。看來，正如我在前面已經說過的，定期召開的普遍議會很可能就是這樣在十六世紀失去它的用處的。

人們之所以在一七〇七年恢復普遍議會，爲的就是達到我在前面講的那個目的。今天重新提出的這個老問題，已經由接連三次召開的普遍議會的最後一次會上通過的那條關於提《意見書》的權利的法律解決了。這項權利沒有被他們否定，而是被他們擱置了。此前，官員們雖可以拒不滿足有產者的要求，但他們不敢拒不把問題提交普遍議會。然而，由於只有他們有召開普遍議會的權力，所以他們總找藉口推託，遲遲不召開。從而使有產者們一等再等，不了了之。現在，有產者的權利總算得到了他們明確的承認，只不過把原訂四月九日召開的普遍議會推遲到五月五日召開；據他們貼出的布告說：「這樣做，是爲了消除在公眾中廣泛流傳的謠言，即普遍議會的召開將被擱置或大大推遲。」

切不可認爲此次議會是由於某種暴力，或是由於某些很可能引起騷亂的事件迫使召開的；因爲這一切都是由代表們按照議會的要求商討決定的，而且公民和有產者們在開會時都是很安靜的，盡可能避免人數過多或帶有一種以勢壓人的氣氛。我可以說，他們是如此的鄭重其事，以致他們當中那些平常佩有寶劍的人都把寶劍摘下，然後才去開會。[19]只是在一切都完畢了，也就是說在第三次議會結束時才有人叫喊「把刀拿來！」因爲當時官員們舉措不當，考慮不周，派了三個城防連隊的士兵帶著插有刺刀的槍，強迫把兩三百個還在會場的公民，押送到聖皮爾教堂加以拘禁。

一七〇七年恢復的這種定期召開的議會，在五年之後又召開了一次，但是，是用什麼方式和在什麼情況下召開的呢？讓我們看一下一七一二年的那道命令，就可以看出它是否有效。

首先，人們在最近眼見許多人被處死或被流放，因此膽戰心驚，沒有自由和安全感。他們發現那道大赦令完全是騙人的，[20]是爲了誘使他們中官員們的奸計而發布的；他們時時刻刻都提心吊膽，生怕那些在血腥屠殺中充當劊子手的瑞士兵[21]來到他們的家門口。驚魂未定的人民在這道命令剛發布時，便再次被投入到恐怖的氣氛中，因此，他們只好什麼都答應，什麼都照辦；他們意識到此次召開議會的目的，不是讓他們制定什麼法律，而是讓他們全盤接受官員們的旨意。

官員們是由於擔心定期召開的普遍議會會給他們帶來許多難題，所以才召開這次議會；他們的這種擔心是毫無道理的，只要對你們的憲法和你們的有產者的心理稍有了解的人都是一眼就可看出來的。他們說目前正值瘟疫流行和饑饉與戰爭頻仍的時期，好像因爲饑饉和戰爭就不能召開普遍議會似的；至於說到瘟疫，只要早早地多加預防就行了嘛！他們怕敵人，怕心懷惡意和進行陰謀詭計的人，但從來沒有想到日內瓦人個個都是循規蹈矩的，何況過去的經驗尚可以使他們放心：在狂風暴雨頻頻來臨的時候，正是經常召開的普遍議會挽救了共和國（這一點，我們在後面還將談到），並做出明智和果斷的決策。他們說這種定期召開的議會是違反憲法的，但實際上這種會是憲法最強有力的支柱；他們說這種會是違反《調停法》的，但事實是這種會正是《調停法》規定的；他們指摘這種會是過去沒有過的，但實際上這種會與日內瓦的法律一樣古老。在《調停法》的序言中，沒有一句是浮誇或不眞實的假話。正是根據這篇精彩的序言，通過了定期召開普遍議會的決議；儘管事先沒有向與會的人散發資料告訴他們將提出這項建議，沒有給他們時間進行討論和思考，加之那時候的有產者們對政府的歷史不十分了解，很容易受官員們的欺蒙，但定期召開普遍議會的提議還是以絕大多數贊成票通過了。[22]

官員們還有一個更厲害的使普遍議會等於白開的辦法是：肆意違反法律規定的計算票數的方法。按一七〇七年的法律第四條規定，負責收票的是四個特任祕書，其中兩個由二百人議會指派，另外兩個由第一執政官當場從人民中選派，並在聖皮爾教堂進行宣誓，擔任這一工作。然而在一七一二年的普遍議會上，他們全然不顧上次法律的規定，擅自指派兩位國務祕書收票。這一改變的理由何在呢？在如此重大的問題上，爲什麼會出現這一不合法的舉動呢？這難道不是在恣意踐踏剛剛通過的法律嗎？他們從違反法律中的一條法律開始，接著又違反另一條，這難道不是得寸進尺嗎？既然此次議會的公報說會上的提案已經「幾乎全體一致通過」，[23]爲什麼公民們在走出會場時，一個個都面帶驚訝和疑惑的表情，[24]而官員們卻全都表現出勝利和滿意的樣子呢？這些剛剛「一致通過」這個意見的人的不同面部表情，是自然的嗎？

由此可見，他們爲了強行通過此次議會的提案，是使用了威脅甚至欺蒙等手段的。不管怎麼說，這些手段都是違背法律的。請大家想一想：這些手段與他們裝模作樣地稱爲神聖的法律是否協調？

即使此次議會的召開是合法的，而且也沒有違反任何法律，[25]但是，人們不禁要問：召開此次議會的目的，除了使各項事情回到此次議會召開之前的狀態，從而使有產者恢復他們原先擁有的權利，還能有別的目的嗎？即使把一個東西打碎了，它的各個碎片不依然是它們原先的樣子嗎？

事實上，對官員們來說，定期召開的普遍議會只有一個不利之處；不過，這個不利之處是很可怕的。這個不利之處是：它迫使官員和他們主管的各級機構只能辦理他們職權範圍以內的事。單單憑這一點，我就知道這些令他們如此不快的議會，將永遠也開不起來，甚至按連隊召開的連隊會也開不起來。不過，這不是我們要在這裡探討的問題；我也不在這裡探討該做什麼或不該做什麼，更不探討將來做什麼或不做什麼。在這裡，我只指出：我認爲那些簡便易行的辦法，是從你們的憲法中推導出來的，因此是不符合新的法律的，只有在他們的同意下才能被採用。有鑑於此，我認爲，當前不僅不宜向他們提出這些辦法，反而應暫時採用《鄉間來信》的作者的辦法，來解決那些小小的反對意見。不過，我要明確指出：儘管這位作者一心想在事情的性質中尋找根本就不存在的障礙，但實際上這些障礙全都是小議會存心設置的，何況即使存在，我們也有許許多多消除這些所謂的障礙的辦法，而且我們的辦法實行起來，既不違犯你們的憲法，也不擾亂社會的秩序和公眾的安寧。

現在讓我們回過頭來談正題，並嚴格按照最近頒布的法律來分析問題，你將發現，在行使提《意見書》的權利方面，根本就不存在什麼眞正難以解決的問題。

一、首先，在確定提意見的人數方面，從最近頒布的法律本身來看，根本就不存在什麼困難；它對人數的多少沒有任何規定，也沒有說只有一個人提出的《意見書》，其效力就不如一百個人聯名提的《意見書》。

二、關於公民有提請召開普遍議會之權的問題，這更不是什麼難題了。[26]因爲這項權利不論是否會造成危害，都與提《意見書》的權利無關。由於每年都要召開兩次普遍議會舉行選舉，所以可以不必專門爲此事召開一次特別議會，只需把經過小議會審議的此項提案提交最後一次議會表決就行了；[27]而且，開會的時間即使要延長，也延長不到一個小時。這一點，凡是熟悉會議程序的人都知道，不過要注意：必須把這個提案提請在選舉之前投票表決，因爲，如果等到選舉完畢之後才投票表決的話，執政官們說不定會像他們在一七三五年那樣，在選舉一結束的時候便立即宣布散會。

三、關於增加召開普遍議會的次數的問題，這一難題也隨著前面所說的那個難題的解決而解決了。既然沒有困難了，還有什麼危險的事情會發生呢？我不明白的，就是這一點。

如果只閱讀《鄉間來信》和一七一二年頒布的法律與舒埃（Chouet）先生演說的話，人們是會不寒而慄的。不過，情況到底如何，現在讓我們來仔細分析一下。舒埃先生說：只有少開這樣的會，共和國才能得到安定。其實，他這個話應當反過來這樣說：只有在共和國安定的時候，這些會才能少開。先生，請你閱讀一下十六世紀日內瓦城的《大事紀要》。城中的居民是怎樣擺脫壓在他們身上的雙重桎梏的？他們是怎樣粉碎那些試圖分裂這個城市的叛亂集團的陰謀的？他們是怎樣抵禦那幾個藉援助之名行奴役你們之實的貪婪鄰國的進攻的？他們在城中是怎樣建立宗教和政治的自由的？他們是怎樣使憲法得到鞏固的？他們是怎樣完善你們政府的體制的？發生在這個名留史冊的時期的事件，眞是一連串奇蹟。暴君、鄰國、敵人、朋友、臣民、公民、戰爭、瘟疫和饑饉，這一切都好像是不約而同地在爲摧毀這個不幸的城市而努力。很難想像一個初具規模的國家能逃脫所有這些危險。日內瓦不僅逃脫了這些危險，而且正是在危機四伏的環境中完成了它的立法大業。正是由於經常召開普遍議會[28]和公民們的沉著與堅定，人們才終於克服了重重障礙，使從前內部分崩離析的城市得到了自由和安寧。在國內把一切都納入正軌以後，人們便集中力量對外進行光榮的戰爭。最高的議會完成了它的任務，此後就由政府來執行政府的任務了。日內瓦人今後要做的事情是：保衛他們贏得的自由；他們在戰場上表現得是很勇敢的士兵，今後在議會裡也將表現得是堂堂正正的公民：他們已經這樣做了。從日內瓦城的《大事紀要》就可看出，普遍議會在有關你們國家的大事中，是起了很大的作用的，而你們的官員們卻認爲它是可怕的禍根；他們對它百般阻撓，但歷史證明，他們的阻撓是不會成功的。

四、他們說你們的鄰國都是大國，因此有遭到它們指摘的可能。其實，這個難題也是容易解決的；我認爲，最好是用具體的事實來駁斥這一詭辯。大家須知：歷次普遍議會的決議都是充滿了智慧和勇氣的；決議中從來沒有使用過張狂放肆的語言，也沒說過膽小怕事的話；人們有時候還在會上發誓要爲國捐軀。在人民最有影響力的幾次議會中，哪一次議會曾因行事不當而使鄰國感到不快？哪一次議會曾對鄰國表現出俯首貼耳的樣子？我敢說，這樣的議會，誰也舉不出一次，而對小議會的所作所爲，我就不敢打這個包票了。這一點，在這裡按下不說，讓我們接著談正題：當問題涉及需要做出新的決議時，就應當先由下級議會提出，然後由普遍議會決定是否採納，此外，便既不多贊一詞，也不對它發生爭議。由此可見，他們的反對意見是沒有道理的。

五、至於說到會引起人們對所有的法律產生懷疑和誤解的問題，[29]那更是站不住腳了。因爲此事根本不涉及對法律的解釋和斟酌詞句的問題，而是要求把一項法律付諸應用的問題。官員們也許有辦法把一件本來是非常清楚的事情說得不清楚，但他們無法掩蓋事情明白無誤的事實。可見這些先生們是在試圖改變問題的性質。根據一條法律的措辭來指出它遭到了破壞，這不是對那條法律產生懷疑。事實上，只要在法律的措辭中有一句話可用來證明小議會做得對，小議會就必然會在答覆中利用這句話來證明。在這種情況下，《意見書》就會失去其效力，即使提意見的人堅持，在普遍議會上也一定會被否決的，因爲公眾的利益太重要、太現實，而且牽連的範圍太廣，所以誰都不願意動搖政府和法律的權威，不願意在法律沒有被破壞的情況下，貿然宣稱法律被破壞了。

由此可見，立法者和法律的起草者應十分注意，不要使法律的措辭含混不清；如果含混不清的話，那就要依靠官員一秉大公，在執行的時候明確規定它的意思。如果法律有幾個意思，他有權採用他認爲合適的意思。但這項權力不能擴大到改變法律條文所表述的意思，更不能添加它原來沒有的意思；否則，就沒有法律可言了。經過我們這樣一說，問題就變得十分清楚了，就有利於正確意見的發表並得到議會的採納了。這樣，不僅不會產生沒完沒了的爭論，反而會防止爭論；不僅可使人們不至於由於利益和個人情緒的驅使而對法律做隨心所欲的任意解釋，反而會使人們相信法律是怎樣表述的，就是怎樣的意思，人們尤其不會在每件事情上都懷疑官員們對法律故意加以曲解。如果一開始就採取這些辦法的話，困難就不存在了；這難道不是很明白的嗎？

六、至於說這是在強要小議會服從公民的命令，[30]這個說法是很可笑的。因爲，很顯然地，《意見書》不是命令；任何一個要求得到公正處理的人提出的上訴狀，也不是命令。只不過官員們必須對上訴人提出的要求做出公正的處理；而小議會也應當滿足公民和有產者們在《意見書》中提出的正當要求。儘管官員們的地位高於個人，但他們不能因爲地位高，便拒不把個人應得到的東西給予個人。作爲下屬，個人雖然使用了謙卑的詞句，但並不因此就失去他應得到該給予他的東西的權利。從這個角度看，我們可以說《意見書》就是給小議會下的一道命令，是下達給第一執政官的一道命令，要他把《意見書》轉送議會。這是他責無旁貸應當做的事情，不論他是贊同《意見書》中的意見或不贊同《意見書》中的意見。

此外，小議會還利用「《意見書》」這個含有「下級向上級呈遞」的意思的詞，說了一些誰也沒有爭議的事情。他們這樣做，表明他們忘記了在《調停法》中使用的這個詞，在他們提到的一七〇七年的法律中並未作用；在一七〇七年的法律中使用的是「《諫書》」；這個詞的意思，與《意見書》的意思有所不同；另外，還需指出：在官員們向主權者呈交的《諫書》與主權者的成員向官員們下達的《告誡書》之間，是有區別的。你也許認為我在這裡對他們的這樣一個反對意見也做出回答，簡直是多此一舉；不過，你要知道，他們的這個反對意見，也和他們的其他大部分意見一樣，是需要加以駁斥的。

七、最後，關於他們所說的某一個有身分的人對小議會援用來懲辦他的法律的意思提出異議的問題，以及關於他誘使公眾對他表示支持的問題，我覺得我最好是不把他們所說的那些話看作眞的是什麼問題。啊！誰曾見過日內瓦的有產者們行事像一群奴隸？誰曾見過他們性情激動，處處模仿他人？誰曾見過他們頭腦愚鈍，而且敵視法律，輕易就為別人的利益而仗義執言?事實上,他們每一個人都只有在自己利益於公眾的事務中受到損害的時候,才站出來發表議論,表示關心。

做不公正之事的人和進行陰謀詭計的人,往往都是有後臺的,但公眾是不支持他們的。在這一點上,人民的聲音就是上天的聲音,然而不幸的是,這神聖的聲音在強權面前總顯得很微弱。受壓迫的無辜人們哀聲叫屈,而濫施暴政的人對他們毫無憐憫之心。用陰謀詭計誘使人們做的事,受益的都是那些站在統治地位的人;這一點,是從來沒有例外的。玩弄花招,散布謬論,使用利誘、恐嚇和籠絡等手段,以及製造表面上政通人和的假象,這一切,都是那些掌權的和善於欺蒙人民的人的拿手好戲。在一個小城市裡,無論是玩弄手段還是拼實力,哪一次不是那幾個豪門大族占上風?他們把他們的親朋好友和各種黨羽串聯起來,再加上小議會的權力,強詞奪理,不是每一次都把那些敢到他們太歲頭上動土的平民百姓打得一敗塗地嗎?你此時此刻看一下周圍發生的事情,就知道了。儘管有法律做你們的後盾,儘管正義和眞理在你們手中,再加上你們對公眾利益和個人的安全也極其關注,但這一切可以用來推動民眾的有利因素,也難以保證那些為反對明目張膽的違法行為而大聲疾呼的可敬的公民不受壓迫。他們問:在一個政治開明的國家裡,一個頭腦一熱便隨便提意見的人的利益,比國家的利益更能得到眾多的人的維護嗎?要麼是我對你們的有產者和你們的首領們的了解不夠，否則就眞的是有那麼一份《意見書》的理由不充分（這種情況我還沒有聽說過）；如果這兩種情況都不是，那就是這位作者[31]値得懷疑了：我們雖不能說他是一個可鄙視的人，但至少可以說他是一個居心不良的人。

既然聽我講話的人都是日內瓦人，還用得著我來對官員們提出的這類反對意見進行駁斥嗎？在你們城中，誰沒有嘗過他們心狠手辣的滋味？然而又有誰由於他們說了那麼多困難，就眞的願意放棄這項有法律依據的基本權利而不行使呢？沒有；因爲，就連提出這些困難的官員們自己也心知肚明，它們是純屬子虛烏有。恰恰相反，如果眞的放棄這項受到限制的權利，那就必然會給臭名昭著的寡頭政治集團打開濫用權力的大門；正如我們所見到的，那就一定會讓他們發展到無需任何藉口便可任意侵犯公民們的自由，無需經過任何法律程序便可公然違反法律的明文規定，不顧眾人的抗議而任意關押公民。

他們對這些法律所做的解釋，其踐踏法律的程度，比藉法律之名行暴虐無辜之實的暴政更有過之。他們對你們講的那些理由，能成爲理由嗎？他們不僅把你們看作奴隸，甚至把你們看作小孩子。唉！他們怎麼能對如此明確的問題說不知道呢？他們怎麼能胡攪蠻纏到如此程度呢？先生，把問題都通通擺出來，不就能解決了嗎？經過以上這番分析之後，我就打算結束這封信，而不想把它寫得太長了。

一個人被認定應當收監的情況有三種：一種是根據另一個人對他正式提出的控告書；第二種是在作案現場當場被抓獲，或者在眾目睽睽之下重犯他過去犯過的罪行；第三種是根據上級的指示或某些祕密報告及某些跡象與官員們有充分的理由，而由官員下令逮捕入獄。

在第一種情況下，按照日內瓦法律的規定，原告應當和被告一起入獄。此外，如果他沒有清償債務能力的話，他還須交一定數量的訴訟費。這樣做，對原告是有利的，因爲這會使人們有理由相信被告不是被誣告而關進監獄的。

第二種情況的理由就在事實本身，因此，被告也會自行承認他之所以被關進監獄，是罪有應得的。

在第三種情況下，由於既沒有第一種情況所說的一方提出的控告書，也沒有第二種情況所說的明白無誤的證據，因此就只能靠官員們秉公辦案之心，按照法律行事，盡可能採取不出錯誤的辦法辦理。

以上所說，是立法者在這三種情況下應當遵循的原則，現在讓我們來研究這些原則應如何應用。

在一方正式提交控告書的情況下，一開始就應當建檔立案，按司法程序辦理。這就是爲什麼案子首先要經過初審的原因。在「初審之後，如果沒有得到法庭的允許」，[32]是不能強行關押的。正如你所知道的，日內瓦人所說的法庭，是由檢察官和他的幾名助手（人們稱他們爲陪審員）組成的。由此可見，控告書只能向法庭的法官提交，而不能向別人提交，更不能向執政官提交，由法官下令將雙方加以關押，只有在兩方中的一方「認爲自己受到的處分過重」[33]時，才能向執政官提出上訴。《民法》第十二編的前三條指的顯然就是這類罪行。

至於被當場發現的現行犯，不論他犯的是員警有權懲辦的暴行還是其他罪行，雖任何人都可以捉拿他，但只有擁有某種執政權的官員，如執政官、小議會的成員、檢察官或陪審員，才能將他關進監獄；而其他官員，無論是一個官員或幾個官員，都是無權將他收監的。此外，法庭還必須在二十四小時內對在押的人進行審訊。很顯然地，無論是就案件的類型來看，還是就被告被稱作「罪犯」來看，《民法》第十二編的第四條、第五條、第六條、第七條和第八條指的就是這種情形，因爲在案子開審以前，只有現行犯和有前科的人才被稱爲「被告」。如果有人硬說「被告」與「罪人」這兩個詞是同義的話，則被強行關押的「無罪之人」與「罪人」也是同義語了。

《民法》第十二編的其餘部分沒有談監禁問題；從第九條起（含第九條），講的都是各種刑事案件的審理程序和審判形式，而對按上級指示關押人的問題，也一字未提。

不過，在《政治法》中，那條關於四個執政官的職務的法律條文又談到了監禁問題。爲什麼呢？這是因爲該條法律直接涉及公民的自由。在這一點上，執政官行使的權力是一種政府的權力，而不是法院的權力；一個普通的法院是不擁有這個權力的，因此，法律把這項權力只授予執政官，而不授予檢察官或其他官員。

爲了防止執政官產生我在前面所說的那些錯誤，法律規定，他們首先應當「召集有關人員進行研究和審查」，然後，「如果必要的話，才下令關押」。我認爲，在一個自由的國家裡，法律不能不對這一可怕的權力施加限制，公民們必須有種種合理的安全保證，才能在盡了他們的義務之後，安安穩穩地睡覺。

第十二編的另外一條關於現行犯和有前科的罪犯的表述，與《政治法》中關於刑事案件的第一條的說法是完全一樣的；看來，這是重複該條的說法；區別在於：在《民法》中是從法律的角度表述的，而在《政治法》中，則是從公民的安全這個角度表述的。由於這些法律是在不同的時期制定的，它們是人的作品，所以不能指望它們互相衝突的條文一條也沒有，更不能指望它們是十全十美和一個缺點也沒有的。只要在總體上把各個條文加以比較之後，能看出立法者的精神和他們之所以那樣制定的理由，就夠了。

補充一個看法。這些如此之合理合法的權利，持不同意見者們竭力爭取的這些權利，在主教掌握主權的時期你們享受到了，納沙泰爾的人民在他們君王的統治下也享受到了，而如今你們已經是共和國的人民，反而有人竟公然想剝奪你們的這些權利！請你看一下《阿德馬魯斯・法布里法》（*Ademarus Fabri*）第十條和第十一條，以及其他幾條關於日內瓦的權利的表述。日內瓦人對這部法律的尊重，不亞於英國人對更古老的大憲章的尊重，可是《鄉間來信》的作者卻公然如此輕蔑地談論你們的這部法律，然而我不相信他敢像對你們這樣傲慢地到英國人那裡去談論他們的大憲章。

他公然說什麼這部法律已經被共和國的憲法廢除了。[34]然而，恰恰相反，我在你們的法律中經常發現「和過去一樣」這句話重申過去的做法，從而重申該法律賴以制定的權利。看來，那位主教已經預見到了那些本該保護這些權利的人將侵犯它們。我還發現那位主教在該法律中一再宣稱這些權利是永久不變的，沒有一個字說它們沒有用處，更沒有一個字說可以將它們廢除。現在，請你看一下後面這個與《鄉間來信》的作者的論調截然相反的說法：博學的舒埃執政官在他給托桑（Townsend）先生的信中說，由於改革，日內瓦人已經享受到了主教（這個城市世俗和精神的君主）的權利。然而《鄉間來信》的作者的看法卻相反；他說日內瓦人現在已經失去了主教給予他們的權利。這兩個人的說法完全不同，我們該相信哪一個呢？

唉！你們在身爲自由國家的人民時，反而失去了你們作爲臣民享受的權利！你們的官員公然剝奪你們的君主給予你們的權利！如果你們的先輩獲得的自由是這個樣子的話，你們必然會爲他們因爭取這種自由而流的鮮血感到十分痛心的。這部獨特的法律，過去曾經使你們成爲主權者，儘管如今反而使你們失去了你們的權利，但我覺得，還是値得向人們大講特講的，而且，爲了使它能深入人心，不論把它講得多麼神聖，都不爲過。這部被廢除的法律，現在怎麼樣了？很顯然地，要想運用這部獨特的文獻，首先就必須把它向公眾講解得十分清楚。

從以上所說，我敢肯定地得出這樣的結論：不論在任何可能發生的案件中，日內瓦的法律都沒有說執政官或其他什麼人有任意將人關入監獄的絕對權力。然而實際情況卻不是如此；小議會在給持不同意見者們的答覆中，堅稱他們有這項不可辯駁的權力；他們想怎麼用這項權力，就可以怎麼用這項權力。否決權的妙處就在於此。

我寫這封信的目的，是想闡明提《意見書》的權利，是與你們的憲法緊密聯繫在一起的；它不是一項徒有其名的權利，而是一七〇七年的法律明文規定，並由一七三八年的法律再次肯定的權利，因此是一定要實際運用的。在《調停法》中之所以沒有提到這項權利如何運用，是因爲它不屬於《調停法》的範圍；而它之所以不屬於《調停法》的範圍，是因爲它本身是由你們的憲法的性質產生的，而且在憲法中還以另外一種方式對它給予了保證。只要有這項權利，再加上它的實際運用，就能使其他一切權利得到可靠的保證；只有這項權利能眞正彌補他們從有產者手中奪走的權利。有了這項權利，就能使國家的各個部分保持牢固的平衡，並顯示《調停法》的深遠意義；沒有這項權利，《調停法》就會成爲世間難以想像的不公平的法律。至於他們所說的這項權利在行使方面的那些困難，是很可笑的，是他們任意杜撰的，是不能消除絕對的否決權帶來的危害的。先生，我想闡明的就是這些問題；至於我是否把問題闡述清楚了，就要由你來判斷了。

◆注　釋◆

【1】指普遍議會。——譯者

【2】文中所說的「全權代表們」，指前面所說的調停者；這幾位享有全權的代表分別來自兩種不同形式的政府：蘇黎世和伯恩是貴族制政府，而法國是君主制政府，故盧梭說他們「滿腦子充滿了不同的政府的規章制度」。——譯者

【3】《鄉間來信》，第六十六頁。——作者

【4】見《日内瓦共和國法令彙編》，一七三五年版，第一頁。——譯者

【5】《鄉間來信》，第六十七頁。——作者

【6】《鄉間來信》的作者說：「人們對服從他人所感到的恐懼，其程度遠遠大於對統治他人所感到的喜悅。」塔西陀的看法與這位作者的看法不同，而且對人心的了解比這位作者深刻得多。如果這位作者的看法是對的，則大人物的僕從就不會對有產者們那麼粗暴，就沒有那麼多遊手好閒的食客在王公大臣的府第裡表現得那麼一副奴顏婢膝的樣子了。心理狀態健康到知道如何熱愛自由的人是不多的。大家都想使喚他人，即使為此而必須服從另一主人，也在所不惜。一個小小的暴發戶為了使喚十個僕人，竟不惜賣身投靠一百個主人。你看君主國中的那些貴族是多麼驕傲；他們是多麼神氣十足地高聲叫喊：「來人呀！」當他們有機會對國王說「願為陛下效力」時，他們自以為是多麼的顯赫；他們是多麼地藐視共和主義者啊！然而，共和主義者是自由的，比他們高貴得多。——作者

【7】《調停法》第六條是這樣說的：「任何提案在未經過二十五人議會審議和通過前，不得提交二百人議會；在未經過二百人議會審議和通過前，不得提交普遍議會。」——譯者

【8】只要首領們不違反法律，人民是絕不會起來反抗法律的。正是根據這個一定不移的道理，在中國，*當外省發生暴亂的時候，當局總是懲辦該省的督撫。而在歐洲，各國的君主採取的辦法則相反，因此，你看他們的國家到底是昌盛還是不昌盛？他們的人口每三十年就要減少十分之一，而中國的人口卻一直沒有減少。東方的專制主義依然很牢固，因為它對大人物比對人民更嚴厲；它從它本身找到了救治弊病的辦法。**我聽說鄂圖曼土耳其帝國政府已開始採用基督教的那一套辦法；如果真是這樣的話，我們不久就可看到它將產生怎樣的效果。——作者

*指作者寫這段話時的中國，即十八世紀的中國。——譯者

**盧梭在這段話中所說的中國的情況和得出的結論，大多採自耶穌會教士路易・勒貢特一六九七年發表的《關於中國現狀的新回憶》中的第九封信。勒貢特的這本書，在十八世紀

的法國和歐洲流傳甚廣；書中的看法，有的正確，有的則得自表面現象。——譯者

[9] 例如一七六三年八月十日對大多數公民和有產者八月八日向第一執政官先生提交的《意見書》，他們就是這樣答覆的。——作者

[10] 「réqwéui」這個詞的意思，不僅僅是「要求」，而且是根據某項權利理應得到某種東西。在法院公布的含有這個詞的各種法律文件中都是這樣用的。我們可以說「理應得到補償」，但從來不說「理應得到恩准」。因此，在這兩種情況中，公民都有權把他們被下級議會否決的「訴狀」或「要求」提交普遍議會審議。然而按照一七三八年公布的法律的第六條中添加的那個詞，這個權利便只限於將「訴狀」提交普遍議會；這一點，我們在後文還將敘及。——作者

[11] 指普遍議會，即組成普遍議會的全體人民。——譯者

[12] 指《鄉間來信》的作者特龍香及其支持者。——譯者

[13] 指《調停法》第六條。——譯者

[14] 對於這一點，盧梭後來在《懺悔錄》中說：「我的朋友們，或者說那些自稱為我的朋友的人，一封又一封地寫信來催我回日內瓦去領導他們，並向我保證，公眾一定會糾正小議會的錯誤。由於我擔心我一出現在日內瓦就會引起騷動和混亂，所以我沒有接受他們的邀請。」（盧梭：《懺悔錄》，李平漚譯，商務印書館二〇一〇年版，下冊，第十二卷，第七九三頁）。——譯者

[15] 日內瓦登記在冊的有產者曾一度按四個城區的劃分編為四個團隊，每個團隊又分編成四十個連隊，集體活動大都以連隊為單位進行。——譯者

[16] 見《鄉間來信》，第三十八頁。——作者

[17] 據史料記載，日內瓦的普遍議會在十六世紀後半葉以後就沒有召開過。——譯者
此處盧梭原來所用的詞彙是「Conseil général」，英文翻譯為「General Council」，全書統一翻

譯為「普遍議會」。可參見譯者前言注十一。——編輯

【18】參見《社會契約論》，第三卷，第十七章。——作者

【19】在一七三四年三月四日有一千或一千二百位公民和有產者參加的議會上，沒有一個人腰間佩帶寶劍。此種情形，在其他國家的人看來似乎是不值一提，而在民主國家的人看來卻不是；它比任何其他更明顯的特徵都更能說明一個民族特有的精神。——作者

【20】一七〇七年五月二十六日日內瓦的小議會發布了一道大赦令，但三個月之後，即八月十七日，有產者的三位領袖人物就被逮捕並處以重刑。——譯者

【21】一七〇七年六月初，伯恩和蘇黎世派了幾百名士兵去加強日內瓦的城防部隊，使小議會可以放手鎮壓有產者們的一切活動。——譯者

【22】據日內瓦國家檔案館保存的《大會紀錄》記載，這項提案是以七一四票贊成通過的，提反對票的只有二七八人。——譯者

【23】採用他們的那套辦法，要獲得「一致通過」就一點也不難，因為整個過程是全由他們掌握的。在這次議會開會前，國務祕書梅士特里札（Mestrezat）就說過：「讓他們全都來，我有辦法控制他們。」據說，為了達到這個目的，他只說了「贊成」和「不贊成」這兩個詞；果然，後來在票上就真的只有這兩個詞，因此，不論人們選擇哪一個詞，其結果都是一樣的，因為，如果選擇「贊成」那就表明你是贊成小議會的意見而否定定期召開的普遍議會的意見；如果你選擇「不贊成」那就表明你是不贊成定期召開的普遍議會的意見。以上所說，不是我編造的，我是經過權威人士的同意，才在這裡講述的，因此，我請各位讀者相信這是真的；不過，我也應當實話實說，這個消息我不是從日內瓦得到的，而且我也不相信這是真的，我只知道這兩個詞的意思是含混不清的，使投票人搞不清楚究竟該選哪個詞才能表達他自己的意思。此外，我還看不出他們有何必要或合法的藉口在票數的計算方法上要改變法律的規定。事實上，再也沒有什

麼事情比人民之所以默不作聲地讓這種違法的做法得到通過，更清楚地表明這完全是由於他們受到恐嚇的結果。——作者

[24] 他們在走出會場時都交頭接耳地議論紛紛，許多人都說：「我們總算是熬過了這一天。」第二天，許多人都抱怨說他們中了官員們的圈套，因為他們否定的不是普遍議會的意見，而是小議會的意見。對於他們的這番話，官員們一笑置之。——作者

[25] 法律早有明文規定：「對任何法律的修改，不經最高議會的批准，都是無效的。」現在要弄清楚的是：對法律的破壞是否應看作是對法律的修改？——作者

[26] 這個話題是針對《鄉間來信》的作者而發的。《鄉間來信》的作者認為：「每個公民都有向小議會提出召開普遍議會之權，這純粹是異想天開，辦不到的」。——譯者

[27] 我已經在前面講了在何種情況下小議會非把提案提出來表決不可，在何種情況下可以不提出來表決。——作者

[28] 那時候，一遇到有關日內瓦城安危的大事，人們就按照法律的規定召開普遍議會。在那狂風暴雨的多事之秋，這類事情是經常發生的，所以普遍議會召開的次數，比今天二百人議會召開的次數還多。在這裡，只舉一個時期為證：在一五四〇年的前八個月，就召開了十八次，而這一年並沒有什麼比上一年和後一年更特殊的事情發生。——作者

[29] 《鄉間來信》的作者說：「如果人人都有審議法律的權利的話，則沒有哪一條法律不會被批評得體無完膚。」盧梭認為這位作者的這個論點與這裡所涉及的事情無關，因此是站不住腳的。——譯者

[30] 這個話，是《鄉間來信》作者說的，他說：「這哪裡是什麼《意見書》嘛，這簡直就是對小議會下命令，要它把這樣或那樣的問題提到議會上討論嘛……」（見《鄉間來信》，第一〇二頁）——譯者

【31】指《鄉間來信》的作者特龍香。——譯者

【32】《民法》第十二編第一條。——作者

【33】同上，第二條。——作者

【34】他們*也是這樣在一七四二年踐踏一五七九年的《索勒爾條約》，說該條約已經過時了，然而該條約已明確訂明它的效力是永久的，而且從來沒有被任何一個其他條約廢除過，並多次得到重申，尤其是在《調停法》中更是著重表述它的效力是永久的。——作者

*指《鄉間來信》的作者及小議會的人。——譯者

第九封信

《鄉間來信》的作者的推理方法。他信中的眞正目的。他是如何挑選例證的。日內瓦的有產者們的性格。用事實來證明。結論。

先生，我認爲我最好是直接論述我想論述的問題，而不必花許多筆墨先去駁斥他們的論點。要逐一駁斥《鄉間來信》的論點，必將陷入一個詭辯的深淵。我認爲，把他信中的論點一一指陳出來，就等於是駁斥了。他的論點在理論的洪流中遊蕩，已經深深地掉進了漩渦，如果想在岸上伸手去援救的話，那一定會跟著它們一起被淹死的。

在結束我的信以前，我不能不對那位作者的《鄉間來信》做簡要的一瞥。我不想分析他用來欺騙你們的政治伎倆，我只評說一下他的理論要點，並舉出幾個例子來說明他的理論的荒謬。

你在前面已經看到了他針對我發表的那些怪論，至於他針對你們的共和國發表的那些論點，有時候簡直是荒謬到了極點，沒有一個能站得住腳。他信中唯一的眞正目的，是在論證小議會所竊取的所謂的否決權是全權；他的信全都是圍繞這個目的寫的，有時候直截了當翻來覆去地說，有時候又拐彎抹角地玩弄許多花招來證明，極力在實質問題上欺騙公眾。

他信中對我的那些指摘，屬於第一種情形。小議會說我違犯了法律，持不同意見者們表示反對，提出了他們的《意見書》。爲了行使否決權，就必然會拒不接受持不同意見者們的《意見書》；要拒不接受持不同意見者們的《意見書》，就需要證明他們錯了。要證明他們錯了，就需要想方設法把我說成是一個罪人，而且是如此之罪大惡極的一個罪人，以致要懲辦我，就不能不打破法律的束縛。

第一次做惡事的人，如果發現他們今後將因此而陷入非再做惡事不可的困境，而且很可能因一念之差而終生成爲壞人，直到把他們所迫害的那個不幸的人迫害致死：如果他們發現這一點的話，他們是一定會不寒而慄的！

由執政官主持法院的工作，這個問題屬於第二種情形。自從小議會把執政官的權力與整個司法系統的權力合併以後，法院的工作便由執政官或法官主持；你以爲這樣做，他們會感到很大的不便嗎？執政官從前是在全體人民中間選舉的，[1]而現在只是在小議會的成員中選出，因此，他們既是其他法官的首領，同時又是其他法官的同事；在這件事情中，你可以很清楚地看出，你們的執政官只不過是一位法官而已，儘管他們對短暫地審理案件的權力不甚感興趣。然而他們卻煞有介事地把這個問題當作一個重要的問題來談論，以便轉移你們的視線，不去注意那個眞正重要的問題，使你們以爲第一執政官依然是由你們選舉的，以爲他們的權力和以前是一樣的。

對於這些次要的問題，我們就談到這裡爲止；從《鄉間來信》的作者談論這些問題的語氣來看，他也是不怎麼把這些問題放在心上的。現在讓我們集中精力分析他在爲否決權辯護方面提出的理由；他在這一點上花的心思比較多，而我也認爲：是否承認否決權，是唯一一件事關你們成爲奴隸還是成爲自由的人民的大問題。

在爲否決權辯護方面，他最拿手的伎倆是把一個理論問題簡化成一般的命題，因爲，如果他老談那個理論的應用問題的話，就很容易暴露出那個理論的依據之不足。爲了轉移你們對具體問題的注意力，他大肆誇讚你們的自尊心，把你們的視線轉移到一些涉及面很廣泛的問題上。當他把這些問題講得玄之又玄，把他想誘騙的人弄得無法理解時，他就一個勁地糊弄和吹捧他們，把他們說成是什麼政治家。他就是用這套辦法把人弄得眼花撩亂、看不清方向的；他把只需憑常識就可解答的問題變成哲學問題，從而使一般人對這些問題說不出個所以然來。一般人既然聽不懂他講的話，因此也就不敢與他爭辯了。

誰相信他那些抽象的詭辯，誰就會犯我指摘他的那些錯誤。他用他那套辦法來談論問題，是左右逢源，不會出什麼錯誤的，因爲，他在他的話中塞進了那麼多可以從不同的角度來理解的詞句，所以總有一言半語使人們從某個角度聽起來他講的話是對的。當一個人爲一般的公眾寫一本政治著作時，他是可以想怎麼談高深的問題就怎麼談的，因爲他知道那些了解各國的情況並熟知他所論述的問題的人，是不會閱讀和評論他那本書的，所以他可以毫無顧忌地放言高論，而在基本的實質性問題上，則只三言兩語，不深入討論。如果我只是對你一個人講的話，我就可以採用這個辦法。然而我這幾封信談論的問題，是涉及全國人民利益的大事；這個國家的絕大多數人雖然讀書不多，沒多大學問，但他們有豐富的智慧和判斷力；他們雖不懂那些學者們古裡古怪的語言，但用簡樸的語言向他們講述，他們還是能聽懂那些深奧的語言的意思的。在這種情況下，我們應當在作者的利益與讀者的利益之間做出選擇：誰愈想自己的書有益於公眾，誰就愈不該誇誇其談，炫耀自己。

產生錯誤和濫用否決權的另一個原因，是「否決權」這個詞的意思太籠統、太不確切，而且，用來說明使用這個權力的例子，也與這個權力風馬牛不相及，毫不相干。他們在你們向他們提出的意見方面大做文章，以轉移你們同胞的視線，不去注意他們眞正的目的，並使你們的同胞產生驕傲的心理而失去理智，以便讓他們花言巧語地說從此不想比當今世界的主人生活得更自由。他們賣弄學問，大談千百年前的往事和上古的居民，向你們列舉了雅典之後，又列舉斯巴達，接著又列舉羅馬和迦太基；他們向你們的眼睛裡撒利比亞沙漠中的沙子，使你們看不見你們周圍發生的事情。

現在，讓我像以前那樣盡可能細緻地分析一下小議會企圖使用的「否決權」到底是一種什麼權力；我敢斷言，在當今這個世界上，還沒有哪一個國家的政府敢以行政手段束縛立法者的手腳；也沒有哪一個國家的立法者在毫無保留地把法律交給政府執行以後，就乾瞪著眼睛聽憑它去任意解釋、規避和違犯，而且，對於這種不法行爲，除了嘀嘀咕咕發幾句毫無用處的牢騷以外，就既拿不出任何一種抵制的辦法，也沒有任何一種進行干涉的權力。

讓我們首先看一下那位匿名的作者[2]爲了牽強附會地使用他舉的例子，就把問題的性質扭曲到了什麼程度。

他在《鄉間來信》第一一〇頁說：「否決權不是制定法律的權力，而是防止有人（不論他是什麼人）任意動用制定法律的權力；它不允許任何人任意修改法律，因此它是一種防止有人修改法律的權力；它是直接爲政治社會樹立的大目的服務的，即：在維護憲法的過程中維護它自己。」

這樣描述的否決權是很合理的，而且可以說它是民主憲法中的一個如此重要的組成部分，以至於如果立法權可以被憲法的每一個組成部分經常動用的話，則民主憲法就無法維繫。正如你所知道的，要舉出例子來證明這個如此確切的理由，是不難的。

但是，如果這個概念不是我們所批駁的那個否決權的概念，如果在這段話中沒有一個字不與作者所說的這個權力的實際運用完全相反，則對這樣一個完全不同的否決權的有利論斷，就很不利於他想行使的否決權了。

「否決權不是制定法律的權力」。它雖然不是制定法律的權力，但它是一項不受法律約束的權力。一個人隨心所欲地處處把自己的意志當作一項法律來執行，當然比按照一般的法律行事方便得多；這樣一來，他本人也就等於是法律的制定者了。「防止有人（不論他是什麼人）任意動用制定法律的權力」，這不是他眞正的意思；他眞正的意思是：「防止任何一個有保護法律之責的人起來反對踐踏法律的人」。

「它不允許任何人任意修改法律」。怎麼能不允許呢？誰能防止一個手握大權的人不修改法律呢？誰能要求他向人民報告他的行爲呢？「它是一種防止有人修改法律的權力」，他這個話的眞正意思是：「防止人們反對修改法律」。

先生，你看他使用了多麼巧妙的詭辯術；他這種手法，在我所批駁的這部作品中[3]經常使用。事實上，掌握行政大權的人是從來不需要大張旗鼓地修改法律的，他也不需要人們以某種鄭重其事的方式批准他對法律的修改；他只需連續不斷地運用他的權力，一點一點地使事情按照他的意志進行就夠了。這樣做，是根本不需要興師動眾做大動作的。

好在那些眼光相當敏銳、頭腦相當清楚的人，是會覺察到這一過程的發展和它將產生的後果的。爲了阻止這一過程的發展，我認爲可採取以下兩個辦法中的其中一個：或者，在官員們第一次只是在一些雞毛蒜皮的小事上違犯法律的行爲剛出現時，就立即表示反對（這時候，官員們會把反對他們的人視爲不安分和愛找碴、尋釁滋事的人），或者，在他們的這種行爲愈來愈嚴重時，便明確提出批評，加以制止。我敢說，無論你們的官員多麼橫行，你們都可以這樣制止他們，而不會受到責難。不過，如果要選擇的話，最好是選第一個辦法。因爲，每當小議會的人要更改某種已成定規的做法時，他們都是有不可告人的祕密目的的。在一時摸不透他們的目的情況下，你們最好是一見到他們使出某種或大或小的新招時，就索性一律加以制止。執政官在進入小議會時，通常是先邁右腳，如果某一次他先邁左腳，我認爲，你們就應馬上加以糾正。

我們有確切的證據表明，採納那位作者的意見，就可以很容易地得出是贊成還是反對的結論，因爲，只需把他闡述小議會的否決權的那段話，用來闡述公民提《意見書》的權利，就夠了。你將發現他那段話用來說你們比說小議會更合適。你們可以說：「提《意見書》的權利不是制定法律的權力；它的作用是防止當權者任意曲解和違犯法律；它不允許任何人任意修改法律和提出新的法規。它是直接爲政治社會樹立的大目的服務的，即：在維護憲法的過程中維護它自己。」這不就是持不同意見者們該說的話嗎？《鄉間來信》作者的那段話，難道不是爲持不同意見者們說的嗎？對於有些詞，我們切不可只看字面而不深入了解它們的意思。小議會所謂的否決權，實際上是一項積極的權力，甚至是誰也想像不出它是多麼積極的權力：它使小議會成了國家和法律唯一絕對的主人。而提《意見書》的權利，嚴格說來，其本身乃是一項消極的權利，它唯一能起的作用，只不過是防止行政權的使用違背法律。

現在讓我們根據《鄉間來信》作者的原話來分析他想表述的眞正意思；只需添加兩三個字，就把你們當前的情況表述得很清楚了。

「在一個國家裡，如果負有執行法律之責的機關有權按照它一時的心血來潮而隨意行使法律的話，則該國的人民就沒有自由可言了，因爲它可以把它最橫暴的意志當作法律來執行。」

我認爲他這段話是按照眞實的情況描述的，可是在以下這段話裡，你將看到一個與之完全相反的荒誕描述。

「在一個國家裡，如果人民不按規則行使立法權，則在這個國家裡就沒有政府了。」話是講得不錯，不過，誰曾見過人民不按規則行使立法權呢？

這位作者在這樣解說了一種與我們所說的否決權完全不同的否決權之後，心裡感到十分不安，不知道應當把不是我們所說的那種否決權交給何人掌握。在這一點上，他提出了一個原則性的意見（對於他這個意見，我不想和他爭論）。他說：「如果這種否決權可以毫無不妥地掌握在政府手裡的話，那麼，從事物的性質和效果來看，那就做對了。」接著，他舉了幾個例子；對於他舉的例子，我不打算一個一個地加以評述，因爲它們離我們太遙遠，而且與我們所討論的問題毫無關係。

只有這個有關英國的例子近在我們眼前。他舉這個例子來作爲平衡各部分權力的典範，是有道理的，是值得花一些時間探討的。在這裡，我只是根據他的原話把小國和大國的情況做一個比較。

「儘管國王的權力已經很大了，但英國人民也不怕給國王以否決權。不過，雖然國王長時間沒有立法機構的支持便什麼事情也做不成，但如果他過於頻繁地讓立法機構爲他立法，那對他也是很不利的。因此，這種否決權事實上只不過是防止立法機構貿然立法的手段，何況英國的君主在憲法保證他享有廣泛權力的情況下，是樂於保護憲法的。」[4]

按照他這個說法，你也許會以爲英國國王的權力比日內瓦的小議會的權力還大，以爲英國國王的否決權與你們官員所篡奪的否決權是一樣的，以爲你們的政府也像英國的政府那樣，沒有立法機構的支持便什麼事情也不能做，以爲這兩者都同樣樂於保護憲法。如果《鄉間來信》的作者不想表達這幾層意思，他爲什麼要說這段話呢？這個例子與他的主題有什麼關係呢？

從各方面看，情況都恰恰相反。英國的國王雖按照法律擁有巨大的保護法律的權力，但他無權違犯法律。如果他不按法律行事，誰也不會服從他。每個人都怕掉腦袋；大臣們如果惹怒了國會的話，也會掉腦袋的，人們會對他們的行爲進行追究的。在法律的保護下，每一個英國人都可以抵制國王的權威；最卑微的人稍微受到了一點冒犯，也可以要求並獲得最適當的補償。國王即使在一件微不足道的事情中犯了法，他的違法行爲馬上就會被揭露；他既沒有任何權利也沒有任何權力爲他的違法行爲進行辯護。

可是在你們國家，小議會的權力在各方面都是絕對的。它既是大臣又是君主，既是起訴人又是法官，既下命令又執行命令；它可以任意傳訊人、逮捕人、關押人、審判人和懲辦人；它手握大權，想做什麼就做什麼；它手下的人都是誰也不敢得罪的；它不向任何人彙報它自己的工作，也不向任何人彙報它的屬員的工作；它不怕立法者，它讓立法者講話，立法者才能講話；在立法者面前，它從來是不低頭認錯的。對於它所做的一切不公正的事情，它是有權不糾正的。遭受它迫害的人，只要能人身不受傷害就萬幸了，而絕對不能指望得到滿意的解決和賠償。

現在讓我們根據最近發生的事情來觀察其間的差別。在倫敦出版了一本大肆諷刺大臣、政府和國王本人的書。[5]印製這本書的人全都被逮捕，但法律是不允許逮捕印製這本書的人的，於是公眾議論紛紛，政府只好將他們釋放了；但事情並未到此結束。工人們起訴控告大臣，並得到了巨額的經濟賠償。我們可以把這件事情與日內瓦的書商巴爾丹（Bardin）先生的案子做一個比較（如何比較，我在後面即將談到）。再舉一個例子。日內瓦城裡發生了一起竊盜案；在毫無證據而只憑一些沒有根據的懷疑，就把一個公民非法抓進監獄，並搜查了他的家；他們像對待壞人那樣百般羞辱他，而最後查明他是清白無辜的，才把他釋放。他到處訴說他的冤屈，他們由他去說，而事情到此就結束了。

現在假定我在倫敦因一時不愼得罪了朝廷，朝廷在毫無法律根據和毫無理由的情況下，以我的一本書爲藉口，下令將書燒毀並逮捕我，這時候，我可以以遭到非法判刑爲由，向高等法院提出申訴，證明我無罪。我很可能獲得極爲滿意的補償，而官員們便很可能受到懲罰，說不定還會被革職。

現在讓我們把威爾克斯（Wilkes）先生[6]請到日內瓦，讓他把他在倫敦毫無忌憚地批評政府、朝廷和國王的那些話的四分之一說出來批評小議會，並印出來向公眾發表，我雖不敢斷定他們一定會處死他（我估計他們是一定會置他於死地的），但我敢說他們肯定會立刻把他抓進監獄並加以嚴厲懲罰的。[7]

人們也許會說威爾克斯先生是他的國家的立法機關的成員；而我，我不也是我的國家的立法機關的成員嗎？[8]《鄉間來信》的作者認爲人們不應當把公民的資格看得那麼了不起；他說：「審訊的規則對任何人都是、而且應當是平等的，因爲這些規則不是以城市居民的權利爲依據而制定的，它們是以人類的權利爲依據而制定的。」[9]

可是，對你們來說，事情卻不是這樣的，[10]在他那句說得非常好聽的話中暗藏著一個很巧妙的詭辯。你們國家的官員經常用它來對付公民，而不對付外國人，而事實上，他們的職責是：在辦理涉及公民的案件中，應當十分小心地運用法律，才能使被告不至於被錯判。然而，事實證明錯判的事例眞是多得不勝枚舉。可是，對外國人錯判的事例，自從共和國成立以來也許一個也沒有；反之，在你們的歷史中，對公民錯判甚至重判的事例，誰知道有多少呢？是的，對公民們的人身安全應當採取的預防措施是可以毫無困難地擴大到所有的被告的，因爲這些措施的目的不是拯救罪人，而是保護無辜。爲了這一點，在《調停法》第三十條中沒有說哪些人是例外，也沒有任何一句話只適用於日內瓦人而不適用於其他人。現在，讓我們言歸正傳，把兩個國家中的否決權做一對比，看它們有哪些差異。

英國國王的否決權在兩件事情上行使：可以召開和解散議會，可以否決議會向他提出的法律，但從來不阻礙立法權威對國王可能有的違反法律行爲進行審議。

此外，國王的否決權還受到相當大的制約。首先，按照《三年法》，[11]國王在一定時間之後必須召開新的國會；其次，由於他自己的需要，他幾乎是經常要召開國會的；[12]最後，還受到眾議院的否決權的制約，眾議院的否決權的效力，並不比國王的否決權的效力小。

國王的否決權還受到兩項制約：一是兩院中的每一個院，在爲了提出和審議法律與政府的各項事務而舉行會議時，便有權對國王的否決權加以制約；二是兩院還可以聯合或分別在了解公眾疾苦和官員違法行爲的眾議院中，或者在作爲審理刑事案件，尤其是國事犯的最高法庭的貴族院中，行使一部分行政權力以對國王的否決權加以制約。

先生，英國國王的否決權就是這個樣子。如果你們的官員想行使這樣一種否決權的話，我勸你們不要反對他們。不過，在你們當前的情況下，我看不出你們的官員有什麼必要行使立法權；無論從哪方面看，都沒有什麼事情使他們不行使立法權就不能行動，因爲，對高居法律之上的人來說，是根本不需要制定什麼新的法律的，何況一個憑財政收入就可以運作的政府，眼下既不因戰爭而需要徵收新的捐稅，而且已經把政府首腦的大權都集中在他們推舉的那幾個頭頭手裡，所以政府首腦的選舉幾乎可以被看作是一件無關緊要的事了。

我也看不出立法者[13]在哪一點上能控制他們，因爲，即使立法者看起來很顯赫，也只是一時的，也只是在他們向他的那個問題上發表意見。

是的，英國的國王有宣戰權和締結和約權，但這個權力也只是表面的，而非實際的，至少在宣戰權上是如此；正如我在前面[14]和《社會契約論》中[15]已經講到的，這不是你們應當插手的事情；如果要享受自由的話，最好是放棄這兩個名義上的權力。是的，英國的國王可以隨心所欲地給予或剝奪議員的席位，和收買個別的議員爲他效力；這些做法，小議會當然也可以採用，不過它不需要採用這些做法，因爲它可以花更小的代價就能束縛你們的手腳。賄賂公行是濫用自由的結果，也是人們享有自由的一個證明。但小議會用不著去賄賂它已經控制在手中的人。至於職務，且不說小議會議員或二百人議會議員的職務，就連更重要的職務，也是由它安排的，用它自己的人去擔任的，這樣做，對它更有利，因爲對自己親手做的事情，總是比別人做的事情更放心。在英國的史書中，皇家政府的官員在國王違犯法律的時候便奮起抵制的事例是很多的，而在你們的國家裡，你可曾看見過政府的官員抵制小議會的事例？甚至在最醜惡的事情中，他們曾對小議會說過半句反對的話嗎？在日內瓦，誰被共和國僱用，誰就不再是公民了，他就只不過是那二十五個人[16]的僕從和走卒。那二十五個人一下命令，他就會去踐踏祖國和法律。英國的法律不僅沒有賦予國王任何一種做壞事的權力，反而賦予他一個很大的做好事的權力。從目前的情況看來，小議會是不會把它的權力用去做好事的。

英國國王因自己的利益有了保障，所以樂於保護英國現在的憲法，不想對它進行修改，而你們的官員則相反，他們只保留了你們憲法的形式，而完全改變了你們憲法的基本內容，從而把憲法作爲他們篡奪權利的工具。他們今天正在採取最後一個最嚴厲的措施；這個措施一奏效，他們將比英國的國王更樂於保存你們現在的憲法。當然，他們保存憲法的動機，是與英國國王完全不同的。我認爲，英國的政治狀況與你們國家的政治狀況之間的差異，就是如此；我請你判斷哪一個國家的人民享有自由。

《鄉間來信》的作者在向你們舉了英國的例子之後，又向你們大談古羅馬的例子。他帶著鄙夷的口氣說古羅馬的保民官辦事毫無章法，而且愛發表煽動性言論，因此他對他們大加譴責。他對在這個混亂不堪的政府管轄之下的古羅馬人的悲慘命運深表同情。然而，眞實的情況是：沒有你們那一套官僚制度統治的羅馬城，卻享受了五百年的光榮與繁榮，成了世界的首都。誠然，這個城市最後還是覆亡了。世上的一切事物都有一個終結的日子；它覆亡的原因，是由於羅馬的大人物——執政官和將軍們採取蠶食政策，一步一步地篡奪了保民官的權力。它之所以覆亡，是由於保民官的權力過大的緣故，然而他們的權力正是由於政府的良好用心而賦予的。從這一點看，我們可以說羅馬是被它的保民官摧毀的。[17]

我不能原諒羅馬人的過失。對於他們的過失，我在《社會契約論》中已經說過了；我要責備他們篡取了他們只應加以保護的行政權。[18]我指出了保民官制應按照什麼原則建立；我還指出了他們的權力的界限以及這一切應如何進行。這些法則，羅馬人本來是能夠很好地遵循的，但他們沒有。你從保民官所犯的那些過失就可以看出，如果對他們好好地加以引導，他們豈不是可以大有作爲嗎？我不大明白《鄉間來信》的作者在這個問題上的看法；爲了批駁他，我就用他所舉的例子來說明我的看法。

其實，我們用不著到遠古的年代去尋找其本身是那麼偉大而且也難以仿效的例子；你們切莫因爲別人說爲人處世要自尊，便束縛自己而不敢行動。不論和什麼人相比，你們都太渺小了。因此，你們要事事從你們自己出發，就你們現在的處境來說，你們萬不可盲目行事。古代的人已不再是我們現代人的模特兒；現代人在各方面都與古代人大不相同；尤其是你們日內瓦人，千萬要站穩你們的立場，切不可去追求他向你們描述的那些高大的目標，因爲那些高大的目標是他用來掩蓋他爲你們挖掘的陷阱之用的。你們既不是羅馬人，也不是斯巴達人，更不是雅典人。把這些與你們毫不沾邊的響亮名稱扔到一邊去吧！你們是商人、工匠和有產者；你們成天忙碌奔波的，是你們個人的利益、工作和生計；對你們來說，甚至自由也只不過是爲了沒有阻礙地取得這些利益，並平平安安地擁有這些利益的手段。

從當前的情況看，你們需要採取一些特殊的做法。你們既然不像古人那樣悠閒，就不可像他們那樣眼睛沒完沒了地老盯著政府；不過，爲了使你們不需要那樣監視政府，政府的建制就應當以便於你們觀察它的活動和發現它的弊端爲前提。對你們來說，每一件爲公眾的利益而做的事，都必須做起來很方便，因爲你們做這些事情是要付出代價的，而且不是自己主動想做的。但是，如果你們想完全擺脫這些事情，那就等於是不想要自由。正如那位愛行善事的哲學家[19]所說的：「不願忍受勞動之苦的人，必然是工作偷懶的人，二者必居其一。」

一個國家的人民如果成天浮躁不安、懶懶散散，沒有什麼事情可做的話，他們是喜歡多管國家的事情的；我認爲對於這樣的人民，是需要加以約束的。不過，我倒要問一句：日內瓦的有產者們是這種人嗎？他們不但不是，而且處處與這種人相反。你們國家的公民成天忙於他們的家務事，而對其他事情一點也不關心，只有在他們自身的利益受到侵害時，他們才開始過問公眾的利益。他們很少想到要對首領們的行爲了解得一清二楚，等到首領們爲他們打造的枷鎖套在他們身上時，他們才感覺到這枷鎖的滋味。他們大剌剌，對一切事情都滿不在意；他們一再受人愚弄，而且總把心思用去做別的事情，甚至在最重大的關鍵問題上也受人欺騙；他們始終想不出什麼良好的辦法來防止這些弊端。由於過分小心謹慎，他們總是左顧右盼，拿不定主意，及至最後決定採取行動時，已事過境遷，爲時晚矣。如果不是由於官員們操之過急的行爲引起他們的注意，如果不是由於官員忙於篡奪最高權威，因而使他們意識到危險已經來臨，他們那樣顢頇行事，也許早已經使他們毀滅一百次了。

仔細閱讀一下你們政府的歷史，你不僅一方面將發現小議會因過分急於完成他們的圖謀，反而操之過急而功敗垂成；另一方面你還將發現日內瓦的有產者們卻依然按老規矩辦事，聽任小議會我行我素，而不加以反對。

一五七〇年，國家不僅債臺高築，而且還遭遇了幾次大災害。由於在這種情況下很難經常召開普遍議會，便有人提議授權小議會在必要的時候可以自己設法籌款；這個提議被通過。從此以後，小議會就一直把釐定稅收的權力抓在自己的手中，在長達一個世紀的時間裡，誰也沒有提過半點反對的意見。

一七一四年，出於某些祕密的動機，[20]小議會既不徵求普遍議會的意見，又違背法律的規定，就擅自開工構築一項龐大而可笑的城防工事。爲了實施這項美好的計畫，他們連續加徵了十年的稅，而從來沒有人問過這項計畫的好處在哪裡。雖然有少數幾個人表示不滿，但小議會根本就不屑於理睬他們，而他們也就什麼話也不說了。

一七二五年，增加稅收的年限屆滿；小議會提出要延長。對有產者們來說，這正是他們重新行使遭到如此長時間擱置的權利的大好時機，雖然已爲時過晚。然而，由於馬賽瘟疫流行和王家銀行已停止交易，每個人都只關心自己的財產是否會受到損失，而忘記了自己的自由是否會受到侵犯。可是小議會沒有忘記它的計畫，在二百人議會上通過了延長增稅年限的方案，連招呼都不給普遍議會打一個。

在第二次增加稅收的年限到期時，公民們覺醒了。在沉睡一百六十年之後，他們終於要求行使他們的權利。這時候，小議會採取的對策不是暫時答應或緩和公民們的要求，而是策劃一個大陰謀。[21]他們的陰謀被揭露。有產者們拿起武器奮力反抗。由於這一可怕的陰謀沒有得逞，小議會一下子就失去他們篡奪了一百年之久的果實。

表面上事情好像已經平息，但時隔不久，不甘失敗的官員又策劃了另外一個陰謀。他們再次借用武力，讓相鄰的幾個國家進行干預，於是在他們和那幾個鄰國之間簽訂了互相承認的權利。

一六五〇年，下級議會[22]採用了一種新的計票方法；這個方法雖然比過去的方法好，但不符合法律的規定，而普遍議會依然採用原來的計票方法。舊的計票方法有許多流弊，在行使了五十多年之後，公民們才開始指出它有違法律的精神，因此要求在普遍議會中也採用類似下級議會的那種方法。當他們最後決心提出採用新的計票方法時，令人不可置信的是，小議會居然用它自己已經破壞了半個世紀之久的法律來反對普遍議會。

一七〇七年一位公民被祕密非法審訊，被判處監禁，最後在獄中被槍殺。另外一位公民僅僅是由於有人偽造了一份證據便被絞死。還有一位公民被發現橫死街頭。這一切都無聲無息地過去了，直到一七三四年才有人談起這幾件事情，才有人向官員們打聽三十年前已遭到槍殺的那位公民的消息。

一七三六年設立了沒有執政官參加的刑事法庭，當時正值全國混亂時期，公民們成天忙忙碌碌，沒有時間考慮其他事情。一七五八年，官員們故技重演；受他們迫害的那個人想訴說委屈，他們不許他講話，而其他人也跟著一句話也不說。一七六二年，他們又來這一套；[23]第二年公民們終於起來表示反對了，但小議會卻回答說：「你們開口得太晚了，這種做法已成定例。」

一七六二年六月，有一位公民[24]因遭到小議會的忌恨，小議會就以這位公民的著作為由來譴責他，並公然違背法律下令逮捕他。他的親友們感到震驚，遞交了一份申請，要求告知逮捕令的內容。他的親友們的申請被拒絕；[25]對此，人人保持沉默，誰都沒有說過一句話。等了一年之後，這位受到屈辱的公民眼見沒有一個人提出抗議，便放棄了他的市民權。[26]這時候公民們終於睜開了他們的眼睛，紛紛起來反對破壞法律的行為，但為時已晚。

有一件雖然是小事，但由於其情況特殊，還是値得一提的。這件事情是：書商巴爾丹託他的同行代購了二十本剛出版的新書。在他訂購的書還未寄到以前，這本書被禁止發售了。這位書商去向官員們講述這件事情，請官員們告訴他該怎麼辦。官員們告訴他：在書寄到時就立即通知他們。於是，在書寄到時，他便去告訴官員。官員們把書扣留了；他等待著官員把書發還給他，或者付給他書款。官員們既沒有把書發還給他，也沒有給他書款。他再次要求把書發還給他；官員們依然把書扣留。於是他正式提出書面要求：要麼把書退回原地，要麼把書發還給他，要麼付給他書款。官員們對這三個辦法都表示拒絕，巴爾丹先生從此就失去了那二十本書，而保留那些書的人，正是那些負責懲治竊盜犯的官員。

請你分析一下這件事情發生的環境。我不相信你在任何一個其他國家的議會、元老院、政府或法院中能找到一個類似的例子。如果想在毫無理由、藉口和根據的情況下侵犯他人財產的話，那就再也沒有什麼辦法比他們這種做法更是公開的掠奪了。然而事情平平靜靜地過去了，誰也沒有說話，誰也沒有就這件事情發出怨言。至今還沒有被揭露的這類事例，還有多少呢？

前面這件事情的本身並不重要；現在再舉一個情況大不相同的例子。先生，請注意看這件事情：我談完這件事情以後，就不再談其他類似的事情了。

一七六三年十一月二十日，普遍議會開會選舉員警總監與財務總監。公民們發現，他們手中所持的那份印發的選舉條例，與國務祕書向他們宣讀的條例原件大不相同。對財務總監的選舉，應當按前一個條例與執政官的選舉同時進行；按後一個條例，對財務總監的選舉應與員警總監的選舉同時進行。公民們還發現，按照條例的規定，財務總監的選舉是每三年一次，而不是按慣例每六年一次，而且在三年結束時還須對現任財務總監進行一次確任表決。

小議會手中的條例原件與印發的條例之間的差別，從前一直沒有被人注意，現在被人發現了，而且發現還有其他的差別，因此引起了人們的不安。儘管公民們從過去的經驗中知道他們的《意見書》是沒有用的，但他們還是對這件事情提出了他們的意見。他們問：條例的原件是存放在法院的檔案室，還是存放在小議會任意指定的某個機關？他們還問：在什麼地方可以把原件與印發件加以比較？

先生，你想必還記得一七三八年的《調停法》第四十二條規定：國家的法律應儘早[27]把所有的法律和條例匯總編成一部《法律彙編》印發給公眾。可是這部《彙編》卻擱置了二十六年之後才印發；在此期間公民們卻誰也沒有吭聲。[28]

先生，你想必還記得，在一七四五年印發的一份備忘錄中，一位被二百人議會除名的議員對一七一三年印製的那部法律的初版本，和一七三五年的再版本的忠實性提出懷疑；這兩個年份印製的本子都有問題。他把這兩個印刷本和該法律的原本詳細核對了一下，發現印刷本中有許多錯誤；他對他發現的錯誤做了一個紀錄。他說，一五五六年的法律中的許多原話，在那兩個印刷本中都被刪去了。對於這一嚴厲的指摘，小議會沒有做任何回應，而公民們也保持沉默，什麼話也沒有說。

當然，小議會十分威嚴，對一個被除名的議員的指責可以不回答。然而，正是由於它的威嚴和榮譽受到了影響，和那兩個印刷本的忠實性受到懷疑，它才應當對那兩個印刷本加以檢查和做出必要的改正，而提出這些問題的人也有權獲得回答。

這一切都沒有發生。小議會說他們是按照過去的成例做那些改動的；普遍議會既然當初沒有提出異議，今天就無權表示反對了。

對於小議會手中的原件與印刷本之間之所以有差別的原因，他們說是由於原件是由幾部法律與後來的改動合編而成的，對此，普遍議會什麼話也沒說，這就等於是表示同意了，而印刷本則完全是按照普遍議會上通過的文本印刷的。

至於對財務總監的確任是不是符合法律規定的問題，小議會依然用過去的成例來辯解，然而按照法律的規定，應當是另選一個新的財務總監的。公民們沒有發現小議會用過去違法的做法來肯定今天違法的做法，更是一項錯上加錯的違法行爲。公民們的反對意見沒有一個不遭到小議會的駁斥，而且還批評他們爲什麼不早提出來呢！

至於要求看法律原件的問題，他們乾脆拒絕，[29]不是說「這不符合規定」，就是說公民和有產者們只能看印發的法律條文，儘管小議會採用的是另外一個文本，而且還要求普遍議會也遵照實行。[30]

那些制定法律的人因在該法律的副本中發現異文，因而懷疑有人篡改了法律，要求查閱原件：他們這樣做，竟被認爲是不合規定！同一部法律竟然有兩個不同的文本，一個給公民，一個給政府，這反倒認爲是合乎規定！這樣的咄咄怪事，你可曾聽說過？然而，對於這些事隔多年之後才發現的事情，對於這些令人氣憤的拒絕態度，公民們在多次合法的要求被拒絕之後，都依然保持沉默，靜靜等待，始終是那樣無可奈何的樣子。

先生，以上所述都是發生在你們城中的怪事；對於這些怪事，你比我更清楚。此類怪事我還可以舉出一百件，這還不包括那些我不知道的。這裡所講的這些事情已足夠使人們很清楚地看出日內瓦的有產者們究竟是不是那種愛惹是生非和製造事端的人？同時還可以看出他們可曾十分警覺地起來保衛他們法律明文規定但遭到公開侵犯的權利？

《鄉間來信》的作者說：「一個心性十分活躍和衝動，而且非常關心自己政治權利的民族，是很有必要授予他們的政府以否決權的。」[31]根據他對否決權所做的解釋，我們原則上是同意他這個說法的。不過，他這句話是否可以用來指你們呢？難道他忘記了他在另外一個地方說你們比其他國家的人民都更冷靜嗎？[32]他怎麼能說日內瓦人非常關心自己的政治權利呢？因爲他明明知道日內瓦人是直到後來很久才開始關心自己的政治權利，而且是迫不得已的，只有在危機已經來臨，迫使他們不得不過問的時候才開始關心的，事實上，只要不那麼粗暴地侵犯有產者們的權利，小議會是可以想辦法使他們永遠也不關心他們的政治權利的。

現在讓我們把雙方加以對比，看哪一方的心性活躍更令人擔憂，看否決權應當掌握在哪一方的手裡，才能緩和這一心性活躍的後果。

我發現一方的人數不太多；他們的性格十分平和，都是一些終身勤勞的人，一心只關注自己的利益。爲了自己的利益，他們衷心服從法律和執行法律；他們成天忙於自己的生意或活計。在權利上，他們是平等的，從不以財產的多少來決定地位的高低。在他們之間，既沒有首領，也沒有黨羽。由於他們的商貿活動、社會地位和寧靜的生活都有賴於官員們的維持，所以他們必須多方討好官員，誰都怕得罪官員。如果他們想插手公家事務的話，那對他們是有害而無益的。一方面由於有許多家務事要做，另一方面由於他們爲人處世十分謹慎，所以他們深深知道，在他們這樣一個小國家裡，老百姓的一舉一動，時時都是在小議會的監視之下的，如果冒犯了小議會，那是十分危險的，所以他們都甘願犧牲一切，以保平安：只有平安無事，他們才能過好日子。因此，每一個人都在個人利益的驅使下，寧可依靠官員們的保護而不要我行我素的自由：爲了自己的切身利益，他們不得不百般順著官員們的旨意行事。

至於另一方，我發現在一個城小事少的小城市裡，既獨立行事而又終身任職的官員們十分悠閒。他們集中精力做的最主要的事情，自然是不斷強化他們的統治。貪婪之心總是愈貪愈大的，同樣地，野心也總是得寸進尺，愈來愈大的。一個人的權力愈擴張，就愈是想總攬一切大權，繼續不斷地用令人難以覺察的辦法拉大他與他的同胞的距離。他把他的同胞看作下屬，甚至把他們看作他的臣民。他手中掌握一切權力，他手握大權，可以動用政府的力量，可以隨意解釋法律，甚至不受法律的約束。他把政府的力量和法律變成他手中的一種進攻的武器和防衛的武器，使他成爲一個既令人害怕又令人尊敬的神聖不可侵犯的人。他想整誰就整誰；他甚至可以藉法律的名義肆無忌憚地違反法律。他表面上是在維護憲法，而實際上是在破壞憲法；誰敢挺身而出保護憲法，他就把誰當作叛逆嚴加懲辦。日內瓦的官員們就是這樣想做什麼事，就做什麼事的，誰也無權加以阻止，甚至連問都不能問。他們想辦事就辦事，想拖延就拖延，想擱置不辦就擱置不辦；誰反抗他們，他們就威嚇誰和懲辦誰。對於他們做的這些事情，他們有時候也會找個藉口，但那完全是爲了敷衍了事而不是眞的需要做一番解釋。他們想把他們的權力擴張到多麼大就擴張到多麼大；他們想用什麼辦法做他們想做的事，就用什麼辦法做他們想做的事。日內瓦的小議會與日內瓦的有產者們相對比的狀況就是如此。請問：在這兩方當中，哪一方該擁有阻止另一方任意行事的否決權？《鄉間來信》的作者認爲是小議會。

許多國家中的內亂都是由一群粗魯愚昧的下層人民開始的。他們首先是因爲不堪忍受欺壓而起來鬧事的，然後由某些有本事的野心家暗中鼓動，使內亂愈演愈烈。不過，我們能說日內瓦的有產者們也是這種乘機作亂的人嗎？我們能說爲了維護法律而與強權做鬥爭的這一部分人，也屬於前面所講的那種粗魯愚昧的人嗎？無論在任何時候，這一部分人都屬於富人和窮人之間、國家的首領與群眾之間的中間等級。這個等級的人，在財產、社會地位與知識方面都差不多是相等的；他們的境況既不好到使他們有某些奢望，也不差到使他們沒有什麼可失去的。他們最大的嚮往與共同的利益是法律得到遵守、官員們公正廉明、憲法得到維護，和國家保持安寧。這個等級中的人，誰也不在某一方面享有優於別人的好處，誰也不爲了個人的利益而拿別人的利益做犧牲。他們是共和國中最安分的人；這一部分人的一言一行除了爲大家的利益著想以外，便無其他目的。你看：當他們共同行動時，他們總是那樣地有禮有節和穩重，始終保持著一種爲了維護自己的權利和履行自己的義務的嚴肅表情。你再看另一部分人。這一部分人與他們恰恰相反。在這一部分人中，有些人家資巨萬，而有些人則是人民當中最赤貧的人。生活在這兩個極端的人，一個生來就是買者，另一個生來就是賣者，哪裡談得上熱愛正義和法律呢？使國家每況愈下的，就是他們。富人把法律放在自己的錢袋裡，而窮人則喜歡麵包更甚於喜歡自由。只需把這兩部分人加以比較，你就可以看出第一個侵犯法律的是哪一部分人了。再查一下你們的歷史，所有的一切陰謀，不都是你們的官員們做的嗎？當公民們遭到官員們的陰謀迫害時，他們可曾得到過政府的保護？

在談到公民們所要求的權利將產生什麼後果時，《鄉間來信》的作者說：首先遭受陰謀、暴亂和野心家危害的，是這個國家。他這種說法，簡直是在拿人開玩笑。小議會手中的否決權的威力之大，是迄至今日從來沒有見過的；它將產生哪些惡果呢？如果它堅持行使否決權，而有產者們也堅持行使他們的權利，這兩不相讓的結果，必將形成可怕的局面。如果我們用從兩百年的繁榮史中得出的結論來反駁他，他將怎樣回答呢？你可以替他這樣回答：那時候的政府是時代的產物，有許多理由使它得以存在，其權威久已得到公認，而且政績斐然，從來沒有行使過小議會所行使的這種否決權：這樣的政府豈不比獨斷專行的政府好嗎？在這個獨斷專行的政府治理下，我們從來沒有過上幸福的生活，也不知道它與我們的幸福生活有什麼關係，從各方面看，我們今天的生活已經到了苦不堪言的地步：這一切，難道不是事實嗎？

詳細列舉對方的弊病，而不列舉自己一方的弊病，這是狡詐的詭辯家常用的伎倆，每一個頭腦清醒的人都應當對之多加防備。兩方的弊病都應當一一說清楚，因爲雙方都難免有過錯；不過，這並不是說雙方造成的後果是相等的。任何一種弊病都是一件壞事，而且往往是不可避免的，我們不能因爲要革除弊病，就把本身是好的東西也一起丟掉了。不過一加比較，你就會發現，一方的弊病將產生嚴重的後果，是很可怕的，而且其影響所及，是沒有盡頭的；而另一方的弊病雖然是很大的、令人憎惡的，但歷時是很短暫的，而且發生之後，也是有辦法糾正的。因爲，再說一次，只有遵守法律即公意，才有自由；公意是不會損害大家的，而個別意志是有害於其自身的。雖說濫用自由與濫用權力是同樣自然的事情，但這兩者之間有這樣一個區別：濫用自由，只有害於濫用自由的人；他自己的過錯將懲罰他自己，迫使他想辦法糾正，因此，不會形成危機，不會成爲常態。反之，濫用權力，受害的不是擁有權力的強者，而是弱者；而且，由於其自然的傾向，權力的濫用是沒有邊界、沒有節制的，只有在受害的人被毀滅之後，才能停止。因此我認爲，政府的工作可以交給少數人掌管，而對政府的監督，則應由廣大的人民來進行。雖說雙方的弊病都是不可避免的，但寧可讓人民由於自己的過錯而遭受痛苦，也不可讓他們受他人的壓迫而墜入深淵。

人民大眾最關心的第一件事情是公平，都希望各種條件對大家都是平等的；「公平」二字的含義就是這種平等。[33]公民們希望事事有法可依，所有的法律都得到遵守。在人民當中，每一個人都知道，如果有人是例外，可以不遵守法律，那對每一個人都是不利的。因此大家都害怕這種例外之人；對例外之人感到害怕的，都是熱愛法律的老百姓。官員們與老百姓大不相同；他們的地位優越，事事都居高臨下，占居首位。[34]他們之所以大談法律，其目的不是爲了服從法律，而是爲了任意擺弄法律。他們之所以需要法律，是爲了以法律的名義使人們對處在他們那種地位的人產生恐懼心理。他們這樣做，眞是得心應手，一舉數得。他們利用他們已有的權力去篡奪他們還沒有的權力。他們經常以法律的名義（實際上是非法的）宣布：誰敢以法律爲武器來反抗他們，誰就是煽動者和叛逆，就該被處死。至於他們自己，他們是可以想辦什麼事情就辦什麼事情，而不會受懲處的，即使最不順利，頂多也只是沒有把事情辦成功而已。如果需要支援，他們到處都可以找到人支持：強者的聯盟是一種天然的聯盟；弱者的弱點是不能夠像他們那樣聯合在一起。人民的命運是：無論在內部或外部，都要以自己的死對頭做自己的法官。如果人民能找到公正廉明的法官，那就太幸運了！因爲這樣的法官不僅不按法官們習以爲常的做法行事，反而按深深刻劃在人心中的原則，像維護自己的利益那樣維護人民的利益。你們曾一度獲得了這種幸運，而且完全是出乎意料之外獲得的。當你們接受調停的時候，他們以爲你們是被打垮了，但你們當時有賢明而堅定的保護者，有公平正直的調停者爲你們主持公道。正義和眞理取得了勝利；但願你們能再次如此幸運！這樣，你們將享受到一種令那些壓迫你們的人感到驚訝的幸福。

《鄉間來信》的作者在向你們數落了一個與你們的憲法同樣古老，但從未產生過任何弊病的權利[35]的種種想像的壞處以後，就開始一個勁地淡化，甚至否認他們所篡奪並在今天已經使人覺察到的新權力[36]的種種惡果。儘管他不得不承認政府能濫用否決權，以致把它變成難以容忍的暴虐手段，但他卻認爲人們擔心的事情並未發生，並把今天發生在你們眼前的一切，說成是有可能發生但並未眞的發生過的事情。他敢公然說：「誰也沒有說過政府不公正，手段不平和。」請注意，他這句話，是在給公民們抱怨政府行事不公和粗暴的《意見書》的答覆中說的。這位作者眞不愧是刀筆老手，其辯才不亞於伯里克里斯（Périclès）。[37]伯里克里斯在和修昔底德（Thucydide）[38]搏鬥時，明明被修昔底德打得仰面朝天，竟公然向觀眾說是他把修昔底德打翻在地。

他們在毫無任何藉口的情況下掠奪別人的財產，在毫無理由的情況下把無辜的人關進監獄，不經過審訊就判處一個公民，而對另外一個公民又進行非法審訊，對誨淫誨盜的書大加保護，而對宣揚美德的書卻下令焚燒並迫害書的作者，向公民們隱瞞法律的原件，拒不滿足公民們最合理的要求並行使最專制暴虐的手段，摧毀他們本該維護的自由，壓迫他們本該像父兄那樣呵護的鄉親：這些先生們有如此之多的暴行，反而自吹自擂地說他們為人十分公正，施政非常溫和，甚至公然說，在這些事情上，全體人民無一個不贊同他們的意見。我非常懷疑他們所說的「意見」是你們大家的意見；我至少可以肯定這不是持不同意見者們的意見。

但願我不會因為個人的利益而持論不公。在各種傾向中，我時時注意防止的，就是這種傾向；我希望我已經盡力抵制了這種傾向。你們的官員在處理一些微不足道的小事的時候是公正的，甚至可以說他們是一貫如此。他們的薪俸也不多；他們天天辦案，從不懈怠。就個人來說，他們每個人都是正直無私的。我也知道，在這個如此專橫的小議會中也存在著一種廉明正直的氣氛。在向你闡述否決權的後果的過程中，我講得比較少的是他們成為當權者以後應當做些什麼，而講得比較多的是，他們為了掌權，還在繼續不斷地做些什麼。只要他們認識到他們要行事公正，才符合他們的利益，他們從今以後就會公正行事的。但如今不幸的是，誰敢談法律和要求自由，誰就會遭殃！在迫害不幸的人們方面，他們認為什麼手段都可以使用，什麼手段都是合法的。在統治欲面前，公正和道德，甚至物質利益，都不值一提。原本公正的人一旦成了主人，就會不擇手段地採用不公正的辦法來保持他的地位。

暴君們常用的辦法不是直接侵犯公眾的利益，因爲這樣做，將導致人們起來保護自己的利益。因此，他們往往採取各個擊破的辦法打擊那些保衛自己利益的人，並嚇唬那些試圖仿效他們的人。暴君們告訴大家說：公眾的利益不是你們個人的利益；他們的話也果然使大家都相信了。奴隸制就是這樣建立起來的，因爲，如果每一個人都戴上了枷鎖，還有什麼大家的自由可言呢？誰敢說話，誰就會立刻被打翻在地；在這種情況下，誰又會去步他的後塵呢？如果每一個人都三緘其口，誰又替大家說話呢？這樣下去，政府就可以放手懲治那些一心爲公眾鳴不平的人，而特意對其餘的人表現得很公正，最後的結局是：它對所有的人都可以肆無忌憚地任意處置。由此可見，它口中的公正，只不過是一種爲了不無償地失去它自己的利益而採取的手段而已。

因此，從某個意義上來說，小議會是公正的，而且，由於他們的利益攸關，他們也應當公正行事；但從另一個意義上說，由於他們處處以主權者自居，從而做了許多不公正的事，因此可以說他們是不公正的。你將發現，有千百個事例說明：一旦遭到官員們的憎恨，單靠法律的保護是遠遠不夠的。當他們運用手中的否決權，從而變成唯一絕對的主人之後，他們就可以毫無約束地想做什麼事，就做什麼事，就可以毫無阻礙地爲所欲爲；這樣下去，其後果將如何呢？在一個小小的國家裡，想躲在人群堆裡，是躲不過去的；誰不怕某個天天見面的同胞有朝一日當了大官？在大國裡，老百姓離君主和首領是那樣的遠，是不會被君主和首領們瞧見的。老百姓正因爲渺小，反倒得救了，只要交納錢糧，就可平安無事了。可是你們卻無處不感到身戴枷鎖。你們主人的親朋好友和走狗甚至比你們的主人還更仗勢欺人。你們既不敢維護你們的權利，也不敢要求得到什麼好處，而且還生怕得罪了什麼人。暴政無處不在，你們即使躲在一個嘰哩旮旯的角落裡，也是躲不了的。你們要麼當它的僕從，否則就必然會成爲它的犧牲品。你們既受到政治奴役，同時又受到經濟奴役，甚至連自由自在地呼吸空氣也成問題。先生，小議會一旦按照他們的方式運用手中的否決權，你們的處境就必然如此。我相信他們也許不會這樣濫用否決權；但是，如果他們眞的想濫用的話，他們是一定會濫用的。現在，可以肯定無疑的是，他們即使做了不公正的事，也是不會受到懲罰的，及至你們感到災難臨頭時，那已經是到了不可挽救的地步了。

先生，我已經向你陳述了你們的憲法在我現在看來是什麼樣子。從我的陳述中得出的結論是：這部憲法從總體上看是好的，是很完善的；它既規定了人們的自由的界限，同時也使人們的自由具有它應有的可靠性。因爲一方面政府對立法者想改動法律有否決權，另一方面人民對小議會想篡奪權力也有否決權。在這種情況下，只有法律是至高無上的，對所有的人都有權威；國家的頭號人物對法律的服從，並不少於國家中最卑微的人。誰也不能違犯法律。沒有任何個人的利益可以改變法律；憲法永遠是不可動搖的。

反之，如果法律的執行者變成了法律唯一的仲裁人，執行或不執行法律全由他一個人說了算；如果作爲法律和自由唯一的保證之提《意見書》的權利成爲徒有虛名的權利，在任何情況下都不能產生任何效果，那麼我認爲，你們所受的奴役，在世上就再也沒有誰是像你們這樣嚴重的了；你們的自由就會成爲一種一文不值的騙人誘餌；讓正直的人們享受這種自由，等於是在糟蹋人。既然小議會的意志是唯一的法律，再召集立法者來開會，還有什麼意義呢？官員們早就是你們的法官了，而且從這次選舉中獲得的權力，實際上是他們早已行使的權力，爲什麼還要多此一舉以隆重的儀式選舉官員呢？你們乖乖地俯首稱臣吧！而他們也別再玩這一套兒童遊戲了：他們的那一套做法，已經成了一種無聊之舉，只不過是再愚弄你們一次而已。

你們行將面臨的這一最壞的境況，也有這樣一個好處：讓大家都知道只有改變現狀，才能改善你們的處境。如果有眼光有見識的人認識到並決心採用這個辦法的話，這個辦法的效果一定是很巨大的。既然已經知道你們的處境已經壞到不能再壞的地步，你們就應當起來果斷行動！不過，請記住：如果你們產生分歧，如果你們當中有些人決心採取行動，而另一些人卻袖手旁觀，你們就永遠不會走出深淵。

先生，我的信寫到這裡就該結束了。在向你們闡述了你們當前的景況以後，我就不再向你們指出應當從哪條道路才能走出困境了。如果眞有那麼一條道路的話，那條道路就在你們眼前，而且你和你的同胞們比我看得更清楚。只要你們知道你們現在身在何處，知道此後應當走向何方，你們自會向那個地方走去的。

《鄉間來信》的作者說：「如果人們發現政府有使用暴力的傾向，那就不要等到它的暴虐手段得到加強之後才去糾正它。」[39]他還假定了一種他認爲是虛幻的情況；他說：「幸而我們有一種可怕但是合法的方法；在極端的情況下，我們可以像外科醫生用他手中的刀切除壞疽那樣使用這個辦法。」[40]他這個話，正是我想說的話；不論你們現在是不是處於他認爲是虛幻的境況，他的話都適用。既然他已經指出了這個方法，我的主意就不再需要了，因爲他已經代我提出了。在反對不公正之事方面，一切手段（只要它們是和平的）都可以使用，尤其是法律許可的手段，更可以使用。

當法律在某些情況下遭到破壞時，你們有提《意見書》的權利去加以糾正；而在這種權利本身遭到反對時，那就要運用《調停法》提供的保證來保護它。我並未把這一保證列爲可以使《意見書》發生作用的方法之一；調停者們也沒有把它看作是有效的方法。他們已明確表明他們不願意使國家的獨立受到絲毫影響，由此可見，他們已把鑰匙交給政府手中了。[41]在某些情況下，如果《意見書》被否決，就需要召開普遍議會來解決；如果提《意見書》的權利本身遭到拒絕，那就要運用《調停法》提供的保證來解決了。一部機器必須具有一切應有的零件才能運轉，如果機器停止不轉動了，就應當叫工人來修理，使之再次動起來。

這個辦法將產生怎樣的後果，我看得十分清楚。每一想及，我的愛國之心不禁爲之戰慄。因此，我再說一次，我什麼話也不說，我敢說嗎？你去和你的同胞們商量，在權衡利弊之後，再按大家的意見去做吧！對於衝動的青年人、對於傲慢的富人和貪圖錢財的窮人，你們要多加小心，這些人是提不出什麼好意見的。你們要去徵求那些心地忠厚而不受利誘、沒有野心的人的意見，去請教那些一生清白而可敬的老人，去聽取那些對公共事務經驗豐富的人的指導，去和那些沒有奢望並一輩子甘當公民的人磋商，最後，去和那些一言一行都處處爲祖國的福祉和法紀的維繫考慮，並以他們的美德贏得公眾的尊敬和同胞的信任的人共商大計，決定今後應當採取的行動方針。

最重要的是：你們要團結一致，如果分裂的話，你們將無可挽回地遭到徹底的失敗。在面臨如此一個生死存亡的緊急關頭，怎麼能起可恥的意氣之爭呢？花那麼大的代價去鬧無聊的情緒，值得嗎？難道還要讓你們的孩子們將來在枷鎖的重壓下哭泣著說：「這就是我們的先輩們意見不合給我們造成的結果」嗎？總之，當前的問題，不是空談，而是協同行動。如何選擇對策，這不是什麼大問題；即使所選的對策不好，你們也要大家共同執行；只要你們共同執行，它就會變成好對策。只要你們齊心協力去做，你們就會把一切該做的事情做得非常圓滿。先生，以上就是我的忠告；我以提忠告開始寫這幾封信，也以提忠告結束這幾封信。按照你們的囑託，提了這些忠告之後，我便盡到了我對祖國最後的義務。現在，我要向居住在日內瓦的人道別了；從今以後，他們想傷害我，也傷害不了了，而我想爲他們效勞，也無法效勞了。[42]

◆注 釋◆

[1] 人們對執政官的選舉是那樣的重視，除了按才能選舉以外，還不允許出現排斥某種人或偏向某種人等情形，而且曾經頒布過一部法律（這部法律現在已經廢除了），嚴格規定兩名執政官應在下城選出，另外兩名執政官在上城選出。——作者

[2] 指《鄉間來信》的作者特龍香；特龍香在首次發表他的這部作品時，沒有署名。——譯者

[3] 指《鄉間來信》。——譯者

[4] 見《鄉間來信》，第一一七頁。——作者

【5】指英國下議院議員約翰・威爾克斯匿名發表的一本批評英國政府對西班牙的外交政策的小冊子。——譯者

【6】即前面提到的那位著書諷刺英國國王和政府的作者。——譯者

【7】在這個問題上，威爾克斯先生是享有豁免權的，因此，必須採取另外的辦法才能收拾他；這個辦法是讓教會來進行干預。——作者

【8】盧梭是日內瓦的公民，是由全體人民組成的普遍議會的成員之一。普遍議會是日內瓦的主權者，一切法律必須經過普遍議會的批准才能生效，因此他說他是他的國家的立法機關的成員。——譯者

【9】見《鄉間來信》，第五十四頁。——作者

【10】根據法律的規定，請求赦免的權利原本是公民和有產者特有的，後來，由於他們的努力，這項權利和其他一些權利也給予了土著民和一般的居民；這兩種人與他們有共同的利益，因此也需要在安全方面有同樣的保護措施；在這方面，外國人依然被排斥在外。在刑事案件中選四個親戚或朋友來幫助被告，這對被告雖無多大用處，但對官員們想使之傾家蕩產的人是有用的，對按法律規定由他們的天然的敵人當法官的人是有用的。令人驚訝的是，在經歷了那麼多可怕的事例之後，公民和有產者們在保護自己的人身安全方面並未採取更多的措施，一切刑事案件依然聽憑小議會不按法規而按他們自己的意志任意判決。日內瓦人和其他一切正直的人們對《調停法》永志不忘的感激之情是：它把預審這一程序廢除了。有許許多多的書都說歐洲人誇耀他們的人道主義，然而，當我看到那些書都出自那些還沒有查清楚涉案的人是否有罪就濫施酷刑的國家，我嘴邊就不禁露出一絲苦笑。我發現：濫施酷刑是強者逼他們想懲辦的弱者招認強加的罪行之百無一失的手段。——作者

【11】由於一次失誤，該法變成了《七年法》，對此，英國人民並不後悔。——作者

【12】由於國會只撥給一年的補助金，因此，國王不得不每年都要向國會提出撥給補助金的申請。——作者

【13】指由全體人民組成的普遍議會。普遍議會只是開會的時候才能行動，會議一結束，就各自分散，成為普普通通的個人，所以盧梭說他們即使很顯赫，「也只是一時的」。——譯者

【14】指第七封信。——譯者

【15】盧梭認為宣戰權與媾和權不是主權行為，「因為這兩種行為中，沒有一種是法律，而只是法律的運用，是確定法律事件的行為。」（盧梭：《社會契約論》，第二卷，第二章）——譯者

【16】指小議會的二十五個成員。——譯者

【17】保民官是從來不走出羅馬城的，他們在羅馬城外毫無權威。因此，為了躲避他們的監督，執政官有時候就到鄉下去召開普遍議會。羅馬人的枷鎖不是在城裡打造的，而是在軍隊中打造的；正是由於他們到處攻城掠地，他們才失去了自由。這一過錯，不是保民官造成的。

就像蘇拉利用元老院那樣，凱撒也利用保民官。每個人都採用他認為最便捷可靠的辦法來達到他的目的。總有一個人登上寶座，至於這個篡奪權力的人是馬里烏斯還是蘇拉，是凱撒還是龐培，是屋大維還是安東尼，這有什麼分別呢？不論哪一方得勝，都是不可避免地要篡奪權力的。前方的軍隊需要首領；肯定無疑的是，這些首領之一必將成為國家的主人，對此，保民官是無可奈何，一點辦法都沒有的。

《鄉間來信》的作者今天對人民的保民官所做的這種批評，早在一七一五年已經由國務祕書德．尚波魯日先生在致總檢察長的一份備忘錄中說過了。當時擔任總檢察長的路易．勒福爾先生在對那份備忘錄的復函中告訴德．尚波魯日說：「保民官的威望和權力是共和國安寧的保證。他們的失敗，不是由於他們自身的原因，而是由於執政官的陰謀。」很顯然，總檢察長勒福爾沒有預料到在我們今天有人又重新提出他早已駁斥過的說法。——作者

【18】見《社會契約論》，第四卷，第五章：這一章的文字不長，人們在這一章中將看到我對這個問題的簡要評述。——作者

【19】指波蘭國王斯坦尼斯拉斯·勒辛斯基。「愛行善事的哲學家」是人們給這位國王起的雅號。——譯者

【20】這一點，我在前面已經講過了。——作者

【21】事情的起因是：政府要在市政廳所在的高地上修一座碉樓，並用一道圍牆把碉樓圍起來，以便監控全城的人民。修碉樓的木料已經預備好了，如何防衛這一碉樓的計畫也已制定，並向衛戍部隊的長官下達了有關命令，武器和彈藥也從軍火庫運到了市政廳，而且在稍遠的一條街道上還架設了二十二門大炮，在其他幾條街上也架設了大炮。總而言之一句話，沒有經過其他議會的同意，而擅自由掌握衛隊的執政官和其他幾位官員暗中策劃的這一可怕的陰謀的準備工作，已完全籌備就緒。不過，在這一陰謀被揭露時，這些人所做的事情尚不足以構成向他們起訴的證據，也不足以證明他們確實是有什麼圖謀，因此，當時在日內瓦還處於優勢的有產者們只是讓他們平平靜靜地撤離，而一點也沒有為難他們，也沒有到他們家裡去搜查和傳訊他們的家屬；對於他們的財產，更是一點也沒有觸動；而要是在其他國家，人民首先就會把策劃陰謀的人通通處死並抄沒他們的家產的。——作者

【22】指二百人議會。——譯者

【23】請看他們是在什麼事情上又來這一套的！他們是在一次令人震驚的對一個所謂的國事犯進行審判的過程中又來這一套的：在一個自由的國家裡，一位公民因在給一位友人的信中用極其委婉的詞句談論官員們對另外一位公民的做法就被當作刑事犯來懲辦，這誰相信啊？你在最專制的政府中可曾見過這麼橫暴的事例？在希盧埃特先生退休的時候，我給他寫過一封信。這封信，後來在巴黎盡人皆知；信中的詞句之放肆，就連我本人也找不到可與之相比的先例。這也許是

我一生當中所寫的唯一一個最該受批評的作品了。然而，誰曾對我這封信說過一言半語？連提都沒有人提過嘛！在法國，只懲辦那些寫誹謗性文章的人；人們做得對。人們允許個人與個人之間可以自由談論國家大事，從來沒有聽說過什麼人因在信中對法庭所做的事情發表毫無譏刺和咒罵字眼的意見便受到指摘。我在青年時期是那麼地熱愛共和國政府，到了老年，會不會因發現在君主國比在我們共和國有更多真正的自由而改變我的看法呢？——作者

【24】這位公民就是盧梭本人。——譯者

【25】參見本書第一封信注三。——譯者

【26】對這件事情，盧梭在《懺悔錄》中說：「我白白地等了一年多，一直沒有人站出來抗議這一沒有經過法律程序而發布的逮捕令，於是，我終於下定了我的決心，……給那一年的首席執政官法弗爾先生寫了一封信通知他：我正式放棄我的市民權。」（盧梭：《懺悔錄》，李平漚譯，商務印書館二〇一〇年版，下冊，第七九四頁）——譯者

【27】著重號是原有的。——譯者

【28】他們用什麼理由和藉口把一個如此明確規定和如此重要的條文拖延不辦而不被人覺察，這真令人想不通。當偶爾和某些官員談起此事時，他們總是冷冰冰地回答說：「每一部法律都印了單行本，你們把它們匯總在一起就行了。」按照他們的這個說法，好像所有的法律都一個一個地全都印發了似的，好像把那些零零散散的小本本收集起來就可以成為一部法典，成為一部具有第四十二條所說的那種權威性的《法律彙編》。這些官員竟這樣履行一項如此重要的職責嗎？這樣嚴重的失職行為將產生多麼嚴重的後果呢？——作者

【29】他們在每一次拒絕公民們既合理又正確的《意見書》時，口氣雖然顯得很生硬和堅決，但卻顯得很不自然。日內瓦的小議會的成員大部分都是很精明的人，他們怎麼沒有意識到拒不向自由的人民、不向立法機關的成員提交法律的正式文本，是一件很卑劣甚至是令人震驚的事情呢？

他們這樣做，會引起人們對他們產生滿腹狐疑和猜測，這有什麼好處呢？至於我，我認為他們拒不提交原件，其結果對他們是不利的。然而，他們給自己立了這麼一條規矩：對所有的《意見書》都給予一個否定的答覆，使公民們的《意見書》都石沉大海。誰能保證最有耐心的人在《意見書》次次都杳無回音的情況下不灰心呢？何況二百人議會已經決定要傳訊最近幾個提《意見書》的人，案由竟然是要追究他們行使法律賦予他們的權利。今後誰還敢提交明知不僅毫無結果而且還要受到追究的《意見書》呢？此事，如果是出於小議會的授意，那麼，我們應當承認二百人議會只不過是奉命辦事而已。——作者

【30】見小議會一七六三年十二月七日的《大事紀要》中所記載的對六位公民和有產者十一月二十一日的口頭質問所做的回答。——作者

【31】第一七〇頁。——作者

【32】第一五四頁。——作者

【33】關於「平等」一詞的概念，請參見《社會契約論》第二卷第十一章的解說。——譯者

【34】人民中的公平，是一種政治美德；而國家首領們的暴虐無道，則是一種政治罪惡。如果我們這些老百姓處在他們的地位，我們也許也會變得像他們那樣橫暴、專權和不公正。如果某些官員來向我們吹噓他們是多麼廉潔、多麼謙遜和公正，那純粹是騙人的鬼話，是為了打消我們的懷疑，騙取我們的信任。對於這樣的官員，我們即使不說他們沒有他們吹噓的美德，也可以說他們是例外的，而法律是不允許例外的。——作者

【35】指公民和有產者們提《意見書》的權利。——譯者

【36】指小議會手中的否決權。——譯者

【37】伯里克里斯（西元前四九五—前四二九），古希臘政治家。——譯者

【38】修昔底德（約西元前四六〇—前四〇〇），古希臘史學家。——譯者

【39】《鄉間來信》，第一七二頁。——作者

【40】《鄉間來信》，第一〇一頁。——作者

【41】為此，在日內瓦設立了一個調停法庭，專門審理官員們違犯法律的案件。這個法庭一成立，共和國的主權不久雖被摧毀了，但公民們的自由反倒比沒有提《意見書》的權利的時候更有保障。由此可見，空有「主權者」這個虛名，是沒有多大的意義的；只有享受自由才是最重要的。——作者

【42】流亡途中的盧梭的這句話是有感而發的。他認為他遭到了同胞的拋棄，在關鍵時刻沒有人站出來為他說話。關於盧梭與日內瓦的恩恩怨怨，請參見盧梭：《懺悔錄》，李平漚譯，商務印書館二〇一〇年版，下冊，第十二卷。——譯者

後 記

一九八九年九月，我到法國蒙莫朗西參加國際盧梭學術研討會，會後，唐吉．拉米諾（Tanguy L'aminot）先生邀我到他在巴黎北郊的鄉下舊居做客，住了十多天。拉米諾先生是法國國家科學研究中心（Centre national de la recherche scientifique, CNRS）盧梭研究組組長，家中藏書甚多，我從書架上取出一本《山中來信》，在他家做客期間大致翻閱了一下。一九九五年九月，我再次去蒙莫朗西參加第二次盧梭學術研討會，與拉米諾先生老友重逢，又談及這本書，他便將此書贈送給我，我將此書帶回北京，放在小書櫥裡，擱置了十餘年，直到此次翻譯此書，才取出來，拂去塵封，細細閱讀，邊讀邊譯。現在回憶二十年前與拉米諾先生在鄉間談論此書時的情景，是一件令人很高興的事情。

拉米諾先生送我的這本《山中來信》，字體甚小。近年來我的視力銳減，閱讀起來，十分吃力，承商務印書館譯作室王曦女士熱心幫助，將此書放大複印，使我的翻譯工作得以順利進行，在此全書譯事告竣之際，謹志一言對王曦女士表示誠摯的謝意。

在第一部分第二和第三兩封談論宗教信仰和耶穌基督行奇蹟的信中，盧梭引用了許多《聖經》的原文；對引錄的《聖經》原文，本書均照錄中文本《聖經》的譯文。中譯本

《聖經》的譯文，總體說來是很好的，但它是許多年前譯的，遣詞造句和我們今天的漢語有很大的不同，個別地方拗口難讀，因此，凡引錄《聖經》的句子，均注明出處，以備讀者查改，查到出處，上下文連起來讀，意思就明白了。

《山中來信》的篇幅雖不長，但涉及的面很廣，舉凡政治學、法學、宗教學和史學等，都涉及了。在翻譯過程中，我參與了巴黎加利瑪出版社（Éditions Gallimard）「七星叢書」《盧梭全集》第三卷中的《山中來信》，改正了米涅奧本中個別排字上的錯誤，並選用了該書編者所作的一些注釋，以有助於理解《山中來信》中提到的人物、事件和文獻。

《山中來信》是一部論戰類文章，這類文章中的「論」，重在析理，析理要透澈；「戰」，重在筆鋒，筆鋒要犀利。這兩者，在原書中都鋪敘得很周密和明快，但譯文的表達，限於水準，實難盡善，不足和不妥之處，敬希讀者指正。

李平漚

二〇一一年五月於北京惠新里

讓—雅克・盧梭年表

儘管我的社會地位和家庭出身都不顯赫，但我有另外一種只有我這個人才願意花那麼大的代價買到的名聲：我以多災多難出了名。

盧梭：《懺悔錄》草稿[1]

一七一二年

六月二十八日，讓—雅克・盧梭誕生在日內瓦一個鐘錶匠家庭。

一七二八年

三月十四日，盧梭到日內瓦郊外散步，因貪看鄉村風光，回城時發現城門已經關閉，遂在郊外露宿一夜，次日凌晨決定從此離開日內瓦，開始過流浪生活。

四月二十一日，流落異鄉的少年盧梭在都靈改宗天主教。他在《懺悔錄》中說：「我是爲了混飯吃才入天主教的。」[2]

一七四九年

十月，參加第戎科學院以《論科學與藝術的復興是否有助於使風俗日趨純樸》爲題的有獎徵文競賽；論文獲獎，收到一枚價值三百里弗爾（Livre）的金質獎章。

一七五〇年

年末，獲獎論文一發表，立即「轟動九霄」，[3]原本默默無聞的盧梭，一夜之間便登上法國文壇，名揚全歐。

一七五四年

六月，盧梭回到闊別二十六年的日內瓦；八月重新皈依新教，並恢復日內瓦公民身分。

一七五五年

參加第戎科學院第二次有獎徵文競賽；徵文的題目是：《人與人之間不平等的起因是什麼？這一現象是否爲自然法所容許？》盧梭認爲原題中後一個問題的提法不妥，將原題改爲《論人與人之間不平等的起因和基礎》。這篇論文沒有獲獎，「落選的原因，表面上是說他的文章寫得太長，『宣讀起來超過了規定的三刻鐘的時間』，但眞正的原因是那些認爲私有財產是神聖不可侵犯的院士們，覺得他的文章具有很大的顚覆性，所以沒有投他的票。」[4]

一七六一年

一月，書信體小說《新愛洛伊斯》出版，取得巨大成功。

一七六二年

四月，《社會契約論》出版。

五月，《愛彌兒》出版。

六月三日，巴黎警察局奉命沒收各書店門市及庫存的《愛彌兒》。

六月七日，巴黎索爾邦神學院發表文告，譴責《愛彌兒》及其作者。

六月九日，巴黎高等法院下令逮捕《愛彌兒》的作者讓—雅克．盧梭；盧梭得到友人的通風報信後，便連夜從蒙莫朗西逃離法國，從此開始他長達八年的流亡生活。

六月十一日，《愛彌兒》在巴黎高等法院被當眾撕成碎片焚毀；日內瓦小議會宣布《愛彌兒》和《社會契約論》爲禁書。

六月十四日，盧梭逃到伯恩治下的伊弗東，住在友人丹尼爾．羅甘家。

六月十九日，日內瓦政府下令焚燒《社會契約論》和《愛彌兒》，並下令逮捕盧梭。

七月一日，伯恩政府下令將盧梭逐出伯恩領土。
七月十日，盧梭逃到普魯士王國治下的莫蒂埃村。
八月二十八日，巴黎大主教博蒙（Christophe de Beaumont）發表訓諭，譴責《愛彌兒》及其作者。

一七六三年

五月十二日，盧梭致信日內瓦首席執政官法弗爾：「我正式放棄我的市民權。」[5]
九月，日內瓦總檢察長特龍香發表《鄉間來信》，譴責《愛彌兒》和《社會契約論》，並為小議會發布的逮捕盧梭的命令進行辯護。

一七六四年

十二月，盧梭發表《山中來信》，對特龍香的《鄉間來信》進行駁斥。
十二月十八日，《山中來信》傳到日內瓦，立即被當局下令沒收和焚毀。

一七六五年

一月二十二日，《山中來信》在海牙被焚毀。
三月十九日，《山中來信》在巴黎被焚毀。

九月六日，莫蒂埃的村民在當地的教士煽動下，趁一個星光不明的夜晚向盧梭的住所投擲石頭，要砸死這個「反基督者」。

九月十二日，盧梭從莫蒂埃逃到聖皮爾島。他說：「我下定決心，要在這個島上度過我的餘生……眞巴不得人們把我這個安身的地方建成一個永久的監獄，把我在這裡關一輩子……可是人們讓我在這個島上居住的時間連兩個月都不到。」[6]

十月十六日，伯恩政府將盧梭逐出聖皮爾島。

一七六六年

一月四日，在英國哲學家休謨的陪同下到達倫敦。

一七六七年

六月，從英國潛回法國，化名勒魯，隱居在特里。

一七七〇年

六月，在孔迪親王的疏通下，巴黎當局默許盧梭回到巴黎，但條件是：盧梭今後不得再亂寫文章，如再亂發議論，將導致對他的舊案重提，執行一七六二年下達的逮捕令。

一七七八年

五月，應吉拉爾丹侯爵的邀請，到侯爵在埃默農維爾的山莊做客。

七月二日，早餐後不久突然不適，延至上午十一時與世長辭。

七月四日，盧梭被安葬在埃默農維爾湖中的白楊島上。

一七九四年

十月，根據法國國民公會的決議，重置新棺，將盧梭的遺骸從白楊島移葬首都巴黎供奉不朽的人的殿堂——先賢祠邦德翁。

◆注　釋◆

【1】盧梭：《一個孤獨的散步者的夢》，李平漚譯，商務印書館二〇〇八年版，第二一二頁。

【2】盧梭：《懺悔錄》，李平漚譯，商務印書館二〇一〇年版，上冊，第七十七頁。

【3】盧梭：《懺悔錄》，李平漚譯，商務印書館二〇一〇年版，下冊，第四七二頁。

【4】盧梭：《論人與人之間不平等的起因和基礎》，李平漚譯，商務印書館二〇〇七年版，第四頁。

【5】盧梭：《懺悔錄》，李平漚譯，商務印書館二〇一〇年版，下冊，第七九四頁。

【6】盧梭：《一個孤獨的散步者的夢》，李平漚譯，商務印書館二〇〇八年版，第六十—六十一頁。

譯名對照表

一畫

《一個孤獨的散步者的夢》（*Les rêveries du promeneur solitaire*）

三畫

《山中來信》（*Lettres écrites de la montagne*）

小議會（petit Conseil）

四畫

巴爾丹（Bardin）

日內瓦（Genève）

日內瓦教會戒律議會（Consistoire）

五畫

冉森派（Jansenism）

加爾文（Calvin）

古斯塔夫（Gustav）

尼柯拉·安托萬（Nicolas Antoine）

布呂伊埃（Bruhier）

六畫

伏爾泰（Voltaire）

托桑（Townsend）

米舍利·杜克雷（Micheli Du Crest）

西塞羅（Cicéron）

十一畫

梅士特里札（Mestrezat）

十二畫

《覃思集》（*Pensées*）
普遍議會（Conseil général）
普芬道夫（Pufendorf）
腓特烈（Friedrich）
舒埃（Chouet）
貴族制（Aristocratie）

十三畫

《愛彌兒》（*Émile: ou De l'éducation*）
《新愛洛伊斯》（*Julie, ou la nouvelle Héloïse*）
奧托（Othon）
《意見書》（Représentations）
聖皮爾（Saint Pierre）
道明會（Dominican Order）
達朗貝爾（Jean le Rond d'Alembert）
雷蒙・特魯松（Leimeng Telusong）

十五畫

歐幾里得（Euclide）
魯埃爾（Rouelle）

十七畫

總檢察長（Procureur-Général）

十八畫

癒創木（Guaiacum）

十九畫

羅納河（Rhone）

二十畫

《懺悔錄》（*Les Confessions*）

蘇黎世（Zurich）

二十四畫

讓．莫雷里（Jean Morelle）

讓—雅克．盧梭（Jean-Jacques Rousseau）

經典名著文庫 195

山中來信

Lettres écrites de la montagne

作　　者 —— 讓—雅克 · 盧梭（Jean-Jacques Rousseau）
譯　　者 —— 李平漚
發 行 人 —— 楊榮川
總 經 理 —— 楊士清
總 編 輯 —— 楊秀麗
文庫策劃 —— 楊榮川
本書主編 —— 劉靜芬
責任編輯 —— 呂伊眞、黃麗玟
封面設計 —— 姚孝慈
著者繪像 —— 莊河源
出 版 者 —— **五南圖書出版股份有限公司**
地　　址：臺北市大安區和平東路二段 339 號 4 樓
電　　話：(02)2705-5066（代表號）
傳　　眞：(02)2706-6100
劃撥帳號：01068953
戶　　名：五南圖書出版股份有限公司
網　　址：https://www.wunan.com.tw
電子郵件：wunan@wunan.com.tw
法律顧問 —— 林勝安律師
出版日期 —— 2023 年 6 月初版一刷
定　　價 —— 480 元

國家圖書館出版品預行編目資料

山中來信 / 讓－雅克 · 盧梭 (Jean-Jacques Rousseau) 著；李平漚譯．— 初版．— 臺北市：五南圖書出版股份有限公司，2023.06
面；　公分．—（經典名著文庫；195）

譯自：Lettres écrites de la montagne

ISBN 978-626-343-997-9（平裝）

1.CST: 盧梭 (Rousseau, Jean-Jacques, 1712-1778)
2.CST: 西洋哲學 3.CST: 政治思想

146.42　　112004634